LE MONDE POUBELLE

ROGER CANS

LE MONDE POUBELLE

FIRST Documents

Du même auteur

En effeuillant l'Amérique
Denoël, 1977.

70, rue d'Assas – 75006 Paris
Tél. 45.44.88.88
ISBN 2-87691-091-8
ISSN 0991-451-X

A ma chère et tendre Hélène, sans qui ce livre n'aurait pas vu le jour.

SOMMAIRE

AVANT-PROPOS

Nous entrons dans la civilisation du déchet. Comment ? N'y sommes-nous pas déjà depuis belle lurette ? Non, car, jusqu'à présent, nous voulions ignorer ce que devenaient les restes de notre consommation. Les déchets étaient abandonnés à leur sort, n'importe où, à charge pour les amateurs de récupération de venir fouiner dedans et, pour l'autorité publique, de payer des gens pour en débarrasser la cité. En France, il a fallu attendre 1884 pour que le préfet de Paris, Eugène René Poubelle, impose à chaque citoyen de déposer lui-même ses ordures dans un récipient *ad hoc.* Le mot poubelle a fait fortune depuis. Nous fêtons (?) en cette année 1990 le centenaire de son introduction dans le vocabulaire courant.

Depuis un siècle donc, dans les grandes villes, les ordures ménagères sont collectées quotidiennement et mises en décharge ou brûlées sous haute surveillance. Mais, dans les campagnes, la poubelle n'a fait son apparition que tout récemment. Bien des villages, encore aujourd'hui, se contentent de balancer leurs déchets dans un bois, un ravin ou une carrière. Ce que l'administration chargée de la propreté appelle les « points noirs » et que nous préférons nommer « décharges sauvages ».

Les déchets industriels, eux, n'ont commencé à être pris en compte comme tels en France que depuis quinze ans.

Avant 1974, date de la mise en service de la première usine de traitement, les déchets industriels n'avaient pratiquement pas d'existence légale. Dans le meilleur des cas, on les stockait sans trop savoir qu'en faire, dans un coin oublié de l'usine. Mais, plus souvent, on les mettait en décharge avec les autres ordures ou on les écoulait discrètement dans la rivière la plus proche. Aujourd'hui, dans les pays développés, les déchets industriels appartiennent en principe à leur producteur tant qu'ils n'ont pas été entièrement recyclés ou éliminés. Les industriels doivent s'occuper eux-mêmes des résidus de leur production, qu'ils soient réutilisables ou non.

Mais les dispositions légales, très récentes dans le monde entier, n'entrent en application que lentement, au fil des accidents et des scandales. Aucun entrepreneur, en effet, n'éprouve de fierté à voir passer des fûts de déchets portant sa marque. On préfère la sous-traitance pour écouler discrètement des produits qui, autrement, reviennent très cher à éliminer dans les règles. Seules les très grosses entreprises, aujourd'hui, traitent elles-mêmes leurs déchets. Les autres se débrouillent tant bien que mal, se faufilant dans le maquis des règlements et des intermédiaires à tout faire.

Quant aux déchets de l'industrie nucléaire, on ne sait tout bonnement pas où les mettre. En attendant de leur trouver des sites de stockage définitifs, on les entrepose sur les lieux de production, en « colis » de béton ou en piscine pour les plus radioactifs.

Moment difficile donc, dans les pays industrialisés : nous produisons de plus en plus de déchets, mais nous n'acceptons plus leur présence. Tant qu'il ne s'agissait que d'ordures ménagères, cela ne prêtait guère à conséquence. Mais dès lors que l'on a affaire à des déchets dangereux ou toxiques, l'enjeu prend de l'ampleur. On ne peut plus se contenter de fermer les yeux ou de se boucher le nez. Il faut é-li-mi-ner.

Les pays du tiers-monde, eux, n'en sont pas là. Comme ils produisent peu, ils jettent moins encore. Mais le peu qu'ils jettent s'accumule aux abords des grandes agglomérations, transformant les faubourgs en égouts et décharges à ciel ouvert. Leurs usines polluent à qui mieux mieux, n'ayant pas les moyens de faire traiter leurs déchets dans des installations appropriées.

Le monde est-il donc condamné à devenir une vaste poubelle ? Si l'on se réfère aux pays les plus avancés, la réponse est « non ». La Suède, la Suisse, les Pays-Bas, le Japon, maîtrisent parfaitement leurs déchets – en les expédiant parfois chez le voisin contre paiement. D'une manière générale, plus un pays est riche, plus il est « propre ». Ce qui ne veut pas forcément dire qu'il réussit à éliminer tous ses déchets, mais qu'il sait les écouler au-dehors. Quitte à encombrer la planète, déjà surchargée par les débris de notre société de surconsommation.

Si l'on songe aux pays encore peu ou pas développés, le risque est grand de voir s'amonceler chez eux les restes des riches. Soit qu'ils importent des produits neufs dont ils ne savent se défaire après usage, soit qu'ils reçoivent directement les déchets des riches en échange de *royalties.* De la sorte, on aboutirait à une situation redoutable : quelques pays riches de plus en plus propres et une flopée de pauvres de plus en plus sales !

L'autre difficulté tient à la qualité de ces déchets. Fini le temps des épluchures qui pourrissent et des ferrailles qui rouillent. Nous vivons le temps du plastique, du métal inoxydable, des produits chimiques de plus en plus stables et de moins en moins biodégradables. Traiter ces déchets revient à faire le processus inverse de la production, dans des conditions beaucoup plus difficiles. Il faut trier, séparer, nettoyer avant destruction ou recyclage. Cela coûte cher et ne rapporte pratiquement rien. Pour pouvoir continuer à débarrasser les gens de leurs détritus, on leur demandera bientôt de les trier eux-mêmes. On apprendra au citoyen à se réapproprier ces déchets qu'il ne voulait plus voir, et qu'il devra manipuler lui-même dans sa cuisine ou sa cave. Plus personne, en l'an 2000, ne pourra jeter idiot, au moins dans les pays d'un certain niveau de vie. Nous paierons la sophistication des biens et services par la corvée de tri, comme jadis les paysans achetaient leur sécurité au seigneur en se soumettant à quelque corvée.

Nous devrons aussi apprendre à vivre en côtoyant ces déchets que nous ne voulions plus voir. D'abord, dans la cuisine où seront stockés les restes par catégorie. Ensuite sur le trottoir où se multiplieront corbeilles à papier, conteneurs à verre et bennes pour encombrants. Enfin nous côtoierons sans le savoir les déchets les plus coriaces, soit qu'ils aient été mis en fûts et enfouis dans quelque décharge contrôlée ou au fond d'une mine, soit que, en raison de leur radioactivité, il ait fallu les couler dans le béton sous des tumulus de surface ou les descendre à grande profondeur pour les entreposer en lieu sûr. Ces déchets-là nous survivront. Pour la première fois dans l'histoire de l'humanité, nous allons léguer à nos descendants des produits « intouchables ». Ils nous laissaient des squelettes garnis de bijoux, des épées rouillées et de la vaisselle brisée. Nous abandonnerons derrière nous des fûts à tête de mort et des « colis » de béton à n'ouvrir sous aucun prétexte. Les archéologues des siècles à venir devront se montrer encore plus prudents que les égyptologues. A la malédiction des violeurs de sépulture succédera la terreur des pelleteuses égarées !

A chaque civilisation ses déchets. Les hommes de Cro-Magnon nous ont laissé des grottes remplies d'ossements et de silex, et même parfois des parois superbement décorées. Nos ancêtres de l'Antiquité nous ont légué des tombes pleines de trésors. Nos parents nous ont transmis, après deux guerres folles, de mornes cimetières militaires, des champs truffés d'obus et des dunes hérissées de blockhaus. Et nous, nous abandonnerons des casemates bourrées de déchets industriels et de colis radioactifs. Chacun son style !

CHAPITRE 1

Une si jolie petite plage

« Sous les pavés, la plage », disaient les étudiants parisiens en mai 68. Manière poétique d'indiquer que, sous la dure carapace de la chaussée, se dissimulait le sable des horizons lointains et du rêve. Il faut malheureusement inverser la formule aujourd'hui : « sur la plage, les pavés » (de goudron). Car le bitume a rejoint la plage. Devant les plus beaux paysages du monde, il faut regarder à deux fois avant de poser sa serviette sur le sable. Les horizons lointains, au lieu de susciter des rêves d'évasion, instillent le doute : à quand la prochaine marée noire ?

Ou marée verte. Car, l'été en Bretagne, les marées, au lieu de rincer les plages, les submergent d'algues nourries à l'urine de porc – le fameux et redouté lisier. Infecte compote où s'ébrouent les poux de mer, qu'il faut enlever prestement au bulldozer pour ne pas effaroucher les estivants.

Cherche-t-on une côte vraiment sauvage, loin de toute agglomération industrielle et à l'abri des pollutions de l'élevage hors sol ? Prenons la côte landaise. Là, entre forêt et océan, le vent maintient les dunes en parfait état de fraîcheur. A chaque marée, les rouleaux de la houle lessivent la plage, n'abandonnant que des méduses en perdition qui fascineront les gosses. Mais il suffit de se retourner pour constater que, là aussi, les déchets abondent. Un long cordon de détritus, en effet, garnit le pied des dunes. Aux traditionnels vieux cordages, flotteurs de pêche et sandales esseulées s'ajoute maintenant un assortiment coloré de sacs et bouteilles plastiques maculés de goudron, où se nichent parfois, traîtresses, quelques seringues hypodermiques.

A Cannes ou à Nice, on répète bien haut que les seringues sont abandonnées par les drogués. Cela permet de procéder à l'arrosage nocturne des dormeurs qui souillent la plage sans bourse délier. On satisfait ainsi les exploitants de plages privées qui sont débarrassés de leurs squatters. Et l'on rassure le bon peuple qui pourra se livrer à la bronzette en toute quiétude, sans risquer la mortelle piqûre. Le SIDA a bon dos! Des seringues, on en trouve sur toutes les plages, même absolument désertes. Car les marins, comme les autres, se font parfois des piqûres et jettent la seringue après usage. Sans compter les déchets d'hôpitaux dont on ne sait que faire et qui aboutissent souvent dans la grande bleue, faute de mieux. Les seringues d'aujourd'hui, incassables et donc insubmersibles, sont de grandes voyageuses.

Les autres déchets aussi. Pas besoin d'être hispanisant pour constater que la quasi-totalité des récipients échoués au pied des dunes landaises provient des chalutiers espagnols qui sillonnent le golfe de Gascogne, mais aussi de la terre d'Espagne, où l'on pratique toujours la décharge littorale. Une falaise escarpée qui domine la mer, un ravin traversé par un torrent côtier et hop! on y balance tous les rebuts du village. A Nice, où l'on cultive volontiers l'anti-italianisme primaire, on invoque aussi régulièrement « le courant ligure » pour expliquer la présence d'objets flottants non identifiés au large de la Baie des Anges. C'était d'autant plus tentant lorsque la ville envoyait ses eaux d'égout directement en mer! Malgré sa nouvelle station d'épuration, la ville et ses cités sœurs entretiennent toujours une flottille de *Pélicans,* ces petits bateaux avaleurs de déchets flottants qui sillonnent la Méditerranée de Menton à Cannes, chaque saison, pour repêcher

« le plus gros ». Ces *Pélicans* ne se délectent pas seulement des apports du courant ligure, qui a décidément bon dos, mais aussi des plaisanciers qui prennent la mer pour une poubelle et, parfois aussi, des effluents de la côte lorsque la station d'épuration tombe en panne. En Méditerranée, la côte reste d'azur si l'on se borne à contempler le ciel. La grande bleue n'est plus toujours bleue.

Inutile d'accuser les voisins. En l'occurrence, nous sommes tous responsables des plages poubelles, nous les 360 millions de riverains de la Méditerranée. Les côtes les plus sauvages de Grèce ou d'Albanie deviennent parfois de véritables dépotoirs, sans qu'on puisse accuser nommément une usine, une ville ou une ligne maritime.

Les tortues marines qui s'obstinent à vouloir déposer leurs œufs sur les plages méditerranéennes ont bien du mérite. Ou bien le sable est accaparé par les hôteliers, marchands de beignets, loueurs de pédalos et autres exploitants des trois « S » *(sea, sand, sun),* ou bien il est recouvert d'un enchevêtrement de détritus impénétrables et gluants qui décourageraient un goéland! La pauvre « caouanne », que les savants appellent *Caretta caretta,* en est réduite à pelleter dans les déchets pour tenter de creuser son nid. Neuf fois sur dix, elle renonce à cause d'un dépôt de goudron, d'un barrage de bouteilles plastiques ou d'un tapis de verre cassé. Même lorsqu'elle reprend la mer, elle n'en a pas fini avec les ordures. Quand elle rencontre un sac plastique transparent, flottant entre deux eaux, il lui arrive de le prendre pour une méduse et de le dévorer, puisque c'est là son mets favori. Plus d'une a été retrouvée sans vie, l'estomac encombré de ces baudruches non comestibles.

Marées noires, marées vertes : quelle que soit sa couleur, la pollution exerce ses ravages sur tout le littoral. Aucune côte n'est épargnée. Même l'Alaska et l'Antarctique ont eu droit à leur dose de naphte. A Curaçao, aux Antilles (ex-néerlandaises), où la Shell stocke son brut vénézuélien, on connaît bien sûr le goudron en dérive. Mais les plages de l'île présentent un phénomène curieux : une macédoine de verre pilé, usé par le ressac, qui agrémente le sable de graviers multicolores! Les courants marins, en effet, déposent là les canettes de bière jetées par-dessus bord dans la mer des Caraïbes. Et Dieu sait que la bière coule à flots sous les tropiques! L'alerte aux seringues a jeté l'effroi sur les rivages new-yorkais avant de gagner la Côte d'Azur. Demain, ce seront les Seychelles ou les Maldives. Tout lagon paradisiaque, aujourd'hui, peut receler quelque traîtrise. Nos déchets voguent sur les flots. Ils finissent toujours par échouer quelque part.

Ce peut être au fond de l'eau. Quel plongeur, en Méditerranée, n'a contemplé des fonds tapissés de bouteilles plastiques roulant doucement sur le sable au gré des courants? Bizarre, cette étoile de mer écarlate, là-bas : mais non! ce n'est qu'une boîte de Coca! Les fonds marins, souvent, prennent des allures de casse ou de dépôt de ferraille. Vieux pneus, cadres de bicyclettes, chaises de bar, fourchettes, fils de fer rouillés jonchent les calanques écartées. Parfois, c'est la voiture entière, projetée d'une falaise. Les petites criques tranquilles font d'excellents cimetières marins.

Certes, la mer finit toujours par tout digérer, mais au bout de combien de temps? Plusieurs décennies après leur naufrage, on retrouve le *Titanic* ou le *Bismarck*, presque intacts. Même un journal, oui, un simple journal, peut hanter les fonds plusieurs semaines sans se désagréger, sa date de parution en fait foi!

Encore, si nos déchets ne polluaient que le littoral. Mais non! Ils se faufilent partout, de préférence dans les sites naturels les plus sauvages et aux abords des paysages les plus grandioses. Quelle rivière écartée, quel torrent, aujourd'hui, n'offre des berges jalonnées de sacs plastiques multicolores, comme autant d'épouvantails pris dans les branches? Même en Martinique, perle des Antilles, les chemins creux sont jonchés de sacs plastiques bleus avec lesquels on enveloppe les régimes de bananes pour les protéger des insectes! Comme en Grèce après les pique-niques... A Saint-Aygulf, sur la Côte d'Azur, la plage est si encombrée en août que certains estivants préfèrent les étangs de l'arrière-pays. Et l'on voit des scènes surréalistes où des pêcheurs à la ligne, installés à l'ombre sur leur pliant, jettent leur gaule dans une eau glauque, encombrée de vieux pneus et de caddies de supermarché que l'on prend d'abord pour des viviers!

Quel ravin de montagne ne recèle quelque part, au détour d'une route, un gisement de vieux frigos et de matelas éventrés? Lorsqu'on a voulu mettre en eau le barrage du Cheylard, en Ardèche, on s'est aperçu que la vallée de l'Eyrieux, naguère fameuse pour ses pêches (le fruit) était devenue une immense décharge publique. Plusieurs dizaines de milliers de mètres cubes d'ordures ménagères et déchets industriels s'étaient au fil des ans accumulés à seulement deux kilomètres en amont du barrage. Impossible d'inonder la vallée sans risquer de contaminer tout l'aval!

Lorsque le maquis corse est dévoré par les flammes, que découvre-t-on au fond de ses vallons sauvages? Des carcasses de voitures calcinées, pardi! La Corse, dite sous-développée, est le département français qui compte le plus de voitures par tête d'habitant. Et sans doute aussi le plus de ravins propices à la malencontreuse sortie de route... Mais les Corses sont en bonne compagnie. Entre le petit port de Cassis et les chantiers navals de la Ciotat, près de Marseille, se dressent les plus hautes falaises d'Europe (plus de 300 m d'à-pic au-dessus de la mer). L'endroit rêvé pour se débarrasser d'épaves ou de voitures devenues encombrantes. En une saison, les forestiers ont sorti au tracteur soixante-quinze bagnoles éparses au fond des vallons de la seule commune de Cassis et les gendarmes ont hissé par hélitreuillage cinq cent vingt épaves précipitées dans le vide à partir de la route des Crêtes! L'endroit porte bien son nom: le Cap Canaille! Entre 1979 et 1985,

4 200 épaves automobiles ont été récupérées à grands frais au fond des ravins niçois...

Rançon de la société industrielle, dira-t-on. Voire. Allons par exemple dans un des pays les plus sauvages du vieux monde, le Yémen du Nord. Authenticité garantie. Sanaa, la capitale, et toutes les villes, en plaine comme à la montagne, ont conservé intacts l'architecture et les modes de vie du Moyen Age. Si l'on n'apercevait parfois une jeep Toyota ou un fusil d'assaut Kalachnikov, on jurerait s'être trompé de siècle. Une chose, cependant, vous ramène à la dure réalité contemporaine : les rues jonchées d'ordures dans le moindre village. Du haut de leurs magnifiques maisons fortifiées en pierre de taille, les ménagères yéménites balancent par la fenêtre tout ce qui a fini de servir : boîtes de conserve, bouteilles plastiques, cuvettes trouées, épluchures, chaussures éculées et vieilles piles. Le promeneur, ravi par les merveilles architecturales qui se dressent autour de lui, reste bouche bée et le nez en l'air. Mais il trébuche bientôt dans les immondices accumulées sans vergogne au milieu de la voirie. Comme chez nous au Moyen Age, avec cette différence que les chiens et les porcs, alors, faisaient le ménage. Mais les chiens yéménites, de solides molosses, pourtant, ne mangent ni ferraille ni plastique...

La ville de Shaoxing, en Chine centrale, était considérée par Marco Polo comme « la Venise de l'Orient ». Aujourd'hui encore, on peut admirer sa superbe lagune. Mais la révolution industrielle est passée entre-temps, de sorte que les usines ont poussé tout autour. Si bien que la fameuse lagune reçoit aujourd'hui, sans aucune épuration, les rinçures des usines et les urines de 300 000 habitants. « Cette ville fait sous elle », observait un fonctionnaire international chargé de trouver un remède.

Même les oasis sahariennes, pourtant moins encombrées, accumulent à leur périphérie d'immenses décharges que le vent du désert ne parvient pas à faire disparaître. Dans le Sud algérien, au Niger ou au Nord-Mali, le spectacle est désolant. A perte de vue, derrière les murs de pisé et les derniers palmiers, s'offrent les carcasses de jeeps ou de camions, les vieux pneus, les batteries, les bidons, les bouteilles, les lampes à pétrole, les boîtes à biscuits, tout ce que la société de consommation apporte aux Touareg et que la nature refuse de reprendre.

Entre Nouakchott, capitale de la Mauritanie, et Rosso, ville frontière avec le Sénégal, se déroulent trois cents kilomètres de bitume plat et droit, en plein désert. Mais les chameaux, parfois, traversent inopinément la route, et les dunes, poussées par le vent, empiètent parfois sur la chaussée, créant des obstacles naturels difficiles à franchir à pleine vitesse – car les conducteurs sahariens, sur le goudron, roulent à tombeau ouvert. Résultat : les bas-côtés de cette route perdue dans les sables sont jonchés d'épaves de véhicules accidentés, comme naguère la fameuse *autoput* qui traverse la Yougoslavie du nord au sud.

Si l'on descend jusqu'à Dakar, le spectacle est édifiant : la plage de Hann, qui pourrait convenir à des vacanciers du Club Méditerranée, s'est transformée en arrière-cour immonde de la « zone industrielle ». Du haut des cheminées sans filtre s'échappent des volutes de fumées multicolores, qui noient la côte dans une brume fétide. Les effluents liquides, rejetés directement à la mer, cernent le littoral d'un ourlet de mousses et de nappes irisées, qui finissent par se déposer sur les plages. Le sable se gorge de ces dépôts huileux, visqueux, et prend alors l'aspect d'un marais insalubre. Quant au marché aux poissons de la plage de Soumbediourne, il reçoit tranquillement les gadoues du principal égout de Dakar! Le sommet est atteint avec la décharge de Mbeubeuss, installée dans un lac à deux pas des zones maraîchères. Au rythme de 3 000 mètres cubes d'ordures par jour, « Beuss » atteint aujourd'hui l'épaisseur de dix-sept mètres au-dessus du niveau de la mer. Plusieurs centaines de récupérateurs y fouillent à longueur de journée, comme le font des milliers d'autres à travers le monde, là où les agglomérations urbaines et industrielles côtoient la pauvreté rurale.

Offrez une boîte de Coca-Cola à un petit Indien, au plus profond de la forêt amazonienne. Il la boira avec lenteur, pour savourer ce plaisir rare, puis il la jettera prestement dans le fleuve, comme une vulgaire écorce d'ananas. Non, ce n'est pas un *remake* du film *Les dieux sont tombés sur la tête,* mais une scène vécue au fin fond de la Guyane. Ainsi commence la pollution au cœur de la jungle.

Dans nos montagnes, il y a beau temps que les refuges d'altitude, au plus fort de la saison, se transforment en dépotoirs immondes, tant randonneurs et alpinistes se bousculent au portillon. Ils montent avec un lourd chargement de victuailles pour tenir le coup, mais ils croiraient déchoir en redescendant leurs restes, pourtant beaucoup plus légers. En 1989, des Chamoniards facétieux ont édifié, au beau milieu de la mer de Glace, une statue de six mètres de haut faite en trois jours à partir des détritus ramassés sur place, à 2 200 mètres d'altitude : boîtes de conserve et canettes de bière abandonnées par les randonneurs, les alpinistes et les skieurs mais aussi pneus, câbles et pièces diverses laissées par les entreprises de remontées mécaniques. « On aurait pu faire une statue tous les cent mètres tant la matière première est abondante », a expliqué tranquillement le promoteur de l'opération. Le plaisir de la course en montagne, aujourd'hui, commence ou finit dans une décharge.

L'Himalaya lui-même n'est pas épargné. Les expéditions se succèdent à une telle cadence que les rebuts s'accumulent dans les camps de base. Pour ne pas s'égarer en chemin, à cinq ou six mille mètres d'altitude, il suffit de suivre les boîtes de Fleury-Michon! Même à 300 mètres du sommet (8 848 m), le versant tibétain ressemble à une décharge sauvage. Au point qu'un couple d'alpinistes américains, écœurés par le spectacle, ont décidé de monter une expédition entièrement consacrée au nettoyage des pistes. Lors d'une précédente expédition « nettoyage », les sherpas avaient redescendu quinze tonnes d'ordures, nécessitant cinq cents portages de trente kilos chacun!

On n'aura garde d'oublier non plus l'Antarctique, notre dernier continent « vierge ». Les bases de recherche scientifique se sont tellement multipliées depuis trente ans que les ordures accumulées posent un véritable problème. Les skuas, ces mouettes charognardes qui ne doutent de rien, prolifèrent autour des bases. A Mac Murdo, la plus grande station scientifique américaine, on ne sait plus que faire du dépotoir où s'entassent les restes de chaque « campagne ». Car, dans l'Antarctique, il n'y a pas d'ours pour faire les poubelles, comme dans le Grand Nord. On envisage aujourd'hui de remporter les ordures par conteneur, pour désengorger les bases littéralement cernées par leurs détritus.

Revenons sur les continents habités. La démographie des chiens dans les villes françaises entraîne une production d'étrons que chacun s'accorde à reconnaître indigne – sans que soit prise pour autant la moindre mesure de parade. Nous nous complaisons dans nos « crottoirs ». Ailleurs, cependant, ce sont les hommes qui s'oublient. A Kaboul, capitale de l'Afghanistan, le torrent qui traverse la ville sert de latrines publiques pendant toute la belle saison. Tandis que les tapis sont mis à sécher sur les parapets, les hommes vont s'accroupir dans le lit à sec de la rivière. A la fin de l'été, c'est une infection : chaque pierre est « coiffée ». Il se dégage du torrent une odeur pestilentielle, que seules les pluies d'automne parviendront à dissiper...

A Lomé, capitale du Togo, c'est la plage qui fait office de latrines. Dès l'aube, à l'heure où les barques de pêche reviennent chargées de poisson, les gens de Lomé s'égaillent sur la grève et s'accroupissent où bon leur semble, c'est-à-dire n'importe où. Le sable blond est bientôt constellé de merdes, que seules les grandes marées – ou l'érosion, très forte sur cette côte – parviendront à chasser. Sans se préoccuper le moins du monde de la présence d'éventuels coliformes fécaux, les pêcheurs entassent leurs poissons à même le sable. Et les clientes, toujours aussi exigeantes pour la qualité de la chair, se préoccupent comme d'une guigne de la propreté du sable...

La mer, comme de juste, est bonne pour tout absorber. Au moins jusqu'à présent. Mais la terre, elle, refuse d'engloutir nos déchets solides, qui souillent aussi bien les trottoirs de Paris que les pistes de l'Himalaya. La planète ne peut plus absorber notre ferraille, nos bouteilles ni nos plastiques à la cadence folle où nous les produisons. Ni la mer, ni la jungle, ni le désert n'ont la capacité d'éliminer nos déchets assez vite pour qu'ils disparaissent de notre vue. La pollution visuelle, omniprésente, nous cerne. Mais ce n'est que la partie émergée de l'iceberg.

CHAPITRE 2

Le syndrome NIMBY

Le gros de la production de déchets, heureusement, suit des circuits plus orthodoxes que la décharge sauvage ou les falaises de bord de mer. La plupart des ordures ménagères sont collectées en ville et donc traitées dans des centres appropriés, qu'il s'agisse d'usines d'incinération, de fabriques de compost ou encore de décharges contrôlées. La difficulté, aujourd'hui, vient de la quantité à traiter, qui ne cesse de croître. En 1872, le citoyen parisien rejetait en moyenne 200 grammes d'ordures. Il en produit aujourd'hui dix fois plus (environ deux kilos), sans toutefois rejoindre les tenants du titre, New-Yorkais et Californiens, qui atteignent déjà trois ou quatre kilos par jour!

Pour les gestionnaires de la cité, cette production d'ordures ménagères en constante augmentation – relative et absolue – est un véritable cauchemar. La collecte et le traitement coûtent de plus en plus cher, mais un effort financier portant sur ce chapitre ne rapporte pas une voix aux élus, car l'électeur estime l'enlèvement des ordures comme un droit acquis. Les édiles qui se risquent à prendre le taureau par les cornes ne tardent pas à le regretter. Avant les élections municipales de 1989, en France, deux grandes villes ont tenté de résoudre leur problème de décharge. A Brest, on a définitivement fermé « la mangeoire aux goélands » et remplacé l'immonde décharge par une usine d'incinération dernier cri reliée au réseau de chauffage urbain. Résultat : la municipalité sortante a été battue. A Amiens, la municipalité communiste, à la recherche d'un « coup » après l'échec du TGV nord qui ne desservira pas la ville, a opté pour un procédé nouveau de valorisation des déchets appelé Valorga. Usine géante de 130 millions de francs, inaugurée en grande pompe par le secrétaire d'Etat à l'Environnement, Brice Lalonde. On se félicite haut et fort d'une initiative en tout point remarquable, qui permet de transformer les ordures ménagères en compost pour les viticulteurs champenois, en chaleur pour des cultures de fleurs en serre et enfin en biogaz raccordé au réseau de Gaz de France. Résultat : la municipalité sortante est battue, et la société Valorga en redressement judiciaire! (les détails au chapitre 12).

A Cherbourg, en revanche, le maire a été réélu après avoir écarté un projet d'usine de pâte à papier recyclé et opté pour un nouveau site de mise en décharge. A Montpellier, le maire a été réélu sans problème alors que « la ville surdouée » se contente d'une nouvelle décharge dans la garrigue, comme au bon vieux temps. A Tours, le maire, toujours reconduit dans un fauteuil, a opté pour une décharge modèle avec récupération des jus, dotée de tous les raffinements compatibles avec un établissement classique.

A Marseille, le maire a été triomphalement réélu sans avoir levé le petit doigt pour mettre un terme au scandale de la décharge de la Crau. Certes, la ville s'est dotée d'une coûteuse station d'épuration des eaux usées (un milliard de francs), que tout le monde attendait depuis des années. Mais le « train de la Crau » continue son manège quotidien, emportant ses mille tonnes d'ordures jusqu'à la décharge d'Entressen, à cheval sur les communes d'Istres et de Saint-Martin-de-Crau. La décharge, récemment rebaptisée « Centre de traitement biologique des résidus urbains », offre le spectacle désolant d'un immense terrain vague cerné de barbelés. En certains endroits, où il a fallu édifier de nouvelles clôtures pour suivre l'exhaussement du terrain – du fait de l'accumulation des ordures –, on se croirait à la frontière entre les deux Allemagnes. Les barbelés de plusieurs mètres de haut ont pour mission de retenir en principe les déchets légers (papiers ou plastiques). Mais, sous l'effet du mistral, les sacs plastiques s'envolent et s'accrochent dans les cyprès des fermes environnantes, transformant les arbres en épouvantails. La deuxième ville de France entasse toujours ses ordures comme au siècle dernier!

Le maire de Saint-Germain-en-Laye, dans la banlieue verte de Paris, voudrait bien, lui, construire une usine d'incinération pour les ordures de sa région, dirigées faute de mieux vers la décharge de Triel-sur-Seine qui déborde de partout et importune les riverains. Comment? Une usine d'incinération qui va empester des quartiers résidentiels de Maisons-Laffitte? Il n'en est pas question, protestent aussitôt plusieurs comités de défense. On a beau leur expliquer que ces nouvelles usines ne polluent absolument pas, que les Suisses en ont construit en plein centre de Lausanne et de Zurich, à la satisfaction générale, que les Allemands, les plus sourcilleux en matière d'environnement, brûlent presque systématiquement leurs ordures ménagères, rien n'y fait. « Pas de ça chez nous », disent-ils.

Les Américains qualifient cette attitude de syndrome « NIMBY » *(not in my back yard)*. Car ce comportement n'est pas propre aux Français, mais bel et bien général dans toutes les sociétés développées. La montée des préoccupations d'environnement et du sentiment « vert » se traduit parfois localement par des réactions « consuméristes », voire protectionnistes, qui rendent difficiles des mesures indispensables comme le traitement adéquat des déchets. On veut bien que les ordures soient traitées, mais « pas chez nous ». Le mot d'ordre des nouveaux écolos-consommateurs revient à dire « Allez faire ça ailleurs », comme s'il s'agissait d'une activité honteuse.

De fait, on se pose rarement la question de savoir si le

traitement est techniquement fiable. « On ne tient pas à voir le prix des terrains s'effondrer », avouent les riverains. L'image du déchet, quoi qu'on fasse, dévalorise. Il ne s'agit donc pas de savoir si tel procédé est écologiquement ou économiquement plus intéressant. *Not in my back yard!* Voilà la réponse, sans doute un peu courte, mais imparable. Un élu responsable ne joue pas avec ce feu-là.

Le syndrome NIMBY, déjà très fort lorsqu'il s'agit d'ordures ménagères, donc de nos déchets à tous, devient carrément paranoïaque à l'encontre des déchets industriels. Le plus bel exemple de réaction de rejet reste à cet égard celui de Montchanin, en Saône-et-Loire. Depuis des années, la ville de Montchanin accueillait des déchets industriels dans une décharge de classe 1, donc habilitée, située au beau milieu de la commune, à l'emplacement d'anciennes mines du Creusot. Dans les cités ouvrières, on ne s'alarme pas au passage des camions, même chargés de résidus industriels.

Mais voilà-t-il pas que, vers 1984, la décharge de Montchanin signe un contrat pour accueillir les cendres d'incinération d'usines allemandes. Des militants des *Grünen,* le parti vert allemand, donnent l'alerte. Les habitants de Montchanin, qui ne faisaient guère attention au trafic, se mettent à voir des camions à plaque « D » partout. Les ordures allemandes nous envahissent! Un été, des odeurs pestilentielles ajoutent à la confusion car des malandrins en profitent pour faire des dépôts clandestins d'ordures ménagères, cependant que deux étangs proches, à l'eau passablement croupie, mêlent leurs effluves nauséabonds à l'ensemble. La protestation des riverains enfle tellement que les gérants de la décharge jettent l'éponge et revendent leur exploitation à une filiale d'Elf Aquitaine, en 1988. Las! Les nouveaux gérants, persuadés d'exploiter une décharge modèle – elle était en effet souvent citée en exemple – se mettent à passer la vitesse supérieure. Une noria ininterrompue de camions vient se déverser dans les anciennes mines. La population se rebelle. L'élu local, Pierre Joxe, ministre de l'Intérieur, impose l'arrêt de l'exploitation et fait fermer la décharge. Un établissement pourtant parfaitement en règle, qui donnait satisfaction à tous les professionnels. Rien à faire. Le syndrome NIMBY a encore frappé.

Au ministère de l'Environnement, on se désole de cette situation : « Les industriels de la région Rhône-Alpes n'avaient aucune décharge de classe 1 entre Montchanin (Saône-et-Loire) et Bellegarde (Gard). Que vont-ils faire maintenant? Tout jeter dans le Rhône ? » La question se pose avec d'autant plus d'acuité que l'établissement de Bellegarde a failli fermer aussi pour avoir accueilli des déchets italiens et des ordures ménagères...

La situation est encore plus grave dans la moitié ouest de la France, où n'existe aucun lieu d'accueil des déchets industriels entre la Seine-Maritime et la frontière espagnole! L'usine chimique de la Protex, à Auzouer-en-Touraine, près de Tours, stockait ainsi ses déchets sur place depuis des années. De temps en temps, elle incinérait elle-même certains résidus combustibles, jusqu'au jour de 1986 où injonction lui a été notifiée de ne plus rien brûler. La Protex a donc entassé ses déchets entre l'usine et la rivière – environ 2 000 tonnes de résidus chimiques mélangés à de la terre, sans aucune garantie d'étanchéité! Il a fallu l'accident du 8 juin 1988 – l'explosion puis l'incendie d'un atelier – et la fermeture de l'eau potable pendant quatre jours aux dépens des 200 000 habitants de Tours et sa région, pour qu'on réalise à quel point la situation était anormale.

Tout a été enlevé au bulldozer après l'accident, donc à la faveur de l'incendie... Mais, faute d'une décharge industrielle à proximité, le problème des déchets demeure. « Nous nous retrouvons déjà avec une centaine de tonnes sur les bras, expliquait, un an après, le P-DG de la Protex, Robert Moor. Nous envoyons nos eaux phénolées dans une cimenterie agréée pour l'incinération, et le reste est pris en charge par la SARP qui l'emporte dans son centre de traitement de Limay (Yvelines), à 250 kilomètres de là! Encore doit-on s'estimer heureux qu'ils acceptent de les prendre, car ils en refusent beaucoup, tant ils reçoivent de demandes. » Pour cet industriel sous haute surveillance, qui venait de recevoir l'oscar de l'exportation du groupe Expansion, la production de déchets reste un casse-tête irritant. Il lui faut les exporter vers d'autres régions, à grands frais, puisque aucune autorité, ni nationale ni locale, n'ose prendre l'initiative d'accepter l'installation d'un centre de traitement *ad hoc.* Seule retombée positive de cette impasse : la Protex fait des prouesses pour produire moins de déchets. « Cela nous oblige à améliorer nos process », reconnaît Robert Moor, résigné.

Le résultat, paradoxal, c'est que seuls les gros industriels, les très gros, peuvent traiter leurs déchets à moindres frais, dans leurs propres installations. En France, cinq groupes peuvent se permettre ce luxe : Rhône-Poulenc, Atochem, Renault, Peugeot et la sidérurgie. Eux n'ont pas à se préoccuper du sentiment des populations circonvoisines, car ils produisent du neuf et sont donc exaucés par avance pour l'élimination des rebuts. Mais ils se gardent bien d'accueillir les résidus des petits car, outre qu'ils ne sauraient fonctionner comme un service public, ils se méfient des arrivages extérieurs où tous les produits sont mêlés en proportion inconnue.

Les géants de la chimie allemande, BASF, Bayer et Hoechst, éliminent aussi leurs propres déchets, quitte à en expédier parfois en RDA et dans d'autres pays de l'Est friands de *deutsche marks* et moins regardants pour la pollution. Quant aux « Trois Suisses » de Bâle (Ciba-Geigy, Sandoz et Hoffmann-La Roche), ils confient l'élimination de leurs déchets au plus puissant d'entre eux, Ciba-Geigy, qui vient d'agrandir ses installations d'incinération. Cette belle solidarité bâloise, cependant, ne joue pas au-delà des frontières. Les filiales alsaciennes de la chimie suisse, dont certaines se trouvent à moins de dix kilomètres, ne peuvent envoyer leurs déchets à la maison mère puisque l'importation en est désormais interdite dans la Confédération helvétique! Le NIMBY se pratique volontiers entre Etats.

La France, traditionnellement accueillante aux déchets étrangers, a révisé sa politique après la malencontreuse affaire des fûts de Seveso – ces fûts de déchets contenant de la dioxine produite lors de l'accident de 1976, près de Milan. Ces quarante et un fûts, entrés clandestinement en France en septembre 1982, ne seront retrouvés que six mois plus tard dans un hangar de boucherie de la banlieue de Saint-Quentin (Aisne). Expédiés en France parce que le syndrome NIMBY avait traumatisé la région lombarde puis toute l'Italie, ces fûts ont déclenché le même syndrome auprès du gouvernement français d'alors. Le cauchemar n'a cessé que lorsque les fûts baladeurs, escortés par l'armée, ont été reconduits à la frontière suisse puis incinérés dans le four à tout faire de Ciba-Geigy, à Bâle.

Depuis lors, la France n'accepte les déchets des autres qu'avec la plus grande circonspection. Il arrive que l'Italie nous envoie encore des colis suspects, comme des déchets d'hôpitaux parvenus récemment à Saint-Etienne ou à Bordeaux, faute d'une réglementation appropriée. D'Allemagne nous parviennent encore déchets industriels et ordures ménagères, que les installations saturées d'outre-Rhin ne peuvent plus traiter. Mais ces envois baissent régulièrement au fil des ans. Les quelque 300 000 tonnes de déchets allemands expédiés vers la France en 1984-1985 pour être mis en décharge à Menneville (Aisne), Jeandelaincourt (Moselle) et Pontallier-sur-Saône (Côte-d'Or) ont été ramenées à la moitié aujourd'hui. La SIMAT, une société française qui exploite huit décharges, a eu toutes les peines du monde à faire venir comme elle le souhaitait des ordures allemandes dans ses installations. Fin 1988, le préfet de la Haute-Marne s'est opposé à leur venue dans la décharge de Montlandon. Du coup, elles ont été dirigées vers une décharge du Cher, à Torteron. Mais le préfet, là encore, a multiplié les obstacles administratifs, et la

SIMAT a dû changer une nouvelle fois son fusil d'épaule. Mais le troisième site envisagé à Mézilles, dans l'Yonne, qui avait été autorisé en 1987, a été fermé en 1989 à la demande du ministre Jean-Pierre Soisson, homme fort du département. Pas d'ordures allemandes chez nous, clament en chœur élus, associations... et administration. Sans être rédhibitoire, le syndrome NIMBY multiplie les obstacles au libre flux des marchandises au rebut.

En 1987, alors qu'il était ministre de l'Environnement, Alain Carignon fait une proposition qu'il croit habile : installer dans la ville dont il est maire, Grenoble, un centre de traitement des transformateurs ou condensateurs contenant du pyralène – ce liquide ininflammable mais non biodégradable aujourd'hui interdit sur les appareils neufs. Que n'avait-il proposé là! Grenoble, ville d'ingénieurs, ville tournée vers l'avenir, s'étrangle d'indignation à la perspective d'accueillir une installation industrielle d'un type nouveau, rarissime en France. Le ministre cède au maire, qui ne veut pas mécontenter ses administrés, fût-ce une minorité non représentative mais bruyante. L'usine sera finalement implantée à Izeaux, dans la banlieue de Grenoble, avec l'accord de la municipalité. Mais le syndrome NIMBY frappe encore. Un « comité d'Izeaux pour la défense et la qualité de la vie » fait annuler le permis de construire par le tribunal administratif, alors que le bâtiment est déjà construit!

« Notre principal problème depuis six ou sept ans, c'est le syndrome NIMBY », reconnaît Dominique Pin, directeur général de la SITA, la filiale de la Lyonnaise des Eaux qui gère sept des douze centres français de déchets spéciaux et quelque quatre-vingts décharges ordinaires. Il faut passer son temps à convaincre des élus, batailler avec l'administration, travailler au corps l'opinion publique, bref faire la danse du ventre pour arracher un consentement.

Jusqu'en 1979, la Finlande expédiait ses déchets spéciaux en Suède, faute d'une installation *ad hoc.* Mais, avec le boom économique, la Finlande avait trop de déchets industriels pour se contenter de les exporter, et au prix fort. Le gouvernement d'Helsinki décide donc de constituer une société de traitement, baptisée Ekokem, dont les actions sont réparties par tiers entre l'Etat, les communes et l'industrie. Il est décidé d'implanter l'usine de traitement au nord d'Helsinki, au centre géographique d'une région où sont produits 80 % des déchets spéciaux du pays. Jusque-là, pas de problème. Le consensus est général entre les trois partenaires. Mais tout se gâte lorsqu'il s'agit de trouver la commune qui acceptera d'accueillir la poubelle industrielle de la Finlande. « Nous avons inventorié vingt-cinq sites possibles, explique Markku Aaltonen, le directeur des exportations d'Ekokem. Cela a pris deux ans. Toutes les communes pressenties ont refusé, sauf deux. Mais lorsqu'on a enfin choisi le site avec l'accord de la municipalité, un comité s'est mis à collecter des milliers de signatures pour protester contre notre projet : une usine ultra-moderne à six kilomètres de la ville! » L'usine de Rihimäki a pu finalement commencer à brûler ses premiers déchets industriels en 1983, mais avec une autorisation provisoire. Et c'est seulement en 1987 qu'elle a reçu le feu vert définitif. Les habitants de Rihimäki, aujourd'hui, sont rassurés. Le four Ekokem tourne comme une horloge et absorbe quelque 100 000 fûts par an. Les mêmes qui s'indignaient à la perspective de voisiner avec une « poubelle industrielle » seraient aujourd'hui les premiers désolés si l'installation devait fermer. Mais les Finlandais continuent à refuser les usines d'incinération d'ordures ménagères. Les deux installations d'Helsinki ont été fermées. Il n'en reste plus qu'une petite à Turku, l'ancienne capitale, mais en sursis. Aujourd'hui, 82 % des ordures ménagères finlandaises finissent en décharge. Record d'Europe. Même les Américains font mieux (80 %)! Et pourtant, ils s'y connaissent en phénomène NIMBY.

« C'est encore pire aux Etats-Unis, explique Philippe Brongniart, le P-DG de la division déchets de la Lyonnaise. Nous venons de conclure une *joint venture* avec un partenaire américain pour l'implantation d'une décharge de classe 1 dans le nord de l'Etat de New York. Il nous a fallu trois ans de bataille juridique pour emporter le morceau! » Le syndrome NIMBY est si développé outre-Atlantique qu'il faut recruter une escouade de *lawyers* et de *consultants* pour faire sauter les obstacles juridiques... et psychologiques, même lorsqu'on est propriétaire du terrain. Car les opposants, eux aussi, ont leurs *lawyers* et leurs *lobbies.*

Les habitants de Los Angeles, qui produisent en moyenne quatre à cinq kilos de déchets par jour – un record –, ne veulent pas plus que d'autres savoir où aboutissent leurs ordures. Mais le canyon Lopez, où sont actuellement entassés les reliefs de « L.A », déborde aujourd'hui, de sorte que les riverains ne cessent de porter plainte. Ils ne veulent plus voir passer une benne devant leur porte. Les pouvoirs publics s'arrachent les cheveux pour trouver une solution de remplacement – les usines d'incinération sont exclues pour épargner le ciel de la ville des Anges, déjà passablement chargé de brumes automobiles. A leur tour, ils menacent : « Si nous n'avons plus d'endroit pour entreposer les ordures, nous ne les ramasserons plus! », a prévenu le responsable du service de propreté. Finis les beaux jours du Far West et du premier occupant. L'Amérique est devenue aussi frileuse et compartimentée que la vieille Europe lorsqu'elle entend parler de *garbage* (ordures ménagères) ou, pire, de *hazardous waste* (déchets dangereux).

Les Californiens ne savent plus qu'inventer pour se débarrasser des restes de leur société d'hyperconsommation. Un jour, ils proposent aux responsables des îles Samoa – ancienne colonie allemande du Pacifique – de construire chez eux une usine d'incinération (50 millions de dollars) pour brûler des ordures... américaines! Refus indigné des Samoans! Un autre jour, à l'occasion d'un forum des Etats du Pacifique Sud, en 1989, la compagnie américaine *Admiralty Pacific* fait une

SILVER BILL
Photograph Dianora Niccolini

FPC329

pas de panique,
pas de panique.
la nature est encore
belle et tout
le monde ou presque
veut la conserver.
Cultive toi aussi
beaucoup de
bisous
papa.

Flashcards™
"One is worth a thousand words"
Photographic Postcards
© Flashcards, Inc. 1989
781 West Oakland Park Blvd.
Fort Lauderdale, FL 33311
1-800-531-0777

proposition qu'elle croit honnête aux représentants des îles Marshall. Pour compenser les inconvénients de l'effet de serre, qui risquent de rehausser le niveau de la mer et donc de recouvrir certains atolls actuellement au ras de l'eau, *Admiralty Pacific* offre aux Marshall de surélever le niveau de leur atoll principal, Majuro, grâce à l'apport de quelque 25 millions de tonnes d'ordures ménagères venues d'Amérique! Les Marshallais ont refusé de signer un contrat qui, en cinq ans, devait leur rapporter 56 millions de dollars... et forcément beaucoup d'ennuis.

Pour les déchets nucléaires, les Etats-Unis avaient une politique raisonnable : on les enfouissait dans le désert. Politique raisonnable, car les déserts offrent une double garantie : pas de circulation d'eau qui pourrait transporter les radionucléides dans la nappe phréatique et pas de population alentour en cas de dispersion involontaire des éléments stockés. Mais voilà : le syndrome NIMBY a fait voter une loi qui oblige les producteurs de déchets dangereux à les entreposer dans leur Etat d'origine. Plus question donc pour une centrale nucléaire du Tennessee d'expédier son combustible irradié au Nevada ou au Nouveau-Mexique. Elle doit trouver un site dans le Tennessee, coûte que coûte.

En France, où EDF a le monopole de la production d'électricité nucléaire, on n'entre pas dans ces querelles géo-administratives. Mais il a bien fallu trouver un site pour succéder au dépôt de La Hague (Centre de la Manche) qui arrive à saturation. Après d'innombrables et vaines tentatives à travers le pays, c'est finalement une petite commune de l'Aube, Soulaines, qui a accepté de recevoir les déchets « à vie courte » en provenance de toutes les centrales nucléaires françaises. Pour faire fléchir Soulaines, il a fallu toute l'autorité du conseil général de l'Aube, chaud partisan du nucléaire depuis le choix de Nogent-sur-Seine pour alimenter Paris en courant. On ne peut accepter les redevances d'une centrale nucléaire et refuser d'entreposer ses restes!

Pour le choix d'un site où entreposer les combustibles irradiés à vie longue – plusieurs siècles, voire plusieurs millénaires – la bataille n'a fait que s'engager. L'ANDRA (Agence nationale pour la gestion des déchets radioactifs) a retenu quatre sites en fonction de critères purement techniques, c'est-à-dire géologiques. Il s'agit du granit de Neuvy-Bouin, dans les Deux-Sèvres; de l'argile de Montcornet, dans l'Aisne, du sel de Bresse, dans l'Ain et du schiste de Segré, dans le Maine-et-Loire.

La réaction des habitants a été très vive dans les Deux-Sèvres et la Bresse, où les traditions agricoles sont encore puissantes. La vache parthenaise, d'un côté, et le poulet de Bresse, de l'autre, ont eu raison des techniciens de l'ANDRA, qui ont préféré garder un profil bas dans ces contrées ancrées dans l'élevage. Les gens de Segré ayant aussi manifesté violemment leur opposition, c'est finalement à Montcornet, lieu d'une bataille où s'illustra le colonel de Gaulle, en mai 1940, que l'ANDRA a construit son premier laboratoire d'essai. Même si l'argile n'est pas la meilleure roche pour enfouir des déchets radioactifs à vie longue, le syndrome NIMBY a déterminé le lieu de prédilection des techniciens : celui où l'opposition apparaît la moins vive, le ventre mou des antinucléaires.

Le « pas de ça chez moi » joue donc aussi bien contre les ordures ménagères, les déchets industriels ou les combustibles irradiés à refroidir. Il rend chaque jour plus difficile le traitement approprié des sous-produits de nos sociétés industrielles. Dans certains cas même, étant donné l'urgence, il favorise des solutions désespérées et alimente de douteux trafics.

CHAPITRE 3

L'odyssée des navires poubelles

La ville de New York est sale. Les papiers gras et les gobelets Mac Donald's débordent des corbeilles. Les journaux – plusieurs centaines de pages le dimanche – s'accumulent sur les pas de porte. Les prospectus et tracts distribués en abondance à tous les carrefours finissent immanquablement sur les trottoirs. Seuls les chiens, semble-t-il, ont appris le caniveau. Mais c'est parce qu'il en coûte 200 dollars à leur maître si l'animal est surpris en train de souiller le *pavement.*

Les vieux papiers, eux, jonchent le bitume. Lorsque le vent s'en mêle, et c'est fréquent à New York, il se forme des tourbillons qui déposent dans chaque recoin d'immeuble d'invraisemblables amas de paperasse. Les boîtes de Coca et de Seven-Up, en roue libre dans les larges avenues rectilignes, parcourent parfois des kilomètres le dimanche lorsque la ville est abandonnée des siens. Comme beaucoup de grandes villes américaines, *downtown New York* paie pour les banlieues proprettes et bien peignées.

Si New York est si sale, c'est aussi parce qu'elle détient le record mondial de la production d'ordures ménagères : 26 000 tonnes par jour ! Quotidiennement, une armée de 10 000 hommes est mobilisée pour collecter les poubelles de la ville. Ces ordures, déversées dans des barges de 750 tonnes, sont acheminées vers Staten Island, la grande île située en face de Manhattan. Sur cette île se trouve la plus grande décharge du monde, Fresh Kills, qui reçoit 22 000 tonnes par jour. Certains prévoient la saturation complète en l'an 2007. « Si le flot continue à ce train, dit le gérant, nous serons dans douze ans le point culminant de la Côte Est! »

Le flot, bien évidemment, continue. Les autorités new-yorkaises, pour des raisons de pollution de l'air et surtout de coût, ne veulent pas développer l'incinération sur place, qui n'absorbe qu'environ 10 % du tonnage produit. On se tourne alors vers des décharges plus lointaines, dans le nord de l'État, resté très vert, ou dans d'autres États de la côte moins saturés. C'est ainsi que le 22 mars 1987, une barge chargée de 3186 tonnes d'ordures new-yorkaises, quitte Long Island, emmenée par le remorqueur *Break of Dawn* – « Naissance de l'aurore », un nom charmant pour un pousseur de déchets... Opération de routine : il s'agit de conduire la cargaison en Caroline du Sud, où elle sera mise en décharge.

Un malencontreux grain de sable survient. Les services d'hygiène de Caroline du Sud réclament un certificat de non-toxicité pour admettre les ordures dans leur décharge. Syndrome NIMBY ou zèle administratif? Nul ne peut le dire avec certitude. Mais les convoyeurs de la barge new-yorkaise ne peuvent produire le moindre document en ce sens et, plutôt que d'attendre d'improbables papiers pour satisfaire de pénibles ronds-de-cuirs, ils décident de mettre le cap au sud. C'est bien le diable si, dans ce *Deep South* décadent, on ne trouvera pas une petite place pour des déchets *yankee.* Mais le Deep South n'est plus si décadent. Même la Louisiane-au-charme-désuet refuse de servir de poubelle à New York-la-grosse-pomme *(the Big Apple).* Les nouveaux millionnaires du pétrole ne croquent pas de ce fruit-là. C'est non.

Le capitaine du *Break of Dawn,* pas découragé, lève l'ancre pour le Mexique. C'est bien le diable si ces crève-la-faim de Chicanos font la fine bouche pour une marchandise qui peut leur rapporter des liasses de billets verts sans avoir à lever le petit doigt! Hélas, les Mexicains ont aussi leur fierté. Ils refusent tout net les ordures des *Gringos.*

Ne reste plus qu'une solution : trouver à proximité une république bananière où le dollar ouvre toutes les portes, surtout lorsqu'elles sont vermoulues... Le Belize, bien sûr! Coincé entre le Yucatan mexicain et le Guatemala, l'ancien Honduras britannique survit difficilement avec l'ananas et la canne à sucre, oublié du monde. Il prendra bien trois mille tonnes d'ordures pour un petit pourboire... Désagréable surprise, là aussi : c'est non. Sursaut d'honneur à la britannique ou syndrome NIMBY, peu importe. Le Belize n'est plus celui que vous croyez.

Ayant touché le fond de l'humiliation, le *Break of Dawn* n'a plus qu'à rebrousser chemin. Si même le Belize refuse une marchandise pareille – c'est le fournisseur qui paie! –, cela signifie qu'aucun pays au monde n'acceptera le marché, pas même Haïti. L'île des Duvalier, jusqu'à présent, n'a accepté que des cendres d'incinération, moins volumineuses et plus rentables (parce que dangereuses pour l'environnement).

Cap donc sur New York où, après cinq mois d'errance, la barge regagne son port d'attache le 24 août 1987, avec une cargaison qui commence à fermenter sérieusement! Les ordures seront finalement incinérées dans une usine de Brooklyn, après accord des services d'hygiène certifiant qu'elles ne sont pas toxiques.

Cette lamentable équipée, parvenue à la célébrité mondiale par la grâce de New York, ne fut certainement pas la première du genre... et ne restera pas la dernière.

Le 10 février 1987 – quelques semaines avant le départ de la barge new-yorkaise – un cargo grec battant pavillon maltais, le *Lynx,* quitte le port italien de Marina di Carrara avec à son bord 2 146 tonnes de déchets industriels répartis dans 10 876 fûts de 200 litres. Destination : Djibouti. Ces déchets feront le tour du monde avant de revenir à leur point de départ, au cours d'une odyssée qui, deux ans après, n'est toujours pas terminée.

Au départ, un homme d'affaires italien haut en couleur : Gian Franco Ambrosini. Cet ancien joueur de golf qui dépasse aujourd'hui le quintal, dirige à Gênes une société de courtage, Intercontract, dont le siège officiel, jusqu'en janvier 1989, était à Belfaux, dans le canton de Fribourg, en Suisse. Ambrosini est l'héritier d'une famille gênoise qui, depuis quatre générations, commerce avec l'Afrique dans les cuirs et peaux. Lui-même achète et vend n'importe quoi, notamment dans l'agro-alimentaire.

Mais la pelleterie, aujourd'hui, est en crise, et l'Afrique ne paie plus. Ambrosini va donc diversifier ses centres d'intérêt et se tourner vers le déchet industriel. « L'industrie du cuir, c'est très polluant, vous savez. Les tanneurs ont toujours des ennuis avec l'administration et les pêcheurs parce qu'ils empoisonnent les rivières. Les déchets, ça nous connaît! » Mais si l'Afrique ne paie plus, elle peut se faire payer pour éliminer les déchets de l'Europe. De Gênes et de son nouveau pied-à-terre suisse de Verbier, dans le Valais – qui n'est qu'une boîte aux lettres –, Ambrosini est bien placé pour voir les industriels empêtrés dans leurs résidus invendables. Il y a eu Seveso, près de Milan, où l'usine accidentée était une filiale italienne du Suisse Givaudan, propriété du groupe bâlois Hoffmann-La Roche. Il y a eu Sandoz, dix ans plus tard, qui a dû éliminer les restes de son incendie en payant très cher leur élimination à son voisin bâlois Ciba-Geigy. Etc.

En 1986, l'astucieux Gênois saute le pas. Il signe avec une société de Djibouti un accord pour la livraison et l'élimination de 100 000 tonnes de déchets industriels par an pendant cinq ans, à raison de 36 dollars la tonne. Le contrat, daté du 20 septembre 1986, doit donc rapporter à la société djiboutienne (International Consulting Office) la bagatelle de 3 600 000 dollars par an pendant cinq ans. Un véritable pactole, pour cette république lilliputienne aux portes d'un des pays les plus pauvres du monde, l'Éthiopie. Pour achever de convaincre les Djiboutiens, Ambrosini se propose d'édifier chez eux une usine de traitement qui rendra l'opération encore plus rentable.

Le courtier gênois n'a plus qu'à recruter un fournisseur. Il est tout trouvé avec la société Jelly Wax qui, comme son nom ne l'indique pas, est une firme italienne de Milan passée maîtresse dans l'art d'exporter les déchets industriels. Le terrain lui a été préparé par la malencontreuse expérience de Seveso, décidément fondatrice en ce domaine, à laquelle s'est ajouté le boom industriel italien, qui offre sur le marché des tonnages considérables de résidus impossibles à négocier dans le pays.

L'accord, conclu le 12 janvier 1987, stipule que la Jelly Wax fournira à Ambrosini 100 000 tonnes de déchets par an payés 225 dollars la tonne. Pour la Jelly Wax, qui facture 500 dollars la tonne à ses clients fournisseurs, trop heureux de se débarrasser de leurs fûts encombrants sans se soucier de leur destination finale, l'opération est d'un bon rapport : 275 dollars la tonne, moins les frais. Soit plus de 25 millions de dollars par an. Pour Ambrosini, qui n'a même pas le mal de rassembler les fûts et de les transporter, l'affaire est tout aussi juteuse : déboursant à la livraison 36 dollars la tonne une marchandise qu'on lui a payée 225, le gain est de 189 dollars la tonne, moins les frais de courtage, qui se ramènent à du courrier et des appels téléphoniques. Délaissant les cuirs et peaux de ses ancêtres, mais pas les circuits commerciaux, le courtier de la Via Assarotti pouvait ainsi espérer engranger presque vingt millions de dollars par an!

Le montage était trop beau. L'affaire, semble-t-il, est éventée par des Verts de Toscane qui, après avoir vu l'embarquement des déchets à bord du *Lynx,* alertent les autorités portuaires de Djibouti. Comme les fûts sont marqués « R » pour *rifiuti* (déchets), les fonctionnaires djiboutiens, mis en garde, se demandent s'il ne s'agit pas d'un « R » radioactif. Dans le doute, ils n'autorisent pas le *Lynx* à décharger. Au demeurant, que ferait-on des fûts à Djibouti, où l'usine de traitement promise par Ambrosini dort encore dans les cartons ?

La Jelly Wax, qui a passé contrat avec le transporteur grec Lynx Shipping Limited, du Pirée, et est donc responsable de l'acheminement de la cargaison, demande alors au *Lynx* de mettre le cap sur le Venezuela, où elle a quelques contacts, et même un agent d'origine italienne avec qui elle signe un nouveau contrat le 18 mars. Destination : Puerto Cabello, le deuxième port du pays, loin des fonctionnaires tatillons de la capitale. Gian Franco Ambrosini, la main sur le cœur, s'écrie : « Ils nous ont volé notre bateau ! » Et il intente un procès à son ex-associé pour détournement et vol de marchandises...

Le 28 avril, le cargo grec prend place à quai à Puerto Cabello et décharge tranquillement ses 10 000 et quelques fûts, qui sont entreposés à la merci des pluies tropicales et sans aucune sécurité (qui irait voler des déchets ?). Mission accomplie, le *Lynx* reprend la mer, en route pour de nouvelles aventures. Pour les déchets italiens, l'aventure ne fait que commencer.

A force de moisir à fond de cale, puis dans la moiteur équatoriale, sans parler des transbordements multiples, certains fûts commencent à suinter. Des gosses qui traînent par là s'intoxiquent au contact des produits en échappement libre. L'un d'eux serait mort à l'hôpital des suites d'une intoxication de ce genre. La population s'inquiète et proteste. Les autorités locales, embarrassées, hésitent sur les mesures à prendre, jusqu'au jour où, le 16 juin 1987, leur parvient une nouvelle demande d'importation de déchets italiens, transportés par un navire battant pavillon tchécoslovaque, le *Radhost.* Cette fois, les autorités vénézuéliennes s'émeuvent. Lorsque le navire poubelle se présente en rade de Puerto Cabello, il se voit interdit de déchargement. Quelques jours après, le ministre de l'Environnement reçoit l'agent de la Jelly Wax, qui chante toujours la même chanson : « Nous devons construire une usine d'élimination, mais, pour démarrer, il nous faut 45 000 tonnes de déchets. » Autrement dit, à raison de 2 000 à 3 000 tonnes par cargaison, il faut recevoir encore plusieurs dizaines de navires poubelles avant de démarrer les opérations. Bonne excuse pour ne pas commencer les travaux d'une usine qui, même en mettant les bouchées doubles, ne peut prendre moins de deux ans à se construire !

Le 23 juillet, la marine vénézuélienne fait un bout d'escorte au *Radhost* pour le conduire hors des eaux territoriales, lui et ses 2 411 tonnes de déchets « européens ». Le 9 août, les fûts débarqués du *Lynx* sont transférés sur une base militaire voisine. Les récipients les plus endommagés sont remplacés par des neufs, cependant que les autorités de Caracas essayent d'obtenir du gouvernement italien le remboursement de leurs frais et le financement de la réexportation des fûts.

Un compromis, resté secret, est trouvé le 24 septembre, et la Jelly Wax affrète un nouveau bateau, battant pavillon chypriote, le *Makiri.* Destination : le port franc de Tartous, en Syrie. Parti le 21 octobre de Puerto Cabello, le *Makiri* arrive le 10 décembre à Tartous. Les déchets, cédés entretemps par la Jelly Wax à une société syrienne, par l'entremise d'une compagnie maritime grecque, sont donc débarqués en Syrie. Mais la société syrienne, qui croyait avoir acheté des produits chimiques neufs, se voit flouée. Un nouveau navire, le *Zanoobia,* est affrété pour retourner les déchets à l'envoyeur. Ce *Zanoobia,* qui porte le nom de l'ancienne reine de Palmyre, Zénobie, appartient aux frères Tabalo. Il appareille de Tartous le 1er mars 1988 pour Salonique, en Grèce, mais un problème de moteur l'oblige à faire une escale technique à Limassol, port de Chypre. L'un des frères Tabalo, Ahmed, arrive le 18 mars à Limassol et prend le commandement du navire, qui embarque des conteneurs vides à destination de Salonique. Le *Zanoobia* va effectivement livrer ses conteneurs dans le port grec, mais il doit garder ses 10 594 fûts de déchets industriels, dont les Grecs ne veulent à aucun prix.

Après plusieurs vaines tentatives de débarquement, notamment en Sardaigne, le *Zanoobia* se présente le 25 avril à Marina di Carrara, là même d'où étaient partis les fûts quatorze mois plus tôt... Les autorités italiennes sont terriblement embarrassées. Elles font d'abord mine de ne pas connaître ce cargo syrien immatriculé à Lattaquié, qui prétend transporter une cargaison de produits chimiques italiens. La Jelly Wax a beau jeu de nier la propriété de ces fûts, dont le conditionnement a tellement souffert qu'il a été en grande partie remplacé. Mais beaucoup portent encore la trace de leurs expéditeurs italiens.

Le *Zanoobia,* chef-d'œuvre d'imbroglio juridico-administratif, est laissé plus d'un mois en attente au large avant d'être admis à quai, à l'écart. La cargaison, confinée dans des soutes humides, exhale des effluves pestilentiels. L'équipage, syrien, se plaint de maux de tête et de divers malaises. Plusieurs matelots reçoivent l'autorisation de quitter le bord. Une partie du chargement est alors débarquée sur un dock flottant, à la petite semaine. Il faut des mois aux dockers italiens pour sortir quelque cinq mille fûts, tous plus suspects les uns que les autres. Survient l'ordre au *Zanoobia* d'appareiller pour Gênes, le grand port ligure. La pagaille qui règne autour du bateau est telle que certains fûts sont rembarqués.

A Noël, le *Zanoobia* fait son entrée – discrète – dans le port de Gênes. Les oreilles d'Ambrosini doivent siffler! Deux mois plus tard, en février 1989 – soit deux ans après le premier départ des fûts! – des hommes en armes investissent le bateau. Ils descendent à la salle des machines et poussent devant eux le chef mécanicien, comme un vulgaire malfaiteur. Le capitaine, Ahmed Tabalo, est furieux. « Vous utilisez mon bateau comme entrepôt », gémit-il. Mais que faire, lorsqu'on a été ainsi roulé par une société, la Jelly Wax, « qui n'a qu'une boîte aux lettres » ?

Les cinq mille derniers fûts sont débarqués à leur tour sur un ponton flottant du « super bassin », à dix minutes du centre ville. Mais la situation du navire reste bloquée. « J'ai besoin d'aller en cale sèche, explique le capitaine, mais je n'ai plus le droit de bouger parce que mes autorisations sont révolues. Je n'ai plus d'eau, plus de gazole. Ils font tout pour me faire déguerpir mais ils me privent en même temps des moyens de le faire! Et ils nous réclament, à mon frère et moi, quatre milliards de lires pour le déchargement des fûts, dont une partie a disparu! Le gouvernement italien, c'est la mafia! »

Chaque jour, Ahmed Tabalo va voir son avocat en ville pour connaître l'évolution de la situation. Ils ne sont plus que cinq hommes à bord, mais ils ont été rejoints en juin 1989 par la femme du capitaine – une blonde Suédoise – et ses quatre enfants. La vie s'organise à bord du *Zanoobia* comme pour un long siège. Et, pendant ce temps, les déchets attendent toujours preneur...

CHAPITRE 4

Le recours à la mer

Quand la reine Victoria devient impératrice des Indes, en 1876, Londres est la plus grande ville du monde. Son système d'égouts recueille une telle quantité d'eaux usées que la Tamise ne peut plus les recevoir, sous peine de devenir à son tour un grand collecteur à ciel ouvert. Impensable pour la capitale de l'Empire britannique! On construit donc au sud-ouest de Londres, à Crossness, une usine de traitement des eaux usées, l'ancêtre de nos stations d'épuration. Mais que faire des boues que l'on obtient après nettoyage des eaux, ces bonnes vieilles gadoues (*sludge,* en anglais)? Les stocker sur place? Les transporter en décharge? Mais comment? En voiture à cheval? En chemin de fer? Les services d'hygiène imaginent alors une solution toute naturelle pour les Anglais : la mer! On va transporter les boues d'épuration par bateau jusqu'à la mer qui, comme chacun sait, purifie tout.

Le premier navire citerne construit à cet effet, le *Bazalgette,* d'une capacité de 1 000 tonnes, sort des chantiers en 1887. Cinq autres le suivront *(Barking, Barrow, Belvedere, Binnie, Burns)* jusqu'en 1894, car la production de gadoues par les Londoniens est telle qu'il faut une véritable noria afin de les écouler. Pour atteindre le site de décharge en mer du Nord, situé à plus de 80 kilomètres de Londres, les bateaux à vapeur mettent la journée, sans compter le temps de charger et l'attente pour la bonne marée. Le dernier bateau à vapeur de cette flottille des *sludge vessels* (bateau à gadoues) sera construit en 1954 et servira jusqu'en 1977!

La flottille compte aujourd'hui quatre navires modernes *(Thames, Bexley, Newham, Hounslow)* jaugeant entre 2 300 et 2 700 tonnes. Quotidiennement, ils font leur plein de gadoues aux stations de Beckton et Crossness, sur les deux rives de la Tamise, puis vont décharger leur marchandise en mer du Nord à une trentaine de kilomètres des côtes, à la merci des vents et des courants.

Ce procédé, qui peut paraître archaïque et en tout cas désinvolte à l'égard des autres riverains de la mer du Nord, les Anglais y tiennent beaucoup. Ils l'entourent d'ailleurs de beaucoup de soins, si l'on en juge par les lieux où se prépare l'expédition des boues. Crossness Works est une station d'épuration paysagée où, s'il n'y avait l'odeur âcre des gadoues, on pourrait avoir envie de flâner. Les bâtiments, modernes, noyés dans la verdure, entourent un petit lac romantique où vogue un couple de cygnes immaculés. Sur les talus de pelouse fraîchement tondue, piquée de saules pleureurs, des bancs ont même été aménagés!

Au-delà, c'est l'usine, avec ses digesteurs. Leurs dômes de béton rappellent, en plus petit, les réacteurs de centrales nucléaires. Les eaux d'égout y sont décantées, digérées et centrifugées afin d'atteindre une concentration de matière sèche qui vaille le transport. Les ingénieurs de la station cherchent à passer de 3 %, le taux actuel, à 6 %. Pour l'instant, les gadoues de Crossness comportent donc encore 97 % d'eau!

Le *Bexley* est à quai sur la Tamise, prêt à charger. Une grue place le tuyau à gadoue dans l'orifice ménagé sur le pont et, en un quart d'heure, les six cuves du navire sont pleines. Une heure avant la marée haute, le capitaine du *Bexley,* John White, donne l'ordre du départ. Les douze hommes d'équipage ont regagné le bord, qu'ils ne quitteront plus pendant une semaine, avant d'être relayés par une autre équipe la semaine suivante. Il faut aujourd'hui quatre heures au *sludge vessel* pour descendre la Tamise et gagner le site de décharge, Barrow Deep, un quadrilatère (3,5 km × 1,2 km) situé au large de l'estuaire, à mi-chemin entre les eaux du Kent et du Sussex. Une fois parvenu sur les lieux, le *Bexley* ouvre les vannes de ses six cuves, sans cesser d'avancer. En dix minutes, plus de 2000 tonnes de gadoue se diluent dans la mer du Nord, par des fonds de seulement quatorze mètres à marée basse.

Fidèles au rendez-vous, les poissons affluent dans le sillage du bateau. Ils se délectent des déchets organiques contenus dans les boues. Parfois aussi, les militants de Greenpeace font un bout d'escorte au navire pour protester contre l'immersion des déchets en mer. « Ils sont encore venus dimanche dernier, raconte John White. Ils ont déroulé des banderoles et fait plusieurs fois le tour du bateau en prenant des photos. Nous sommes habitués, maintenant. Mais ils feraient mieux de s'occuper des salopards qui balancent là-bas leurs jus de sucrerie. Ceux-là ne sont pas autorisés! »

Les *sludge vessels* de la TWA (Thames Water Authority, l'organisme qui gère l'eau dans le bassin de la Tamise), pour leur part, ont toutes les autorisations requises. Ils sont soumis au contrôle du ministère de l'Agriculture et des Pêches, qui renouvelle chaque année leur permis en fonction des analyses de prélèvements effectués sur les lieux d'immersion. « Nous venons de terminer une étude qui a pris quatre ans, explique Mike Andrews, chargé de recherche à la TWA. Les résultats sont clairs : il n'y a pas d'effet significatif des boues sur le milieu. On observe même que les moules prospèrent à Barrow Deep. » Le ministère des Pêches, qui suit les flux de boue avec un traceur radio, constate que, avec les courants de nord-nord-ouest, « tout se disperse en quelques heures sur 20 à 30 kilomètres ».

Si l'on émet le moindre doute sur un procédé qui rejette chaque année cinq millions de tonnes de boue au même endroit, dans une mer très fréquentée, et ce depuis plus d'un siècle, on s'attire invariablement les mêmes réponses : « Voyez le Rhin et l'Elbe, ce sont eux qui polluent la mer du Nord! » Chris Bailey, le porte-parole de la Thames Water Authority, se défend comme un beau diable. « D'abord, dit-il, nous ne rejetons pas tout à la mer. La moitié des boues récupérées dans notre réseau, qui dessert quinze millions d'habitants, retourne à la terre comme engrais. Nous n'immergeons que les boues de deux stations, Beckton et Crossness. Et ces boues sont traitées. S'il nous fallait stocker à terre, Londres serait complètement engorgée! »

L'obstination des Anglais à utiliser la mer comme poubelle a une raison simple : le coût. « La mise en décharge ou l'incinération des boues coûterait deux fois plus cher et provoquerait d'autres problèmes d'environnement », avoue-t-on à la TWA. L'immersion en mer, dans certains cas, serait le meilleur choix écologique *(the best practicable environmental option),* selon la formule chère à ce peuple pragmatique. Si bien que, au total, ce sont 9 millions de tonnes de boues qui sont immergées dans quatorze sites du Royaume-Uni, non compris l'Irlande qui use du même procédé à Dublin.

« Les Britanniques sont les derniers d'Europe à pratiquer l'immersion en mer des boues d'épuration », note Mary Mac Quitty, qui vient de faire le bilan pour Greenpeace. L'Allemagne fédérale, qui reste le plus gros producteur d'Europe, a cessé toute immersion en 1983. La Suède conserve ses boues à terre (60 % destinées à l'agriculture et 40 % en décharge). Les Pays-Bas expédient encore 9 % de leurs gadoues en mer par conduites sous-marines, mais ils vont y mettre un terme en 1990.

Ailleurs dans le monde, seule l'agglomération américaine New York-New Jersey évacue encore ses boues par bateau. Jusqu'en 1986, elles étaient lâchées à une vingtaine de kilomètres au large, par 27 mètres de fond. Depuis, elles sont transportées à 170 kilomètres au large, à des profondeurs variant entre 1 400 m et 2 800 m. Plus de la moitié des huit millions de tonnes immergées proviennent de la ville de New York. Situation provisoire, là aussi : la législation fédérale américaine interdit l'immersion en mer des boues et déchets industriels à partir de 1991.

La France, pour sa part, a longtemps évacué par barges ses « boues jaunes » dans l'estuaire de la Seine, jusqu'au jour où les usines d'engrais chimiques de la Basse Seine ont été obligées par l'administration de stocker leurs phosphogypses à terre. La France n'immerge donc plus de déchets en mer par bateau. Un moment, elle a failli recommencer avec le sel résiduaire des potasses d'Alsace actuellement stocké sur le carreau des mines de Mulhouse. Ces stocks de sel à terre, constitués à la demande des Hollandais qui ne veulent plus de rejets dans le Rhin, s'accumulent en effet sans qu'on puisse prévoir leur utilisation. Ni l'industrie ni le déneigement, en effet, ne peuvent absorber le tonnage produit. Les Mines de potasse songeaient donc à « déstocker » en transportant le sel par chemin de fer jusqu'à Dunkerque pour l'immerger ensuite en mer du Nord – encore elle! Ce sont les Hollandais qui ont calé, vu le surcoût, puisqu'ils participent financièrement à l'opération. Ils ont seulement demandé aux potasses d'Alsace de rejeter une partie du sel dans le Rhin aux moments des plus forts débits du fleuve, au printemps et à l'automne.

Reste l'Italie, où l'immersion des déchets en mer a la vie dure. La Montedison vient tout de même de renoncer au largage de ses phosphogypses dans l'Adriatique, afin d'épargner à Venise une avanie de plus. Quant au gouvernement, il a annoncé son intention de ne pas renouveler les trois derniers permis en cours. Même l'Italie va donc cesser de jeter dans la grande bleue.

Au Sénégal, depuis 1977, une usine de phosphates de la banlieue de Dakar rejetait ses boues jaunes directement dans l'océan, par barges, « comme en France ». Mais c'était au détriment d'une des mers les plus poissonneuses du globe, qui permet au Sénégal d'allouer des droits de pêche aux flottilles du monde entier, notamment coréennes et soviétiques. Avec l'aide d'entreprises françaises de travaux publics, les Sénégalais ont finalement adopté un système de récupération des phosphogypses pour fabriquer du plâtre. Au lieu de souiller l'Atlantique avec leurs boues jaunes, les Sénégalais construisent aujourd'hui des cases en dur.

Sans recourir aux *sludge vessels* comme leurs cousins anglais, les Australiens ne se gênent pas trop avec leurs gadoues. Dans la seule région de Sydney, trente-huit stations d'épuration rejettent leurs boues en mer au moyen d'émissaires sous-marins. Pendant des décennies, le *Water Board* de Sydney a ainsi écoulé discrètement ses gadoues, la nuit, sans que personne y trouve à redire. Jusqu'au jour de janvier 1989 où le quotidien *Sydney Morning Herald* a révélé le pot-aux-roses. Des analyses de prélèvements montraient en effet que les plages de la métropole australienne baignent dans une eau truffée de bactéries et de virus divers, capables de coller des méningites à tous ceux qui font trempette dans le Pacifique. C'est-à-dire pratiquement tous les habitants de Sydney, qui dispose d'innombrables et superbes plages. Jusque-là, on se méfiait seulement des requins, qui imposent un guet permanent et poussent parfois à l'installation de filets de protection. Mais les virus, eux, avaient libre cours. Les pouvoirs publics ont donc décidé de construire deux usines de traitement, capables non seulement de filtrer les boues (traitement primaire, dit physico-chimique) mais aussi d'en soustraire les éléments solubles. Deux émissaires de plusieurs kilomètres de long rejetteront les boues ainsi nettoyées par le fond.

Le Japon offre un cas à part. Sa capitale, Tokyo, est la seule ville du monde industrialisé où les ordures ménagères sont pour moitié... jetées à la mer, ou presque. En fait, faute de place dans cette agglomération de 12 millions d'habitants, la municipalité de Tokyo s'efforce depuis des lustres d'augmenter sa surface vers la mer en créant des polders. Déjà, l'aéroport de Haneda a été édifié sur une île artificielle, dont on est en train de tripler la surface à l'aide de déchets divers (gravats, mâchefers et surtout cendres d'incinération des ordures ménagères, dont la ville produit 400 000 tonnes par an).

Mais ce sont surtout les ordures ménagères qui causent du tracas aux services de la propreté. Que faire des quelque 4 millions de tonnes (4,8 millions en 1988) produites chaque année par les 8 millions d'habitants de Tokyo *intra muros,* ceux qui habitent les vingt-trois arrondissements de la ville? Les brûler, bien sûr. Pour cette besogne, la capitale nippone dispose de quinze usines d'incinération, dont deux sont encore en cours de construction. Ces usines sont alimentées par un système de collecte sélective qui oblige tous les citoyens à séparer leurs ordures « combustibles » et « non-combustibles » (ou dangereuses à brûler, comme les plastiques).

Les ordures non combustibles – un peu moins de la moitié du tonnage total – sont acheminées par barges et camions jusqu'à un polder édifié à cet effet dans la baie de Tokyo. Le premier polder, ouvert en 1957, a été converti en parc de loisirs, d'où son nom de *Dream Island* ou Yumenoshima (l'île du rêve). Le deuxième, ouvert en 1967 et aujourd'hui comblé, se transforme peu à peu en terrain de golf, le sport national japonais. La troisième *Dream Island,* qui reçoit actuellement quelque 10 000 tonnes d'ordures par jour, devrait être comblée vers 1996.

Les déchets de la grande ville, bien sûr, ne doivent pas souiller la mer. Les ingénieurs ont donc imaginé de construire de vastes bassins qui compartimentent la baie de Tokyo – le plus vaste a 200 hectares. Pour rendre ces bassins étanches, on plante dans la mer des poutrelles d'acier qui descendent jusqu'à 45 mètres sous le niveau de la mer. Entre les deux parois d'acier, distantes de 20 mètres, on bourre de sable, puis on coffre le tout dans du béton capable de résister aux tremblements de terre et aux typhons. Entre ces murs de forteresse antique, surmontés de hautes clôtures pour éviter l'envol des papiers gras et des sacs plastiques, les petits camions bleus du service de propreté n'ont plus qu'à vider leur benne. Peu à peu, les ordures chassent l'eau de mer, dûment traitée avant son retour à la liberté. On s'arrête lorsque le « mille-feuilles » (3 m d'ordures, 50 cm de terre) atteint 30 m au-dessus du niveau de la mer. Et l'on aménage ensuite un espace vert.

Depuis la découverte de la pollution au mercure de Minamata, dans les années 1950, par une usine du littoral, les autorités surveillent d'un peu plus près les rejets industriels en mer. Les métaux lourds, en particulier, comme le cadmium ou l'arsenic rejetés par certaines exploitations minières, font l'objet d'un suivi attentif. Pas question de renouveler la douloureuse expérience de Minamata (plus de 500 morts et quelque 1 300 personnes sous contrôle médical). Le groupe industriel Cisso, propriétaire de l'usine coupable, doit aujourd'hui encore débourser 5 milliards de yens par an (environ 230 millions de francs) pour indemniser les victimes de sa négligence passée.

Le déversement des déchets toxiques en mer est donc rigoureusement interdit... à moins de 50 milles nautiques des côtes japonaises, c'est-à-dire une petite centaine de kilomètres. On tolère l'immersion dans cette zone de ce que les fonctionnaires de l'environnement appellent les « boues industrielles solubles », voire les résidus passés par un centre de détoxication. Au-delà, en revanche, presque tout est encore possible. Les autorités japonaises ont déterminé cinq zones (trois dans le Pacifique et deux en mer du Japon), où les navires chargés de déchets toxiques ont le droit de déverser leur cargaison. Ces zones de décharge, situées à plusieurs centaines de kilomètres en haute mer, ont au moins 3 000 mètres de profondeur, ce qui garantit le « non-retour » sur les côtes.

En 1987, les navires japonais ont ainsi déversé quelque 4 millions de tonnes de déchets industriels toxiques dans l'océan. « Cela ne représente que 1,3 % de la production totale de déchets industriels (320 millions de tonnes) et seulement 6 % des résidus “ finaux ”, dont on a épuisé les possibilités de recyclage », disent les entrepreneurs nippons pour se justifier. Et comme ces déversements en haute mer coûtent cher, les industriels s'efforcent de les limiter au maximum. Confidence d'un responsable du contrôle de la pollution marine et de la gestion des déchets à l'agence japonaise de l'environnement : « La Corée et la Chine ne sont pas encore assez développées pour saturer les capacités d'absorption de la mer. Alors, nous en profitons! »

Ces pratiques désinvoltes ont été abandonnées par tous les Européens, sauf le Royaume-Uni. Et s'il n'en reste qu'un, ce sera l'Angleterre, comme de juste...

Tout de même, la mer du Nord voit passer encore occasionnellement deux navires qui transportent des déchets et ne sont pas anglais. L'un, le *Vesta,* mis en service en 1979, est allemand. L'autre, le *Vulcanus II,* mis en ligne en 1983, est officiellement libérien. Avec leurs deux homologues américains (*Apollo I* et *Apollo II,* mis en service en 1985 et 1986), ce sont les quatre derniers bateaux incinérateurs du monde. Ils brûlent en mer ce que les usines d'Europe n'osent traiter à terre : produits organo-chlorés, PCB (polychlorobiphényls) fluor et solvants hautement toxiques. Le *Vesta* incinère 50 000 tonnes par an et le *Vulcanus II* 70 000 tonnes. Pourtant, leur avenir s'annonce sombre, car la Communauté européenne, harcelée notamment par les pêcheurs danois, veut interdire l'incinération en mer vers 1994. Mais leur activité, pour l'instant, est prospère.

Le *Vulcanus II* n'est pas une marie-salope qui se cache pour opérer. Construit en Allemagne en 1982, sa double coque étincelant sous la peinture fraîche, il arbore fièrement ses trois fours, qui occupent la place habituellement réservée à la passerelle, à l'arrière. Sur un navire incinérateur, en effet, la passerelle est à l'avant, afin de ne pas recevoir les émanations des fours qui brûlent leurs déchets en marche.

Aujourd'hui, il attend son chargement quai de l'Escaut à Anvers. Demain, il peut être à Rotterdam ou à Hambourg. Après-demain au Havre ou à Santander. Toute l'Europe, Scandinavie exceptée, le sollicite. Tous les industriels acceptent de payer entre 1 000 F et 15 000 F la tonne de liquide à incinérer, tant l'élimination de certains produits chimiques pose problème chez les Terriens. Le chlore, le brome et surtout le fluor, très corrosif, exigent une qualité de combustion telle qu'on peut difficilement prendre le risque de tenter leur cuisson au milieu d'une population très concentrée.

Le *Vulcanus II* appartient à la société OCS (Ocean Combustion Service) de Rotterdam, elle-même filiale de la Chemical Waste Management, le géant américain du traitement des déchets, dont le siège est à Oak Brook (Illinois), près de Chicago. Créée en 1972, OCS a commencé ses opérations d'incinération en mer avec un cargo reconverti, le *Vulcanus I,* qui a brûlé au total environ 300 000 tonnes de résidus chimiques dans le golfe du Mexique, en mer du Nord et dans le Pacifique jusqu'en Australie. A l'époque, les Néo-Zélandais ont protesté contre la présence du navire dans leurs parages. De sorte que l'Australie, qui ne possède pas d'installation d'incinération et n'a pas l'intention de s'en doter, envoie ses déchets délicats brûler en Grande-Bretagne! Le *Vulcanus I* est aujourd'hui à quai au port d'Ostende, en Belgique, en attendant d'être désarmé, comme son homologue allemand le *Matthias.*

Le *Vulcanus II,* construit spécialement pour brûler des déchets chimiques liquides, comporte huit cuves d'une capacité totale de 3 000 tonnes, où l'on répartit les produits en fonction de leur valeur calorique. Un système perfectionné de vannes et de pompes, commandées électroniquement, permet d'alimenter chacun des trois fours avec un mélange soigneusement dosé pour être combustible. Grâce à des apports d'air pulsé par ventilateurs et des injections d'appoint de fioul, la température des fours monte jusqu'à 1 400°-1 450°.

Le *Vulcanus II,* comme le Vesta, n'a le droit d'incinérer que dans un lieu bien précis : un compartiment de la mer du Nord situé à 112 kilomètres au nord-ouest de Texel, une île de la Frise, donc au large des Pays-Bas. C'est pourquoi les autorités néerlandaises suivent de très près les opérations. Pendant l'incinération, un contact radio est maintenu en permanence avec la station de Scheveningue, qui se charge de prévenir les bateaux croisant dans les parages. Le navire est équipé d'un mouchard, une sorte de boîte noire électronique – jaune en l'occurrence – que seul le ministère de l'Eau *(Rikswaterstaat)* peut ouvrir. Dans ce compteur sont enregistrées toutes les opérations de navigation et de combustion du *Vulcanus.* En outre, l'équivalent néerlandais du CNRS, le TNO, procède régulièrement à l'analyse des fumées qui sortent des cheminées des fours. Leurs chiffres sont précis : 99,59 % des déchets incinérés sont détruits. Ne s'échappent dans l'atmosphère que de la vapeur d'eau, du chlorure d'hydrogène et du dioxyde de carbone. La combustion de liquides inflammables ne produit pratiquement pas de cendres : jamais plus de deux fûts par an, qui finissent en décharge. Quant aux objets solides, comme les gants et autres outils contaminés, ils sont conservés dans des barils de plastique pour être incinérés en Angleterre.

On ne peut tout de même s'empêcher de penser que si l'on brûle ainsi tous ces produits malfaisants en mer, c'est que leurs retombées sont dangereuses. « Dangereuses à terre, oui, admet Fritz Roelofs, le jeune porte-parole – d'origine indonésienne – d'OCS. Mais en mer, non. D'abord, avec nos fours, nous parvenons à détruire 70 % du chlore. Ensuite, le chlore résiduel retombe en mer où il est aussitôt neutralisé. » Et la fameuse dioxine ? Ne dit-on pas que toute combustion de produits mélangés, y compris des simples ordures ménagères, peut dégager de la dioxine, comme à Seveso ? « Elle n'a pas le temps de se former, répond l'ami Fritz. En une seconde, la température du panache passe de 1 400° à moins de 100°. Il faudrait au moins dix secondes pour que des molécules complexes comme la dioxine puissent se constituer. »

L'OCS se fait chaque fois un plaisir de rappeler ses états de service aux Etats-Unis, lorsque le *Vulcanus I* brûlait des déchets chimiques dans le golfe du Mexique sous le contrôle de l'EPA, l'Agence américaine de protection de l'environnement. « Entre 1972 et 1977, précise Fritz Roelofs, nous avons brûlé là-bas des PCB et même le fameux " agent orange ", ce défoliant à la dioxine pure. Ni l'EPA ni aucune administration ou institution scientifique n'ont pu constater le moindre dégagement de dioxine ou de PCB. »

Il s'agissait pourtant d'un cargo reconverti. Le *Vulcanus II,* lui, a été conçu pour la combustion en mer. Sa double coque – deux épaisses tôles d'acier séparées par un vide de près de 50 centimètres – évite les fuites en cas d'éperonnage ou de naufrage. Grâce à ses trois fours, il peut conserver un four éteint en réserve pour le cas où une difficulté surviendrait à l'un des deux fours en activité. Chaque four est équipé de trois brûleurs, avec une arrivée distincte pour le déchet liquide et le fioul d'appoint. Chaque brûleur est suivi par une caméra, qui retransmet l'image en continu à la salle de commande. Sur les trente hommes d'équipage (matelots espagnols, état-major germano-hollandais), neuf techniciens sont attachés au poste combustion. Trois d'entre eux surveillent en permanence la marche des opérations. Enfin, pour éviter tout déversement direct en mer, les regards de chaque cuve sont scellés. « De toute façon, le mouchard de la Rikswaterstaat enregistre tout », coupe Ernst Kneebush, l'un des deux capitaines – allemand – du *Vulcanus II.* Les marins, manifestement, n'apprécient guère cet œil braqué en permanence sur leurs manœuvres. Ils ne se sentent plus « maîtres après Dieu » à bord. Et c'est vrai : sur un bateau incinérateur, la partie la plus délicate n'est pas la navigation – simple cabotage entre Santander et Hambourg – mais bel et bien l'incinération.

Parfois aussi surviennent des empêcheurs d'incinérer en rond, comme Greenpeace ou les pêcheurs danois. Ces derniers n'ont pas hésité, en 1988, à sacrifier un chalut pour bloquer les opérations du *Vulcanus II.* Avec son arbre d'hélice endommagé, le navire a dû être remorqué puis réparé, ce qui a coûté des millions de florins à OCS. Les pêcheurs danois ont été condamnés, mais ils ont fait appel. « Contre Greenpeace, nous avons ça », fait le capitaine Kneebush en désignant les lances à incendie, que l'équipage manœuvre à l'occasion comme des canons à eau. « Nous préférons tout de même les écolos au feu à bord », admet-il... « Depuis la conférence sur la mer du Nord, en 1988, Greenpeace nous laisse tranquille, constate Fritz Roelofs. Nous avons pu prouver que nous ne rejetons en mer qu'environ deux cents kilos par an de déchets non détruits par la combustion. A peine 1 % de toute la pollution en mer du Nord! » C'est exactement le chiffre avancé par la Thames Water Authority de Londres pour limiter sa responsabilité dans la pollution des mers...

CHAPITRE 5

Arsenic et cyanure

Le premier centre français de traitement de déchets industriels a vu le jour en 1974 à Hombourg, dans le Haut-Rhin. Que faisait-on avant des sous-produits dangereux de l'industrie? Question indiscrète, qui renvoie au stockage sur place, aux dépôts clandestins, aux décharges sauvages et aux rejets directs à la rivière pendant la période des « Trente glorieuses » (1945-1973) et bien sûr avant. Curieusement, il a fallu attendre l'avènement de la « société post-industrielle » et le premier choc pétrolier pour qu'on se préoccupe sérieusement du destin des produits les plus nocifs de l'industrie!

Donc PEC Engineering, qui exploite les potasses d'Alsace, confie à son « Département de destruction des nuisances industrielles » la gestion d'une nouvelle usine, située à côté du bassin potassique. L'usine de Hombourg, au départ, est chargée d'éliminer les déchets issus du « traitement de surface » des métaux, qui posent des problèmes particuliers en raison de l'emploi de certains produits comme le cyanure et l'arsenic. Puis Hombourg se met à incinérer toutes sortes de déchets industriels, comme vont le faire aussi les centres de Saint-Vulbas, dans l'Ain (1975), Sandouville, en Seine-Maritime (1977), Saint-Maurice-l'Exil, dans l'Isère (1978) et une usine près de Béthune, dans le Pas-de-Calais (1979).

Mais à l'époque, l'incinération ne paie pas et se fait à perte.

Retombée de la crise, qui frappe toutes les activités économiques. Autour de Hombourg, les Alsaciens se plaignent de cette usine qui draine des camions chargés de produits suspects et se livre à une cuisine peu ragoûtante. Syndrome NIMBY avant la lettre, qui persuade PEC Engineering d'arrêter les frais en stoppant le four d'incinération (1980). L'année d'après, PEC s'associe avec la Lyonnaise des Eaux pour créer la TREDI (Traitement, Revalorisation et Elimination des Déchets Industriels). A Saint-Vulbas, désormais, l'incinération des produits chlorés et à Hombourg le traitement « physico-chimique », c'est-à-dire les manipulations en réacteur, sans cuisson au four (comme le fait de son côté l'usine de la SARP, filiale de la Générale des Eaux, à Limay, dans les Yvelines).

L'essentiel du travail, à Hombourg, consiste à trier les fûts qui arrivent afin de mettre à part les produits chlorés. « Le cyanure dans l'acide chlorhydrique, c'est mortel », répète-t-on à la TREDI. Aussi observe-t-on le principe de ne jamais faire confiance aux étiquettes. Les emballages, qui servent et resservent à volonté, ont rarement leurs inscriptions d'origine. Tout est donc vérifié dans le laboratoire de l'usine. Après traitement, les sous-produits solides sont entreposés dans une fosse étanche, à l'air libre, et le liquide, totalement décontaminé, est expédié dans le canal du Rhin.

Restent les produits hautement toxiques qu'on ne peut conserver à ciel ouvert, ni même dans des conteneurs étanches. La corrosion, en milieu ambiant normal, aurait tôt fait de provoquer de très dangereuses fuites. A Hombourg, on expédie ces déchets vers un autre bassin potassique, mais en Allemagne, et même à la frontière entre les deux Allemagnes : Herfa-Neurode. Ce coin perdu de Hesse possède les plus grandes mines de potasse du monde. Or, qui dit mine de potasse dit mine de sel, puisque les couches se succèdent en une sorte de mille-feuilles géant, alternant le rose de la potasse avec le gris du sel. Et qui dit sel dit absence totale d'eau, puisque le chlorure de sodium est extrêmement soluble. L'endroit rêvé pour entreposer des fûts à l'abri de la corrosion. Les mines de sel, réservées naguère aux bagnards, s'ouvrent aujourd'hui aux rebuts de la société industrielle. Une vocation.

Nous allons accompagner, pour voir, un de ces transports de Hombourg à Herfa-Neurode – neuf heures de route avec les formalités – puis descendre dans cette nouvelle caverne d'Ali Baba où s'accumulent les fûts toxiques venus de toute l'Europe.

Notre camion, un 38 tonnes Mercedes, appartient au transporteur allemand Hermann Krug, qui a l'exclusivité de tous les déchets étrangers importés à Herfa-Neurode. Au volant, un chauffeur de trente ans, Rolf Schaub, que le contenu de sa cargaison laisse complètement indifférent. « Ça ou autre chose... » Il est beaucoup plus dangereux, il le sait, de transporter de l'essence ou du gaz. Les déchets chimiques ne sont dangereux qu'à terme, s'ils atteignent l'eau potable, ou si l'on en absorbe par mégarde...

Ce jour-là, le camion Krug va charger trois sortes de fûts : du « PEC 001 », c'est-à-dire des sels de trempe comprenant des cyanures de sodium et de potassium; du « PEC 009 », qui sont des boues de chrome en bidons de plastique pour éviter la corrosion; enfin du « PEC 016 » qui contient de l'arsenic, provenant de la décharge de Roumazières (Charente), fermée à la suite de l'affaire des fûts de Seveso, en 1983. La TREDI de Hombourg a été chargée de « reconditionner » les déchets de cette décharge, qui moisissaient depuis plusieurs années, oubliés de tous. Le camion allemand, entré en France avec de la menuiserie, charge maintenant quatre-vingt-quatre fûts d'arsenic, seize grands fûts de cyanure et quinze bidons de chrome. Un charmant cocktail chimique, banalisé sous des noms de code. Seule indication en clair, sur le pare-brise : *Kaliumcyanid,* c'est-à-dire cyanure de potassium. Avis aux amateurs...

Le camion passe d'abord au pesage sur une bascule du port

de Mulhouse-Ottmarsheim. Car, si le chargement dépasse 38 tonnes, il faudra enlever quelques bidons. On ne plaisante pas en Allemagne avec la charge à l'essieu. Rolf se présente ensuite au poste de douane de Chalampé, au bord du grand canal. On salue au passage les usines chimiques de PEC Rhin et Rhône-Poulenc, qui comptent parmi les plus grands pollueurs de France. Les douaniers français plaisantent : « Vous transportez de la dioxine ? ». Un tampon. Les douaniers allemands, eux, consultent leur registre où sont conservées toutes les fiches de passage en douane des camions Krug. Trois tampons.

Puis c'est l'autoroute, morne et fastidieuse. Peu après Baden-Baden, Rolf s'arrête pour manger une *Wienerschnitzel,* accompagnée seulement d'eau minérale. Un routier allemand ne boit pas en service, même lorsqu'il transporte des planches. Le plein à Darmstadt, traversée de Francfort à bonne distance et enfin, vers sept heures du soir, les mines de Heringen, où se trouve le site d'enfouissement de Herfa-Neurode. Des paysans rentrent les foins, les oiseaux chantent. La campagne allemande dans toute sa splendeur. S'il n'y avait au loin la grande carcasse verte du chevalement de la mine, on ne soupçonnerait pas qu'ici, dans ces collines boisées, se cache la poubelle souterraine de l'Europe!

En approchant, on découvre tout de même les bâtiments de brique de *Kali und Salz AG* (Société Potasse et Sel), l'exploitant de la mine. Soudain, dans un vallon à l'écart, se dresse une énorme glace vanille-café en forme de cône, un Kilimandjaro étincelant complètement incongru dans ces collines sages. C'est le terril où la mine entrepose ses stériles et surtout le sel, blanchi par les pluies. Car les mines de Heringen, à la différence de celles de Mulhouse, n'ont pas à portée de tuyau un grand fleuve où rejeter leurs saumures. Et elles ne se permettent pas, comme leurs voisines de RDA, de lâcher leurs effluents dans la rivière, « aujourd'hui plus salée que la Baltique ».

La frontière inter-allemande, comme à Berlin, a coupé artificiellement les mines de potasse en deux. Clôture et miradors se déploient au ras des maisons, dans des villages démembrés. Le réseau souterrain, lui aussi, a été partagé. Un mur de sel intouchable – qui ne correspond d'ailleurs pas au tracé de la frontière – sépare les mineurs communistes et capitalistes! La lutte idéologique se poursuit en sous-sol, contre toute raison.

Exploitée depuis le début du siècle, la mine compte aujourd'hui 30 kilomètres de galeries du côté ouest, dont on sort 30 000 tonnes de sel de potasse brut par jour! Le puits de Herfa-Neurode, qui avait été utilisé pendant la guerre pour entreposer des munitions, n'est plus exploité depuis vingt-cinq ans. Il comporte 6 kilomètres de galeries, qui courent dans la couche de sel (300 mètres d'épaisseur) à une profondeur de 700 mètres. « Au rythme actuel de l'entreposage des déchets, dit un ingénieur, nous en avons pour quarante ans. Mais l'exploitation de la mine fournit chaque année de l'espace pour trente ans de dépôt! ».

Le camion de Hombourg est déchargé le lendemain matin sous l'œil attentif d'un ingénieur-chimiste, Herr Doktor Licht, qui arbore un casque et une blouse blanche immaculée marquée du sigle maison « K & S ». Il tapote les fûts avec ses tenailles pour vérifier qu'il s'agit bien de produits solides. Il en ouvre quelques-uns pour prendre des échantillons à la cuiller, qu'il verse soigneusement dans des bocaux de verre. Pour les boues de chrome en bidons, à peine sèches, l'ingénieur enfonce une sorte de barre à mine afin de tester la résistance du matériau. Herr Licht prend son travail très au sérieux, sans cinéma inutile.

Les récipients, qui portent tous des indications redoutables (têtes de mort, « poison », « danger », etc.) ou périmées (noms de produits ou d'usine) reçoivent un dernier badigeon à la peinture blanche qui, seul, désormais, fera foi.

Avant même le résultat des contrôles, les fûts sont chargés

dans l'ascenseur, avec d'autres matériaux contaminés au mercure. On descend avec l'équipe du matin, munis de masques à gaz à la ceinture « au cas où l'on traverserait une poche volcanique ». Même les mines de sel dissimulent des pièges. Pour les hommes, pas pour les déchets. Sur les 1 800 employés de la mine, 300 ont pour tâche première la sécurité.

Au fond du puits, où règne une bonne tiédeur, on embarque dans un véhicule diesel pour la visite du *deponie* (dépôt). Après plusieurs kilomètres légèrement en pente, on parvient aux premières galeries, qui ont été murées, parce que pleines. « Mais on peut toujours venir rechercher des fûts en cas de besoin, précise mon guide. Nous avons les plans tenus à jour, avec la liste précise des produits entreposés dans chaque galerie. » Cette précaution vise autant la sécurité que l'avenir commercial, au cas où un déchet d'aujourd'hui deviendrait une matière première intéressante...

Dans les galeries en cours d'exploitation, les fûts sont entreposés sur deux couches, quelquefois trois, lorsqu'il s'agit du même produit. A notre arrivée, le cyanure de Hombourg est déjà en place. J'aperçois des fûts rouillés. « Ils ont rouillé là-haut, chez le fournisseur, coupe le guide. Le sel est un excellent conservateur. Comme pour la morue! ». Le système d'aération, d'ailleurs, dissipe le peu d'humidité qui pourrait subsister : en descendant, l'air sèche avec la chaleur, tandis que l'humidité remonte.

Combien y a-t-il de déchets entreposés là ? 36 000 tonnes! Ce qui, bon an mal an, rapporte quelque 6 millions de marks (sur des revenus miniers qui, eux, totalisent 1,4 milliard de marks). La tonne de déchets entreposée à Herfa-Neurode est facturée 174 marks au fournisseur. Chaque jour, il arrive en moyenne cinq camions ou deux wagons de chemin de fer de produits à enfouir – dont 25 % de l'étranger. De France, il arrive environ 5 000 tonnes par an.

A Herfa-Neurode sont acceptés une vingtaine de produits différents. Les contrôles effectués à la réception des arrivages ne visent pas à identifier les déchets mais seulement à vérifier leur conformité aux normes. Les échantillons prélevés sont adressés aux autorités extérieures à la mine, qui ne dispose d'ailleurs pas de laboratoire d'analyse. « Nous travaillons toujours avec les mêmes fournisseurs et le même transporteur, explique le directeur, aussi nous savons à qui et à quoi nous avons affaire. » Les activités du dépôt sont contrôlées par le service des mines de Hesse, dont un fonctionnaire vient régulièrement – presque chaque semaine – vérifier la bonne marche.

Une seule fois, le gouvernement de Hesse est intervenu. Au lendemain de l'affaire des fûts de Seveso, en 1983, il a interdit l'importation de dioxine pour ne pas donner prise aux soupçons de la France. « Mais nous pouvons normalement en recevoir. Nous l'avons fait une fois en recevant les déchets d'un four de bateau d'incinération en mer. » Le seul déchet que la mine de Herfa-Neurode ne prend pas, ce sont les combustibles irradiés dans les centrales nucléaires. « Vous prenez nos déchets radioactifs, conclut le directeur, nous prenons vos déchets chimiques dangereux. Echange de bons procédés. »

A leur tour, les mines de potasse d'Alsace songent à se reconvertir en centre de stockage de déchets industriels dangereux. Maintenant que l'exploitation de la potasse arrive à son terme, les MDPA de Mulhouse envisagent de transformer certaines galeries en dépôt pour fûts toxiques. Cela permettrait d'offrir aux industriels français une installation qui n'existe pas dans l'hexagone, et, surtout, un tel centre continuerait à employer du personnel des mines, qu'il faudra bien reclasser d'une manière ou d'une autre. Deux obstacles, cependant, s'opposent à ce projet. Saisie comme tout le monde par le syndrome NIMBY, l'Alsace répugne à devenir la poubelle industrielle de la France, ne serait-ce que pour son image, jusqu'à présent très flatteuse.

Surgit d'autre part un problème technique. Les galeries du

sous-sol mulhousien, lorsqu'elles sont abandonnées, s'effondrent naturellement, sans qu'on ait besoin de les « foudroyer ». Pour pouvoir entreposer des fûts toxiques, qui doivent rester disponibles à tout moment, les MDPA devraient donc creuser de nouvelles galeries selon des techniques spéciales qui éviteraient le foudroyage naturel. Autrement dit, il faudrait reprendre l'extraction de la potasse sans l'exploiter! Une entreprise difficile à rentabiliser, même si la tonne de déchets toxiques atteint des sommets...

La dernière trouvaille en date, à cet égard, nous vient des pétroliers. Eux aussi disposent de cavités creusées dans un dôme de sel qui affleure près de Manosque, dans les Alpes-de-Haute-Provence. En 1968, quatre pétroliers (BP, Elf, Shell et Total) s'associaient à parts égales pour fonder une entreprise, Géostock, chargée de créer des citernes souterraines pour entreposer les réserves stratégiques obligatoires (90 jours de carburant). Géostock se mit donc à creuser dans le sel de Manosque, entre – 400 m et – 1 400 m de profondeur. Dilué dans l'eau douce, le sel remontait sous forme de saumure, que l'on expédiait par conduite enterrée vers des étangs littoraux. Un oléoduc parallèle amenait le pétrole vers Manosque, où on l'injectait dans les gigantesques cavités souterraines, grandes comme des tours Eiffel.

Mais les deux chocs pétroliers ont rendu ces capacités de stockage inutiles. La consommation française de pétrole a diminué de moitié entre 1973 et 1989. Donc Géostock se retrouve avec des cavités remplies à 10 %. Que faire pour ne pas abandonner des trous pleins de saumure ? Les déchets, bien sûr! Les ingénieurs et géologues planchent pendant des mois pour trouver un moyen d'injecter des déchets industriels en sous-sol par un puits de 45 cm de diamètre. Après de multiples essais en laboratoire, ils sont formels : on peut faire un excellent « coulis » à partir de cendres d'incinération qui, mélangées à 25 % d'eau et 30 % de déchets solides, se transformeront au fond du trou en un excellent « béton », aussi dense que le sel gemme.

Deux puits sont aujourd'hui réservés à cet usage dans le fond d'un canyon. Une capacité de 400 000 m^3, qui devrait permettre à Géostock d'accepter 60 000 tonnes par an pendant dix ans. L'entreprise n'attend plus que le feu vert de l'administration pour installer sa plate-forme de broyage des fûts, qui devront être hachés menu pour entrer dans la composition du coulis. « Le sel est un milieu de confinement idéal, souligne le directeur technique, Alain Boulanger. Les Allemands en font l'expérience à Herfa-Neurode, et notre agence de déchets nucléaires y songe sérieusement pour ses résidus à vie longue. Notre projet est véritablement novateur. »

Si novateur même que l'administration risque de se faire prier. Voir sillonner le pays de Giono par des 38 tonnes bourrés de cochonneries industrielles risque de ne pas plaire aux populations locales. Le pétrole par conduites souterraines, soit. Les camions de déchets, non.

Pourtant, ce projet présente toutes les sécurités possibles et imaginables. Pour peu que le réseau routier local soit mis au gabarit, la plateforme de Manosque pourrait recevoir des centaines de milliers de tonnes de résidus dangereux ou toxiques, enfouis à plusieurs centaines de mètres de profondeur. La capacité du dôme de sel est telle que l'on pourrait même y enfouir tous les déchets industriels français. Mais qui osera affronter l'ire des riverains – les fusils sortent vite au pays de Dominici – et expliquer calmement qu'il vaut mieux enfouir les résidus de notre société dans des lieux « sûrs et reconnus » plutôt que de les disperser de-ci de-là, au gré des résistances locales ? Voilà plus de vingt ans que les pétroliers pompent la saumure et injectent des hydrocarbures en sous-sol, sans la moindre fuite ni le moindre accident. Ils connaissent la musique. Qu'on les laisse donc faire leur coulis : ils rendront ainsi service à tout le monde.

CHAPITRE 6

Détruire, disent-ils. Mais où ?

C'est une affaire entendue : plus jamais on n'oubliera de produits toxiques au fond d'un hangar ou au coin d'un bois, dans des fûts rouillés qui font honte à l'industrie et menacent la santé des populations. Promis, juré. On va les détruire d'une façon ou d'une autre. Détoxication, incinération, élimination, revalorisation, peu importe. Vous ne les verrez plus, vous n'en entendrez plus parler, foi d'industriel.

Ces bonnes intentions, ces serments, on nous les ressasse à longueur de colloques et de réunions professionnelles. Périodiquement aussi, on découvre de nouveaux dépôts sauvages ou de nouvelles pollutions induites par d'anciens dépôts. C'est ainsi par exemple que deux usines chimiques de Mulhouse, dont l'une a pourtant fermé en 1981, sont aujourd'hui tenues pour responsables de la pollution de la nappe phréatique locale. Entre 1986 et 1988, en effet, on a découvert dans l'eau distribuée au robinet du chloronitrobenzène, puis du dinitrotoluène, ce qui a obligé le préfet à fermer les captages de plusieurs communes du bassin potassique alsacien. Les travaux de dépollution et de forage de nouveaux puits de captage vont coûter une centaine de millions, mais il n'est pas sûr que les industriels mettent la main au portefeuille, sinon en se faisant beaucoup prier. Péchiney peut toujours plaider l'innocence pour sa filiale de Mulhouse, puisqu'elle a fermé en 1981.

Quant à Rhône-Poulenc, aujourd'hui propriétaire de l'entreprise en activité, il peut accuser l'usine concurrente désaffectée, dont le site est resté à l'abandon pendant des années...

Avec l'incendie de la Protex, près de Tours, en 1988, l'administration a découvert un entrepôt de déchets qu'elle ne soupçonnait pas, même si, de notoriété publique, les produits n'avaient encore jamais contaminé la rivière voisine.

Une nouvelle affaire a éclaté en 1989 à Sermaise (Essonne), où une entreprise familiale, Gerber, retraitait depuis des années des solvants. L'atelier recevait les produits – généralement belges ou néerlandais –, les recyclait, puis les revendait « régénérés » à leurs fournisseurs d'origine. Mais le patron est mort et sa veuve aujourd'hui dans le coma après un accident de voiture... En allant mettre le nez dans cette affaire en perdition, l'administration a découvert un véritable dépotoir, dont la rivière voisine, l'Orge, fait les frais. Coût estimé de la réhabilitation du site : entre 20 et 40 millions de francs. Aux frais de la collectivité, bien entendu, puisque la société Gerber est insolvable.

Beaucoup d'automobilistes, sans toujours le savoir, contribuent à la pollution générale avec leurs huiles de vidange. Les bricoleurs qui, par souci d'économie, effectuent eux-mêmes la vidange de leur moteur, rapportent rarement leurs huiles usagées dans un centre de détoxication ou une déchetterie – et pour cause puisque ces établissements sont eux-mêmes rares. Les huiles de vidange recueillies par les particuliers finissent donc généralement dans un poêle de chauffage qui va générer quantité de produits toxiques dans l'atmosphère, ou alors dans la rivière ou le caniveau, ce qui n'est guère meilleur pour la qualité de l'environnement!

L'écoulement de certains déchets industriels est si coûteux que des petits futés ont pris le marché en main. Deux affaires internationales révélées en 1989 illustrent parfaitement ces dévoiements.

La première concerne le trafic organisé par un courtier en

déchets belge, Etienne Van de Voorde. Profitant de la notoriété de son frère Norbert, ancien directeur du Département déchets du laboratoire de recherches nucléaires de Mol, Etienne avait mis sur pied un réseau de ramassage d'huiles usagées aux Pays-Bas et en Allemagne. Ces huiles, contenant un taux de PCB très supérieur aux normes admises dans leurs pays d'origine, ne pouvaient être réutilisées sur place comme carburant mais seulement éliminées à grands frais. Le courtier belge, se faisant fort de trouver des clients dans son pays, les achète à prix réduit. Un marché est conclu avec des bitumiers pour alimenter les fours de leurs enrobeurs, ces engins qui asphaltent les chaussées. Ni vu ni connu. Dans la chaleur et l'odeur du goudron, personne ne peut déceler la moindre émanation anormale.

Lorsque le trafic aura été découvert, à la suite d'un contrôle de wagons-citernes venant d'Allemagne, Etienne Van de Voorde va changer son fusil d'épaule. Il imagine de diluer les huiles contaminées au milieu d'ordures ménagères « normales », dans des proportions telles qu'elles ne tombent pas sous le coup de la loi. Apprenant que l'usine d'incinération de Maubeuge cherche des clients pour rentabiliser son installation, l'entrepreneur belge propose des ordures des Pays-Bas, assaisonnées à sa façon. Le contrat, après un début d'exécution, sera finalement dénoncé parce que l'usine de Maubeuge n'avait pas d'autorisation préfectorale pour importer des déchets. Du coup, Maubeuge va rater aussi un marché jugé prometteur : un contingent de 10 000 tonnes par an d'ordures ménagères de... Zurich.

L'autre grande affaire, aux proportions américaines, a éclaté en 1989 à Toronto, mais remonte à plusieurs années. Dans la province canadienne d'Ontario, et dans le nord de l'État de New York, du côté de Buffalo, d'astucieux récupérateurs profitaient de la nuit pour verser dans des camions-citernes toutes sortes de produits toxiques combustibles : huiles usagées, solvants, souvent chargés de PCB – le haut de gamme en matière de déchets, si l'on s'en réfère au coût d'élimination d'environ 1 000 dollars le fût de 200 litres.

Le jour venu, ces camions allaient tranquillement faire le plein de carburant dans les raffineries, avant d'aller livrer le mélange à leurs clients habituels : entreprises de bâtiment ou de ponts et chaussées, et même des stations-service ! Le FBI enquête aux Etats-Unis, et le gouvernement canadien décide de contrôler étroitement les camions-citernes « états-uniens » entrant sur son territoire. Mais comment déceler une once de pyralène dans des tonnes de carburant ?

La tension sur les déchets toxiques ne va pas s'apaiser dans un avenir proche, si l'on met en application le principe selon lequel chaque pays doit s'occuper chez lui de ses propres déchets. Si on interdit l'incinération en mer, comme le projette la « DG 11 » – la direction des communautés européennes chargée de l'environnement – où va-t-on le faire ?

En RFA, où les industriels livrent 40 % de leurs déchets liquides à l'incinération en mer, les autorités fédérales estiment qu'il faudrait construire de quatre à huit usines de traitement dans les prochaines années pour venir à bout de la production. Mais où ? Quel *land* va accepter l'implantation d'une usine de ce genre alors que la population n'accepte même plus de centre d'incinération pour ses ordures ménagères ?

La Ruhr, qui produit encore 40 % des déchets spéciaux de la RFA, réussit à en éliminer sur place 95 %, ce qui représente une belle performance dans une région qui compte 250 habitants au kilomètre carré. Si elle peut le faire, c'est grâce à des usines comme le « RZR », le plus gros centre d'élimination de RFA. Construite en 1982 au cœur du pays minier, l'usine incinère les déchets industriels, mais aussi les résidus d'hôpitaux et certaines ordures ménagères. Dans un paysage hérissé de pylônes électriques, de chevalets de mines et de terrils en cours de réhabilitation, les deux immenses cheminées de béton de RZR ne font pas peur.

Mais la Ruhr n'est pas la RFA. Les autorités fédérales ont fait leurs calculs. En l'an 2000, l'Allemagne se retrouvera avec une impressionnante quantité de déchets industriels : 1,4 million de tonnes pouvant être mis en décharge; 1,2 million de tonnes à traiter par des procédés dits physico-chimiques; enfin, 660 000 tonnes à incinérer. Vu le parc actuel d'installations de traitement, cette production va nécessiter la construction de dix nouvelles unités pour le physico-chimique et de sept unités pour l'incinération. Un marché considérable si l'on songe au coût d'élimination : entre 400 et 600 marks la tonne.

La Suisse, qui produit bon an mal an quelque 300 000 tonnes de déchets spéciaux, en exporte entre 60 000 et 100 000 tonnes à l'étranger. Depuis la fermeture des frontières de la RFA, déjà saturée, les gros clients restent la France et la Grande-Bretagne; mais la Suisse exporte jusqu'en Yougoslavie et RDA. Selon les comptes très précis de l'Office fédéral de l'environnement, les déchets spéciaux exportés finissent recyclés (46 %), en décharge (22 %), incinérés (20 %) ou brûlés en mer (10 %). Les normes sanitaires helvétiques sont si sévères qu'on voit mal les fours suisses brûler certains produits qui partent actuellement en fumée dans la mer du Nord. C'est au point que certains cantons ont envisagé des installations de combustion souterraines!

Les Pays-Bas disposent bien d'un centre *ad hoc,* l'un des plus grands d'Europe, mais il ne peut traiter que des produits où la concentration de chlore ne dépasse pas 6 %. Or il arrive que ce taux atteigne 70 %! On ne peut incinérer à terre ce genre de produit qu'après de multiples et coûteuses manipulations, et surtout une dilution qui entraîne une forte augmentation du tonnage. Ainsi, une tonne de liquide à 40 % de chlore, directement incinérable en mer, fera sept tonnes à brûler à terre! Etant donné la densité de population aux Pays-Bas, on imagine mal les Néerlandais renoncer d'un cœur léger à l'incinération en mer, qui leur rapporte de l'argent puisqu'ils en sont les opérateurs, au profit d'un mode de combustion plus coûteux (l'exportation) ou plus dangereux (incinération à domicile).

En France, il n'existe que deux usines spécialisées dans l'incinération des déchets chimiques à très haute température : la Sedibex à Sandouville (Seine-Maritime) et la TREDI à Saint-Vulbas (Ain). La Sedibex, spécialisée dans les résidus pétroliers (70 % de ses activités) est la seule usine de France capable de brûler des fûts avec leur contenu. « On aurait pu brûler la dioxine ici, affirme le directeur. Les briques réfractaires de notre four résistent à des températures de 1 700° ! » La Sedibex, qui n'a qu'une vingtaine de clients réguliers, dont les raffineries de Grand-Couronne, croule cependant sous les tonnages : 68 000 tonnes par an au lieu de 48 000 tonnes pour lesquelles elle est en principe conçue! Difficile pour elle, dans ces conditions, de prendre sa part des déchets incinérés en mer, d'autant qu'elle est limitée par le taux de chlore, comme les autres. Tout ce qu'elle peut faire en plus – « pour rendre service » – c'est se charger de petites opérations ponctuelles qui ne modifient pas son plan de charge. Ainsi, ce jour-là, le four brûlait des déchets de cacao et des parfums Yves Saint-Laurent défectueux. Le seul danger de ces produits, c'était pour Yves Saint-Laurent : à cause de son image de marque, il lui est impossible de mettre sa production en décharge!

Quant à la TREDI de Saint-Vulbas, qui reste le fleuron de l'industrie française d'élimination, elle souffre des à-coups de la conjoncture. A sa création en 1975, sous l'appellation PLAFORA, il a fallu trois industriels pour la lancer : Rhône-Poulenc et Péchiney-Ugine-Kuhlman, pourtant concurrents sur le marché du neuf, et Renault Véhicules Industriels. Dès 1981, cependant, PLAFORA déclare forfait car elle perd trop d'argent. Le ministère de l'Environnement se tourne alors successivement vers PEC-Engineering, qui refuse, et la Lyonnaise, qui décline. Mais les deux acceptent finalement de travailler ensemble, à 50-50, et c'est la création de la TREDI, en 1981. Saint-Vulbas reste donc le seul four de France – et l'un des très rares d'Europe – capable d'éliminer des PCB. Mais il a fallu sacrifier le four alsacien de Hombourg et la capacité française globale n'en est pas augmentée pour autant.

Le groupe chimique ATOCHEM vient d'accepter de créer une usine d'incinération de déchets chlorés à Saint-Auban, dans les Alpes-de-Haute-Provence. Son contrat : récupérer 25 000 tonnes de déchets de chlorure de vinyle et le transformer en perchloréthylène. « L'incinération n'est pas rentable, affirme-t-on cependant chez ATOCHEM. Pour nous, c'est une opération blanche. On protège l'environnement et on crée des emplois. Mais on ne gagne pas d'argent. »

Même refrain à Saint-Vulbas, où l'on se plaint des contraintes qui pèsent sur l'éliminateur : « Autrefois, 90 % du prix de revient d'une installation étaient dus au four. Aujourd'hui, c'est l'inverse : 90 % des coûts sont dus à la protection de l'environnement. »

Alors, pas rentables les centres d'incinération ? Pourquoi le P-DG de la Générale des Eaux, Guy Dejouany, en rendant compte du bilan 1988, s'est-il félicité des résultats du traitement des déchets toxiques ? « Avec plus de 600 000 tonnes de déchets traités en France cette année, a-t-il précisé (pour un chiffre d'affaires qui sera voisin de 500 millions de francs), nous manifestons un peu partout en Europe de grandes ambitions, dans un métier où nous possédons une avance certaine. » Propos en l'air, destinés à réconforter des actionnaires ? Pas du tout. Le géant français des services a bel et bien gagné de l'argent – au moins ces dernières années – avec sa filiale chargée du traitement des déchets industriels, la SARP. Cette filiale a inauguré en 1989 sa dixième unité de traitement de déchets industriels, à Bassens, en Gironde, ce qui permettra au groupe d'éliminer environ la moitié des déchets toxiques produits annuellement en France.

Et pourquoi donc le géant américain Waste Management a-t-il voulu racheter la TREDI en 1989, au prix faramineux d'un milliard de francs ? Après le refus du gouvernement français de laisser vendre la TREDI, PEC-Engineering a investi 100 millions de francs pour une nouvelle unité de traitement des déchets chlorés à Salaise, dans l'Isère, qui devrait entrer en service en 1991. Cette usine pourra recevoir 50 000 fûts par an et quelque 40 000 tonnes de déchets solides ou liquides, ce qui portera à 200 000 tonnes la capacité d'incinération des deux usines TREDI et PEC-Engineering. Les grands groupes n'hésitent donc pas à se lancer toujours plus avant dans l'élimination des déchets industriels, qui tend à devenir une activité comme une autre.

Malheureusement pour eux, les éliminateurs ont affaire à une marchandise dont les sautes d'humeur sont imprévisibles. La disparition des raffineries en France a fait baisser la demande des résidus pétroliers. Mais l'interdiction de certains pesticides comme le DDT et le trichlorophénol a fait monter la demande d'élimination des PCB. Et l'interdiction du pyralène sur les installations électriques neuves a soudainement engorgé l'unique centre français d'élimination, qui ne peut traiter que cinq à six mille appareils par an. EDF a priorité pour détruire ses 10 000 transformateurs, de sorte que les 100 000 autres doivent prendre leur tour. Les petits industriels doivent parfois attendre deux ou trois ans avant de pouvoir faire traiter leurs transfos au rebut! Et voici maintenant que les Hollandais proposent à la TREDI d'éliminer en trois ans leurs sept mille transformateurs au pyralène, après avoir essayé les incinérateurs anglais (trop chers à leur goût). Et pourtant, les prix français restent élevés : l'élimination d'un petit transformateur peut coûter jusqu'à vingt fois le prix de l'appareil neuf!

Quant à la Waste Management, bien qu'elle s'en défende, elle sent venir le jour où l'incinération en mer, son point fort en Europe, sera interdite. D'où son subit intérêt pour l'incinération à terre. Mais le gouvernement français s'est opposé à la vente. Le fleuron français du traitement des déchets industriels ne peut pas être bradé – un milliard! – à une multinationale américaine...

La France, malgré ses dix centres d'incinération (auxquels il faut ajouter certaines installations agréées comme les cimenteries, centrales thermiques et même certaines usines d'ordures ménagères) se retrouve en déficit. En 1987, elle a expédié 13 000 tonnes de liquides « organo-halogénés » au *Vesta* et au *Vulcanus II* pour qu'ils les brûlent en mer; et elle a exporté 10 000 tonnes de solvants pour « régénération » en Belgique et en Grande-Bretagne. Ces partenaires, qui reçoivent nos déchets avec intérêt, ne se sont jamais plaints de ne pas rentrer dans leur argent. Ils ont même le culot de faire des bénéfices et d'en redemander!

Si l'on doutait encore que le marché de l'incinération soit vraiment porteur, il suffit de se référer aux derniers développements de l'actualité. En juillet 1989, le Premier ministre australien, Bob Hawke, a annoncé la décision de son gouvernement d'investir 350 000 dollars (australiens) pour la recherche d'un site approprié à l'incinération des déchets industriels à très haute température. Le pays se retrouve en effet avec 11 000 tonnes de déchets toxiques « intraitables » dans son usine de Sydney. Dans l'ouest du pays, en pleine région minière, la même décision a été prise, bien qu'aucun lobby écologiste n'ait poussé à la roue, puisqu'il s'agit d'une région semi-désertique. Simplement, les Australiens réalisent aujourd'hui qu'il est plus rentable de traiter soi-même ses déchets, fussent-ils hautement toxiques, que de les expédier aux antipodes.

Mais ce sont surtout les mouvements boursiers enregistrés aux Etats-Unis qui mettent la puce à l'oreille des industriels. Lorsque la firme britannique *Brambles Industries Limited,* le plus gros incinérateur de déchets de Grande-Bretagne, a lancé une OPA sur la firme américaine Ensco *(Environmental Systems Company)* pour acquérir les derniers 80 % disponibles (soit un investissement de 168 millions de dollars), l'action

Brambles a immédiatement grimpé d'un dollar et atteint son point culminant : 14,40 dollars. Tout cela parce que Ensco fait des affaires en or avec son incinérateur d'El Dorado (le bien nommé!), en Arkansas, et qu'une nouvelle unité doit être construite près de Phoenix, en Arizona. Les interprétations, bien sûr, varient, depuis la mode écologique jusqu'à l'appât du gain pur et simple.

Une chose est sûre : on ne pourra pas revenir à la situation d'avant 1970, lorsque les fabricants de chlorure de vinyle se débarrassaient de leur goudron (de 60 % à 70 % de chlore) comme ils pouvaient. L'essor des matières plastiques, joint au souci de protéger l'environnement, condamne les industriels ou les pouvoirs publics à prévoir des lieux d'élimination ou de recyclage. Le marché de l'incinération a encore de beaux jours devant lui.

CHAPITRE 7

Le bal des déchets

En matière de déchets, l'Europe de 1993 existe déjà allègrement. Et pas seulement entre les Douze. Pour les marchandises au rebut, la libre circulation n'est pas un slogan d'eurocrate mais une réalité quotidienne très présente, et même très pressante. Toutes les cinq minutes, un convoi de déchets dangereux passe une frontière. Au total, plus de 100 000 mouvements par an! Rien qu'en Europe de l'Ouest, on évalue à 16 millions de tonnes la quantité de résidus qui naviguent chaque année d'un pays à l'autre pour être recyclés, incinérés ou mis en décharge. Selon les chiffres publiés en RDA après la chute du mur, au début de 1990, la RFA aurait exporté 4,5 millions de tonnes de déchets chez sa voisine de l'Est depuis 1975...

En Amérique, un accord a été passé en 1984 pour fixer les tonnages baladeurs : le Canada a le droit d'expédier 45 000 tonnes de déchets toxiques aux Etats-Unis et les Etats-Unis 120 000 tonnes vers le Canada. Mais ces chiffres officiels ne traduisent pas la réalité des échanges entre les deux pays. De même, le tonnage total exporté officiellement par les Etats-Unis en 1987 (150 000 tonnes), apparaît exagérément sous-évalué par rapport aux exportations européennes (RFA : 700 000 tonnes; Pays-Bas : 120 000 tonnes; Suisse : 68 000 tonnes). En 1988, 560 compagnies américaines ont déposé un dossier pour exporter leurs restes. Sans compter toutes celles qui n'ont pas déposé de dossier et se sont arrangées directement avec l'importateur ou par l'entremise d'un courtier... Et ces chiffres, au demeurant, masquent les transports inter-Etats ou inter-provinces, qui s'allongent avec le phénomène NIMBY (pas de ça chez moi). On cite par exemple le cas d'ordures ménagères du Maryland, près de Washington, qui ont dû faire mille kilomètres pour être mises en décharge!

Le Japon, où la classification locale ne fait apparaître que 3,3 millions de tonnes de déchets dangereux (contre 24 millions en Europe de l'Ouest, dont un million pour la petite Belgique!), exporte aussi vers la Corée, les Philippines et l'ensemble du Sud-Est asiatique, ses marchés naturels. Quant à Singapour et Hong Kong, ils envoient leurs sous-produits toxiques se faire incinérer... en Angleterre, où les fours de la Rechem Limited, à Southampton, brûlent des résidus de la Terre entière, c'est-à-dire du Commonwealth. Les importations de déchets toxiques au Royaume-Uni ont connu une croissance prodigieuse ces dernières années. Leur volume est passé de 2 000 tonnes en 1981 à... 200 000 tonnes en 1987! La Chambre des Lords s'est émue en constatant que le royaume de sa gracieuse majesté devenait la poubelle de l'Allemagne. En effet, étant donné les normes très rigoureuses observées en RFA, il est plus intéressant, pour les industriels allemands, d'expédier leurs déchets en Angleterre que de les faire traiter chez eux! Même l'Australie, qui dispose tout de même de plus d'espace que Singapour, Hong Kong ou même le Japon, envoie ses déchets les plus délicats (PCB) se faire traiter en Angleterre. Car son usine ultra-moderne d'élimination, près de Sydney, ne fait que du traitement physico-chimique de produits courants. Pour les déchets très spéciaux, produits en faible quantité, le transport intercontinental revient moins cher que l'installation d'un centre de traitement, qui coûte au bas mot 15 millions de dollars.

De grands pays pétroliers, comme l'Arabie saoudite et le

Nigeria, ne veulent plus aujourd'hui exporter brut. Ils se sont donc dotés d'immenses raffineries en oubliant que, en fin de chaîne industrielle, on obtient des résidus bien encombrants. Eux aussi doivent se résoudre à expédier ces sous-produits à Southampton ou ailleurs.

Ce bal des déchets, de mieux en mieux orchestré, a commencé dans une parfaite cacophonie. On ne compte plus, aux États-Unis, les sites contaminés par des apports de déchets industriels d'origine inconnue. Pour un scandale découvert, comme celui de Love Canal, dans l'Etat de New York – une centaine de pavillons et une école construits sur un site truffé de cendres d'incinération chargée de dioxine –, combien de décharges industrielles sauvages ont été créées au petit bonheur la chance ? Rien qu'en Californie, on prévoit que le nettoyage des anciens dépotoirs va produire au moins 100 000 tonnes de déchets dangereux, qu'il faudra bien éliminer ou recaser quelque part.

Dans le petit Royaume-Uni, on n'ose avancer de chiffres concernant les dépotoirs industriels, car l'administration n'a pas les moyens de les contrôler. Les inspecteurs du HMIP (*Her Majesty Inspectorate of Pollution*) qui doivent surveiller cinq mille dépôts en Angleterre sont au nombre de... cinq! En Ecosse, au contraire, il existe cinquante-six autorités différentes pour contrôler les décharges. Industriels et importateurs peuvent s'en donner à cœur joie : ils ont toute chance d'échapper aux contrôles...

Souvent citée en modèle de gestion des résidus industriels, l'Allemagne a sa part dans les « dépotoirs de la honte ». Ainsi Hambourg, profitant de sa situation de « ville libre », a longtemps accueilli des déchets de toute l'Europe dans sa décharge de Georgswerder – la plus vaste de RFA. Pendant vingt ans, des navires ont discrètement apporté des sous-produits dangereux que l'on mélangeait sans complexe avec les ordures ménagères de la région. Ce système, évidemment très économique, a permis à certains courtiers peu scrupuleux de faire d'excellentes affaires. Ils se faisaient payer 130 marks la tonne pour éliminer des pesticides danois qu'ils allaient ensuite mettre tranquillement en décharge à Georgswerder pour le prix imbattable de 24 marks la tonne! D'autres, avec de faux tampons, assuraient leur fournisseur que ses déchets avaient pris le chemin de Schönberg, le grand centre de traitement de la RDA, alors qu'ils les avaient tout simplement déposés au milieu des ordures ménagères de Hambourg... Ces trafics ont pris fin avec la fermeture de la décharge, en 1979, mais les 14 millions de mètres cubes entreposés là continuent à empoisonner les riverains... et les pouvoirs publics, qui devront débourser 7 milliards de marks pour décontaminer complètement le site!

En 1982, les Alsaciens ont découvert avec stupeur que, depuis une dizaine d'années, leurs voisins allemands venaient régulièrement déposer leurs déchets industriels dans les gravières du Rhin et leurs décharges d'ordures ménagères. Au moins 52 000 tonnes – une misère à côté de Hambourg! – ont ainsi été saupoudrées en Alsace et même parfois incinérées comme ordures domestiques dans les fours de Strasbourg...

Quelques mois plus tard, alors qu'on recherchait fiévreusement les quarante et un fûts de Seveso, on découvrait à Roumazières, en Charente, dans une carrière « aménagée » en décharge, des déchets italiens importés en France en mars 1983 par les soins de la firme Mannesmann Italiana (maison-mère allemande). Ces produits assaisonnés de soufre, de zinc, de manganèse et de pesticides organo-chlorés, nous venaient de Brescia (Lombardie) et Faenza (Emilie). Mais la traque des fûts italiens devait déboucher sur des découvertes autrement scandaleuses. La décharge de Roumazières, gérée à distance par un récupérateur de l'Allier, recelait un monceau de déchets hautement toxiques et bien français : 14 tonnes de résidus phénochlorés, 340 tonnes de condensateurs électriques et leur pyralène, et 21 tonnes de boues chimiques contenant une tonne et demie d'arsenic pur, provenant d'une usine de Montoir-de-Bretagne, en Loire-Atlantique. L'enfouissement des produits dangereux aurait continué tranquillement en ces lieux écartés, si la piste italienne n'avait pas été remontée. Les fûts de Seveso ont donc permis la fermeture du dépotoir charentais... et l'envoi de son contenu dans les mines de sel allemandes.

Les déchets italiens n'ont pas toujours pris le chemin de la France. En 1986, trois bateaux en ont livré à la Roumanie, par contrat avec une société italienne de Lombardie et par l'entremise d'une société suisse du Tessin – on reste en famille! Embarqués à Marina di Carrara, le port toscan bien connu pour ce trafic, les fûts ont été débarqués dans le port roumain de Sulina, où les contrats stipulent que l'entreposage pourra atteindre 300 000 tonnes par an!

L'un des derniers en date des trafics internationaux de déchets a été découvert en 1988 aux Pays-Bas. Le transporteur néerlandais Simon Kemp utilisait son parc de poids lourds pour faire la collecte des sous-produits industriels dans tous les Pays-Bas. Au lieu d'apporter leur cargaison dans les centres d'élimination *ad hoc,* les camions de Simon Kemp semaient leurs fûts comme le petit Poucet, dans les bois et les ruisseaux. Ces déchargements sauvages, commencés aux Pays-Bas, se sont bientôt étendus à la Belgique et à la France, jusqu'à l'arrestation du sieur Kemp.

En Suisse, c'est un certain Fritz Furler, installé à Ziefen, à une trentaine de kilomètres de Bâle, qui avait la haute main sur l'exportation des déchets industriels de la Confédération. La frontière allemande s'étant fermée aux déchets suisses, Fritz Furler n'avait plus que la France comme débouché pour sa marchandise. Une belle filière : il écoulait ses déchets en versant 400 francs la tonne aux incinérateurs français, alors qu'il recevait 400 francs suisses (c'est-à-dire quatre fois plus) de ses fournisseurs helvétiques! Las! Le marché français s'est fermé à son tour en 1988, de sorte que le pauvre Furler se retrouve avec les fûts de 5 200 entrepreneurs suisses sur les bras!

La Suisse croule tellement sous les déchets que des projets grandioses sont concoctés dans les officines internationales. Le dernier en date consiste à convertir d'anciennes mines de charbon écossaises en une décharge industrielle spécialisée, plus grande encore que celle de Herfa-Neurode, en Allemagne. Les auteurs du projet sont deux entrepreneurs zurichois, Heinz Wienbrauck et Maurice Jud, gérants de la société Industrie Projekt Management, dont les deux plus gros actionnaires ont leur siège à... Panama et Vaduz, au Liechtenstein! L'opération complète, selon nos deux Zurichois, reviendrait à 400 millions de francs suisses. Sa rentabilité serait assurée par les tarifs qui seraient pratiqués : 450 francs suisses versés par la ville de Zurich pour chaque tonne de poussière recueillie dans les filtres de son usine d'incinération d'ordures ménagères; 3 500 francs suisses versés par Sandoz pour chaque tonne de terre contaminée au mercure après l'incendie de son entrepôt bâlois en 1986...

La British Coal Corporation, propriétaire des mines, a nié avoir fait des propositions, mais les deux Zurichois affirment : « Ce sont les Anglais qui sont venus nous trouver. » Simplement, on attendrait la privatisation des Charbonnages britanniques pour conclure. En attendant, Maurice Jud explique sans fard pourquoi il a choisi une des régions les plus pauvres d'Europe : « Pour nous, exporter en Afrique ou en Ecosse, c'est la même chose. »

L'Afrique! Ce sont les Américains qui ont, semble-t-il, essuyé les plâtres, après avoir saturé leurs « pauvres » à eux (Québec, Mexique, Haïti, etc.). Un premier contrat, remontant à 1979, a été signé entre une société du Colorado, Nedlog Technology Group, et le président de la Sierra Leone, M. Siaka Stevens, pour la livraison annuelle de... un million de tonnes de déchets dangereux! A titre d'avance sur recettes, une somme de 25 millions de dollars a été proposée au président sierra-léonais, qui a dû renoncer après la révélation du marché faite en 1980 par le *Washington Post* et les gros yeux du Département d'Etat américain. Ce qui n'a pas empêché de discrets transports de se poursuivre. La preuve en a été fournie indirectement par l'échouage du cargo panaméen Cason au large de l'Espagne, en 1987. On a retrouvé à bord près de trois mille fûts de produits inflammables, explosifs ou toxiques, dont plusieurs ont pris feu au cours des opérations de sauvetage. Un cadeau américain à l'Afrique, selon toute vraisemblance...

Les Européens n'ont pas tardé à suivre. Un premier contrat, signé en 1985 avec la République Centrafricaine, aurait été conclu pour l'enfouissement de déchets industriels et pharmaceutiques au prix de 42 dollars la tonne. Quelque 70 000 tonnes auraient ainsi été débarquées en 1986 à Pointe-Noire, au Congo, puis acheminées jusque dans la région de Bakouma. On attend toujours les résultats de l'enquête déclenchée en 1988 par le gouvernement centrafricain...

Pour la Guinée-Bissau, micro-Etat d'Afrique occidentale, 1987 restera l'année des fabuleux contrats. Par la plume de son ministre des Ressources naturelles et de l'Industrie, Filinto Barros, voici qu'elle signe avec Gian Franco Ambrosini, le courtier génois resté bredouille après l'expédition de Djibouti (voir chapitre 3), un contrat de dix ans pour la livraison annuelle de 50 000 tonnes (minimum) de déchets industriels « en provenance d'Europe ou d'Amérique du Nord ». Pour faire bonne mesure, Ambrosini prévoit dans le même contrat l'installation d'un « brûleur moderne » avec récupération des fumées et le montage d'une usine de recyclage des déchets urbains de la ville de Bissau « en matériaux de construction de routes et d'immeubles »! Ambrosini offre royalement 40 dollars la tonne et le transport à ses frais pour une marchandise sur laquelle il va toucher, lui, entre 300 et 1 000 dollars! Il est vrai que, pour la Guinée-Bissau, une rentrée annuelle garantie de 2 millions de dollars constitue déjà une coquette somme...

Mais un deuxième contrat, encore plus fabuleux, va être signé entre la Guinée-Bissau et deux sociétés paravent – l'une basée à Londres et l'autre dans l'île de Man – pour le compte d'une société américaine de Detroit fondée pour l'occasion, la Lindaco. Aux termes de ce contrat, signé en 1988 pour cinq ans, les Anglo-Américains s'engagent à fournir chaque année de 1 à 3 millions de tonnes de déchets, toujours au prix de 40 dollars la tonne. Cette fois, c'est un véritable pactole, capable d'éponger la dette de ce malheureux pays.

Hélas! L'écho de ces fabuleux contrats remonte aux oreilles des parlementaires européens, alertés par leurs collègues portugais. François Roelants du Vivier, parlementaire belge et président de l'Entente européenne pour l'environnement (qu'il a fondée avec Brice Lalonde pas encore ministre), dévoile le pot aux roses à la presse, puis au public avec son livre *Les vaisseaux du poison.* La Guinée-Bissau, devant le hourvari déclenché par ces révélations, renonce à ses contrats, la mort dans l'âme. Adieu fûts empoisonnés livrés franco de port! Adieu dollars faciles et libérateurs!

Le Bénin, ancien Dahomey, signe pour sa part en 1988 un contrat tout aussi mirifique, quoique beaucoup plus léonin (2,5 dollars la tonne!). Par contrat passé entre quatre ministres (Plan, Finances, Transports, Justice) et la SESCO, société écran basée à Gibraltar, il s'engage à accueillir en dix ans entre un et cinq millions de tonnes de déchets européens et américains. La quantité, énorme, compense à peine le faible prix. Cette fois aussi, on a fait miroiter la construction d'une usine de recyclage pour fabriquer des matériaux de construction, avec en prime un investissement de 50 cents par tonne « dans le domaine de l'agriculture, des mines, du tourisme, de la construction, de l'éducation, de l'industrie et de la fourniture d'équipements ». La SESCO, société requin, bienfaitrice du Bénin, hier encore marxiste-léniniste pur et dur!

Ce contrat, lui aussi, sera dénoncé, à la suite des protestations du ministre de la Santé, non associé au projet, qui craint une contamination radioactive. En outre, le Togo et surtout le Nigeria s'alarment de ces projets d'entreposage à deux pas de leurs frontières.

Le Nigeria a d'excellentes raisons de s'insurger. Il se trouve que 4 000 tonnes de déchets industriels, importés par l'entremise d'un ressortissant italien résidant depuis vingt ans au Nigeria, ont été découverts entreposés dans le port de Koko. La découverte remonte au 3 juin 1988, lorsque le journal de Lagos *Sunday Guardian,* informé par des étudiants nigérians résidant à Pise, révèle que 1 200 tonnes de déchets toxiques ont quitté la ville à bord d'un navire qui, après avoir été refusé en Bulgarie, en Roumanie et au Venezuela, a finalement débarqué ses fûts à Koko. Cette fois, le gouvernement nigérian n'a pas été associé à la transaction. Mais l'entremetteur italien prend le large lorsque les autorités de Lagos veulent sévir. Il ne leur reste plus qu'à rappeler leur ambassadeur à Rome et à séquestrer deux cargos, dont l'un, battant pavillon danois, reconnaît avoir transporté soixante conteneurs à Koko en 1987.

Les fûts toxiques de Koko ont été rembarqués dans le navire allemand *Karin B* aux frais du gouvernement italien, qui a eu ensuite toutes les peines du monde à décharger sa maudite cargaison. Repoussé d'Italie, d'Espagne, d'Angleterre et de France, il sera finalement accepté et déchargé à Livourne. La décharge de Koko, où avaient notamment séjourné huit cents fûts de PCB, a dû être décapée sur une profondeur de soixante centimètres. Les terres et autres matériaux contaminés seront réexpédiés en Italie, aux frais du gouvernement de Rome. L'accès à la ville de Koko, qui avait été interdit, n'a été rouvert qu'en juin 1989!

Le seul autre dépôt prouvé découvert en terre africaine – des cendres d'incinération débarquées dans l'île de Kassa, au large de Conakry, en Guinée – sera lui aussi retourné à l'expéditeur, la ville de Philadelphie. Officiellement, donc, l'Afrique n'accepte plus aucun déchet de l'extérieur. Mais aucun pays africain n'a accepté de signer la convention de Bâle « sur le contrôle des mouvements transfrontières de déchets dangereux et sur leur élimination », en mars 1989, faute d'une position commune fixée par l'Organisation de l'unité africaine. La porte reste donc officiellement ouverte à toute proposition...

L'Afrique n'est déjà plus le seul recours pour navires poubelles en détresse. Le Liban, déjà tragiquement éprouvé par la guerre, a reçu lui aussi son contingent de fûts toxiques dès 1987, après tractations entre la Jelly Wax de Milan et l'armateur libanais Armand Nassar. Mais ces fûts, transportés dans quatre lieux de stockage différents, ont été ouverts par leurs acquéreurs dans l'espoir d'y trouver des produits revendables. La fameuse ingéniosité libanaise... Cette fois, cependant, l'ingéniosité a mal tourné car certains fûts ont été renversés au cours des ventes et ont trahi leur contenu par des odeurs suffocantes. Il a fallu que les Forces libanaises bouclent le principal dépôt – en plein air – et battent le rappel des fûts déjà partis dans les ateliers de Beyrouth, pour regrouper le tout dans la partie du port qu'elles contrôlent. Les déchets, qui ont incommodé tous ceux qui s'en sont approchés, ont été rembarqués sur trois cargos à destination de l'Italie.

Entre juin 1988 et janvier 1989, trois cent soixante-sept fûts ont été retrouvés sur les côtes turques de la mer Noire. Ces fûts, pleins de résidus chimiques divers, avaient été perforés volontairement pour couler, au cours de six opérations différentes de largage. L'enquête menée par les autorités turques n'a pas permis d'identifier les produits.

A la Turquie, également, était destinée une cargaison partie le 18 mai 1988 de Vienne, en Autriche, à bord du caboteur allemand *Petersberg.* Quelque 1 800 tonnes de gravats provenant de la démolition d'une usine chimique autrichienne, embarqués pour Izmir, l'ancienne Smyrne. Mais le bruit courut que les matériaux de démolition dégageaient « une légère radioactivité ». Plus personne ne voulut entendre parler de ce convoi, ni la Turquie destinataire, ni les pays riverains du Danube que devait traverser le *Petersberg.* Voilà donc notre caboteur errant en mer Noire, interdit de Bosphore, mais aussi incapable de remonter le Danube l'été, à cause de son tirant d'eau. Des mois d'attente, au cours desquels deux capitaines doivent être remplacés, au bord de la dépression nerveuse. Malgré le retour des hautes eaux du Danube, qui permettrait au *Petersberg* de remonter jusqu'à Vienne, son point de départ, les autorités roumaines et autrichiennes s'opposent au passage du caboteur allemand.

En mars 1989, le bateau est autorisé à jeter l'ancre dans les eaux territoriales soviétiques, avec un équipage réduit à bord. Trois mois plus tard, il gagne le Pirée, en Grèce, où son chargement est transbordé sur un navire apte à la navigation fluviale, qui rapporte les gravats autrichiens à Vienne. Treize mois de navigation en pure perte! Une belle empoignade juridique en perspective pour déterminer qui devra payer la somme de 1,4 million de marks qu'a coûté l'odyssée inutile...

Nouvelle affaire en juin 1989. Le navire soviétique *Aleksander Ulianov,* à quai dans le port de Rotterdam, s'apprête à charger 1 000 tonnes de « métaux non ferreux » provenant d'une entreprise londonienne et destinés à une société brésilienne de São Paulo, Produquimica, chargée de les recycler. Mais Greenpeace, qui dispose à Rotterdam d'un navire laboratoire chargé d'épier la pollution chimique, le *Beluga,* dénonce la présence dans ce chargement de déchets chimiques contenant toutes sortes de produits toxiques (chrome, zinc, plomb, nickel, cadmium, etc.). Et il menace d'empêcher le navire soviétique d'appareiller si les produits toxiques sont embarqués à son bord.

Prudent, l'armateur soviétique donne l'ordre au capitaine de gagner Brême, en Allemagne, d'où le navire partira pour le Brésil sans cet encombrant chargement. C'est alors que les autorités brésiliennes, alertées par Greenpeace et des écologistes locaux, interdisent l'entrée au Brésil des déchets destinés à la Produquimica. En effet, un cargo chypriote, le *Pro Americana,* parti le 28 mai de Rotterdam avec un premier contingent de 1 000 tonnes, se présente au port de Santos le 26 juin. Double refus, donc. Le Brésil, déjà montré du doigt pour le déboisement accéléré de la forêt amazonienne, ne veut pas se coller sur les bras une affaire de déchets toxiques étrangers.

CHAPITRE 8

Courtiers à tout faire

Les déchets, c'est sale, indécent, presque honteux. Il ne faut surtout pas y toucher, sous peine d'attraper des maladies. Leur seule évocation, même à mots couverts, ternit l'image de la plus glorieuse entreprise. Couvrez ces fûts que je ne saurais voir... Harcelé par les inspecteurs de l'administration ou simplement encombré par des sous-produits qu'il ne maîtrise pas, l'industriel cherche un moyen de s'en défaire. Débarrassez-moi de ça! Et discrètement, s'il vous plaît.

Du coup, ces produits au rebut redeviennent une marchandise, avec un prix – leur coût d'élimination. Ils rentrent dans le circuit des échanges, mais par la petite porte, celle que ne franchissent pas les grands capitaines d'industrie ni les entrepreneurs en renom, de peur de se salir les mains.

Donc, pour que des marchés soient conclus entre la carpe (industriels occidentaux) et le lapin (Etats du tiers-monde), on a besoin d'intermédiaires, d'entremetteurs, bref de courtiers. Ce sont eux que l'on approche discrètement, sous le manteau, comme naguère les marchands de photos porno sur les grands boulevards.

La plupart de ces obligeants courtiers n'ont qu'une boîte postale, un fax et un téléphone. Si possible dans quelque paradis fiscal comme le Liechtenstein, les Bahamas, Panama, l'île de Man ou Gibraltar. Avec des noms de société ronflants qui ne veulent rien dire, mais dont le sigle sonne bien et donne l'illusion qu'il recouvre une entreprise importante, doté d'un P-DG, d'un conseil d'administration, d'actionnaires et de salariés. Foutaise! Pour négocier l'envoi de cochonneries à des jobards (ou à des escrocs), il suffit d'un peu de flair, de beaucoup de culot, d'un bon réseau « d'agents » et de papier à en-tête. Et vogue petit navire sur les flots verts de dollars...

Bien sûr, il y a des risques. Pas pour l'amour-propre, non. Dans le métier, on a le cuir épais. Mais pour le coffre-fort. Si le courtier s'octroie de si grosses marges, c'est que l'opération, deux fois sur trois, avorte ou capote. Il ne récupère pas toujours sa mise. Il place donc la barre très haut, systématiquement. Il n'accepte que les « grosses affaires », celles qui mettent des millions sur le tapis. Il est joueur. Tordu pour tordu, le coup doit rapporter gros, sinon ce n'est pas la peine de se donner tant de mal pour faire croire à sa compétence, son expérience... et sa respectabilité.

Dans le petit monde des courtiers, Gian Franco Ambrosini fait sans doute exception. Lui a pignon sur rue à Gênes, Via Assarotti, l'une de ces grandes artères bien droites qui montent à l'assaut de la ville. Son nom figure à l'extérieur, sur la sonnette de l'interphone, et dans le hall sur une plaque de cuivre. Gian Franco Ambrosini n'a aucune raison de se cacher, même s'il aime travailler dans l'ombre. Sa famille, établie dans le commerce des peaux depuis quatre générations, s'est fait un nom à Gênes, honorablement connu. On achetait des peaux au Sénégal ou en Ethiopie, à des prix défiant toute concurrence, et on en faisait de beaux cuirs revendus dans toute l'Europe. Les Ambrosini, comme les marchands génois de la grande époque, connaissent leur métier : tout ce qui se vend ou s'achète en gros les intéresse.

Gian Franco Ambrosini ne produit rien et n'achète pas pour lui. Non. Tout ce qu'il fait, c'est de mettre en rapport des gens qui veulent vendre, acheter ou louer leurs services.

Sans se connaître. Lui connaît tout le monde. Forcément, au bout de quatre générations! Et c'est réciproque. Dans le négoce international, tout le monde le connaît, lui-même ou quelqu'un ayant déjà eu affaire à lui. L'homme indispensable pour qui cherche à mener une transaction délicate, avec des partenaires qui restent à trouver.

Il suffit de prendre rendez-vous, de monter au premier étage de cet immeuble cossu et vieillot de la Via Assarotti, et l'homme vous reçoit, affable et jovial, en bras de chemise, l'embonpoint passablement débordant. D'emblée, il vous tend sa carte pour montrer qu'il pratique la transparence : « G.F. Ambrosini, chairman ». Président de quoi ? De deux sociétés. L'une, Intercontract S.A., est basée en Suisse, mais l'adresse indiquée dans le canton de Fribourg n'est plus la bonne car il a déménagé dans le Valais. L'autre, Ambrosini S.R.L., est cette agence même où nous nous trouvons, qui ne compte pas plus de quatre personnes.

Intercontract : le terme, pour une fois, est parfaitement explicite. Cette société anonyme s'occupe de contrats internationaux. C'est avec Intercontract qu'a été négocié l'envoi des déchets italiens à Djibouti, en 1986, puis l'accord avec le gouvernement de Guinée-Bissau, en 1987, actuellement en veilleuse, comme aussi le contrat qui allait être passé en 1988 avec le Sénégal, lorsque a éclaté le scandale de « l'Afrique poubelle ».

Ambrosini peste contre ces *Zanoobia* et *Karin B* qui ont tout bloqué en Afrique. « Quelqu'un a payé pour que le *Zanoobia* vienne en Italie. C'est une manœuvre pour empêcher l'exportation qui était prévue... » Mais il en veut surtout à la Jelly Wax, son ancien associé de Milan, avec lequel il est en procès. « La Jelly Wax nous a cassé le marché », dit-il en faisant la lippe, écœuré par ces partenaires sans foi ni loi qui multiplient les bavures. Le marché des déchets ? « Je n'aime pas ce mot. Dites plutôt " produits ", coupe Ambrosini en lissant sa chevelure argentée. On appelle " déchet " une peinture ou un vernis qui a dépassé la date de vente. Mais ce sont toujours les mêmes produits! Croyez-moi, les déchets, c'est une industrie comme une autre, du moment que c'est bien fait. »

Envoyer des fûts à Djibouti en promettant de construire une usine de traitement, est-ce bien sérieux? « Mais bien sûr, je l'aurais faite cette usine! C'est-à-dire que j'aurais trouvé quelqu'un pour la faire. C'était écrit dans le contrat. Je peux si on veut fabriquer des camions à Djibouti! Il suffit de trouver des partenaires compétents dans leur domaine. Il faut aussi des gens réalistes et honnêtes. Nous étions les seuls à avoir des contrats signés avec des gouvernements. Tout était sous le contrôle du ministère de l'Environnement. Au Sénégal, l'étude d'impact nous a coûté 40 000 francs suisses! »

Après ses déboires africains, Ambrosini va-t-il s'obstiner? « Mais oui! Je reste en contact avec mon ami Filinto Barros pour l'envoi de 50 000 tonnes par an en Guinée-Bissau. Pour le reste, c'est vrai, l'Afrique baisse continuellement. Mais elle a beaucoup de place. La Mauritanie, par exemple, dispose d'immenses surfaces non utilisées. Chez nous, en Europe, la nappe phréatique affleure à moins de deux mètres. En Afrique, elle est parfois à 600 mètres de profondeur. On ne risque rien avec ça. »

L'Afrique reste d'autant plus d'actualité que l'Europe, sa voisine, son fournisseur, ne sait plus où mettre ses déchets. « La Suisse prétend produire 3 à 400 000 tonnes de résidus spéciaux. Les hypocrites! Il faut rajouter un zéro! En Europe, 80 % des déchets disparaissent illégalement. Et ça ne va faire qu'empirer. A Marina di Carrara, nous avions avec la Montedison le plus beau four d'incinération de toute l'Italie. Eh bien, les Verts se sont démenés pour le faire fermer, fin 1988. Est-ce ça, l'écologie? Il faudra bien trouver autre chose pour le remplacer, ici ou ailleurs. Plutôt ailleurs, sans doute, et c'est pourquoi je reste disponible... »

Sacré Ambrosini! Sa connaissance de l'Afrique et des

Africains le rend optimiste pour l'avenir de son négoce. Il ne peut pas croire que deux partenaires faits pour s'entendre ne renouent pas les négociations. Comment? L'Europe croule sous les déchets, qu'elle n'a plus de place pour enfouir et plus le droit de brûler, et l'Afrique est là, immense et pauvre, qui lui tend les bras? Mais qu'attendent-ils pour faire tope-là? Que d'occasions perdues et de beaux contrats gâchés!

Arnold Andreas Künzler, lui, ne reçoit pas dans son bureau. Il a bien une adresse à Bâle, mais il préfère rencontrer ses interlocuteurs en terrain neutre, c'est-à-dire la plupart du temps à l'hôtel, accoudé au bar devant une carafe de fendant. Ce grand-père de quarante-huit ans, lui-même père de sept enfants, a pratiquement passé trente ans de sa vie en Afrique. Engagé à dix-sept ans dans le corps expéditionnaire britannique au Kenya, il a ensuite traîné ses guêtres de mercenaire suisse au Katanga, où il a reçu une rafale d'arme automatique. « J'ai du fer partout là-dedans », dit-il en ouvrant sa chemise, comme s'il était fier d'avoir combattu pour des causes perdues. On le retrouve ensuite en Ouganda, où il s'occupe d'alimenter les caisses percées d'Amin Dada. Il fréquente enfin assidûment l'Angola, où il vend des armes à Jonas Savimbi, chef des maquisards de l'UNITA, et aussi à Sam Nujoma, chef de la SWAPO, le mouvement de libération de la Namibie.

Arnold Künzler, bizarrement, cultive son personnage d'affreux, de Katangais, alors même qu'il se prétend géologue et dirige aujourd'hui une société au nom aussi prétentieux qu'imprécis : « Integrated Logistic Support ». Cette société de soutien logistique intégré couvre en fait une activité de courtage en tous genres, à commencer par les armes. « Je n'ai jamais été courtier en déchets, précise-t-il d'emblée, comme si le mot même lui faisait horreur. Je suis marchand d'armes, ou plutôt négociant en pièces de rechange. J'interviens par exemple quand l'Egypte se retrouve dans le camp occidental avec son matériel russe. Pour l'Angola, c'est une vieille affaire qui remonte aux années 1960. Mais aujourd'hui, on ne se bat presque plus en Afrique, dit-il comme à regret, en se servant une nouvelle rasade de vin blanc. Alors je me lance dans le traitement du déchet industriel. Mais attention : le haut de gamme, le fin du fin de la technologie, pour parvenir à l'élimination complète, dans les meilleures conditions pour l'environnement. Je ne suis pas comme Ambrosini à Djibouti avec son usine de Coca-Cola ! J'ai toujours voulu faire l'usine de traitement d'abord, moi. Brûler des déchets, c'est de la haute technologie. D'ailleurs, je n'ai encore jamais envoyé de déchets en Afrique. C'est aujourd'hui plus difficile d'obtenir une licence d'exportation pour des déchets que pour des armes ! »

Si Künzler n'a encore jamais envoyé de déchets en Afrique, ce n'est pas faute d'avoir essayé. En mai 1988, il était en pourparlers avec une société du Libéria, la LISCOR (Liberian Industrial and Service Corporation), qui gère notamment une grande usine d'engrais. Dans le contrat en préparation, la LISCOR donnait son accord pour l'importation « d'huiles minérales, déchets organiques et autres produits chimiques »... Là aussi, on aurait converti le tout en matériaux de voirie, pour la construction de routes ! Mais le scandale de l'Afrique poubelle, cet été-là, a tout fait capoter. Le Nigeria menaçait d'intervenir chez quiconque s'avisait d'importer des déchets...

L'ancien mercenaire au Congo avait naturellement aussi pris langue avec la fameuse société écran de Douglas (île de Man) intitulée Trianon Insurance Brokerage Limited. Cette société de courtage en assurance maritime proposait à Künzler d'écouler le chargement de... dix-sept cargos grecs énumérés dans un document saisissant. Ces bateaux, chargés de résidus industriels divers, dont les dangereux sous-produits de pyrolyse et de traitement de surface, avaient des capacités allant de 800 à 2 500 tonnes de fret. Soit au total 39 000 tonnes, rassemblées à Gênes, Naples et Trieste, qui devaient prendre la mer pour... le Nigeria. La déveine absolue !

Mais Künzler avait trop poussé ses feux en Angola pour renoncer à un projet qui lui tenait à cœur, monté par ses soins. En novembre 1988, il se rend à Luanda pour mettre la dernière main à un contrat qui lui permettrait d'écouler 5 millions de tonnes de produits toxiques en quatre ans. Comme toujours avec Künzler, c'est la technologie qui a la meilleure part. Il s'agirait de construire trois fours d'incinération « du même type que ceux de Ciba-Geigy, à Bâle », du côté de Namibe, au sud de l'Angola, à quelque 200 kilomètres de la frontière namibienne. Pour l'enfouissement des cendres d'incinération, on n'aurait que l'embarras du choix avec le désert alentour...

Pourquoi l'Angola? Parce que Künzler connaît la richesse du pays (premier exportateur de pétrole et deuxième exportateur de diamants d'Afrique) pour y avoir fait fortune en vendant des armes aux divers maquis de la région. « Je leur ai dit : au lieu de vendre le pétrole de Cabinda 10 dollars la tonne, il vaut mieux brûler des déchets avec et toucher 1 500 dollars la tonne! » Argument convaincant, mais qui tombe au mauvais moment. Pas plus que les autres Etats, l'Angola ne veut accréditer l'idée que l'Afrique peut servir de poubelle aux pays industrialisés. Le contrat ne sera finalement pas signé.

Künzler a-t-il pour autant jeté l'éponge avec l'Afrique? En janvier 1989, encore, la Banque de réserve d'Afrique du Sud lui répond qu'il est en effet possible d'obtenir « un permis d'importer, entreposer et incinérer des déchets en Afrique du Sud ». Mais, prétend Künzler pour décliner l'offre de cette nouvelle « joint venture », il fallait « s'engager à soutenir la politique d'apartheid »...

Dans les moments de découragement, Künzler envoie tout promener. « Je ne fais plus rien avec l'Afrique. Je termine mes contrats d'armes et, dans dix-huit mois, ce sera fini! » Mais lorsqu'on le pousse un peu, il y revient. « Certains pays, comme le Sénégal et le Gabon, sont truffés de déchets, affirme-t-il. Les Suisses ont construit à Dakar une usine d'incinération qui est déjà en panne. Il faut bien qu'ils mettent les déchets quelque part... Au Gabon, les pétroliers, pour ne pas voyager à vide, venaient avec leurs soutes pleines de fûts toxiques. Maintenant que les ports sont contrôlés, c'est peut-être fini, mais où les ont-ils mis ? » A ces moments-là, le géologue refait surface et caresse des projets de sondage de terrains pour retrouver les fûts enfouis. Il accuse même Ciba-Geigy d'envoyer 30 tonnes par jour en Afrique!

Et pas seulement en Afrique. « Leur four de Bâle n'est pas assez puissant, dit-il. Au moins 80 % de leurs déchets passent en Allemagne, à Herfa-Neurode ou en RDA. Les Allemands de l'Est, d'ailleurs, leur ont demandé de les reprendre. Ils sont actuellement en pourparlers avec des Mexicains pour implanter là-bas un nouveau four... Pourquoi l'action Hoffmann-La Roche vaut-elle actuellement 160 000 francs suisses ? C'est facile de faire de l'argent quand on brûle tout n'importe comment!... J'ai fait des photos aériennes il y a vingt ans dans le canton d'Argovie. Il y avait des trous partout. Carrières, gravières, etc. Aujourd'hui, ces trous sont tous comblés. Mais avec quoi ? L'autre jour, ils ont découvert 23 000 frigos entassés au même endroit!... On a aujourd'hui six mille dépôts sauvages dans le pays... Et Fritz Furler, notre grand courtier en déchets, il ne va tout de même pas s'asseoir sur ses 5 000 tonnes en souffrance ou les manger en famille!... De toute façon, il n'y a pas un pays qui traite correctement toute sa merde. Disons 40 %. Et l'industrie en produit toujours plus! »

A ce moment, Künzler fait une proposition, à la cantonade : « Au lieu d'acheter des avions qui traversent la Suisse en quatre minutes, qu'ils me donnent les milliards, et je les nettoierai, moi, leurs dépotoirs! » L'ancien géologue, aujourd'hui patron d'une société qui fait de la logistique intégrée, prétend en effet être capable d'offrir les meilleurs services. « J'ai racheté 30 % d'une usine danoise qui fait les filtres à fumées les plus efficaces. Chacun pèse trois tonnes. Avec ça, je vais monter au Mexique un centre de traitement unique en son genre, comprenant une batterie de douze fours. Mais ce seront de petits fours, plus faciles à opérer que les gros parce qu'on peut trier les produits et faire des mélanges plus homogènes, moins compliqués à incinérer. Dès septembre prochain, on devrait pouvoir brûler 3 000 tonnes par jour. Dans dix ans, quand le personnel aura été formé et enfin installé aux commandes, on en brûlera 12 000 tonnes. A 1 500 dollars la tonne, cela donne une belle affaire, qui mérite tous les raffinements de l'électronique. C'est un investissement coûteux – environ 600 millions de dollars –, mais ça peut rapporter gros. Plus on améliore les procédés d'élimination, plus on gagne d'argent. Du moins nous, les éliminateurs. Les industriels, eux, doivent payer. »

Künzler, qui déborde décidément de projets, se propose de monter une usine souterraine pour la destruction des 60 000 tonnes d'armes chimiques entreposées en Suisse. L'élimination coûterait 32 000 francs suisses le kilo! Une mine d'or. Il a même songé aux déchets nucléaires, après l'échec des transactions qu'auraient menées les autorités suisses avec la Chine, en 1987. « Je suis allé à Oulan-Bator, en Mongolie. Ils étaient d'accord pour entreposer dans le désert de Gobi. Déchets industriels ou nucléaires, peu importe. Mais c'était vraiment trop loin. »

Alors, l'ancien mercenaire redevient maquignon. Il achète des bateaux grecs en fin de course, matériau abondant sur le marché. Il les charge – ne demandez pas avec quoi! – et les vend à la casse à l'arrivée. Après les navires fantômes, voici donc les poubelles flottantes et les arsenaux épaves! « Je suis en train de négocier trois cargos allemands dans le port de Kiel », précise-t-il, l'air gourmand. Non, il n'a pas renoncé à ses chers trafics.

Künzler, Ambrosini : deux facettes d'un même commerce qui n'a pas eu le temps de se mettre vraiment en place, les ailes coupées par l'actualité. Mais nos deux courtiers n'ont pas lâché l'os pour autant. Ils sont intimement convaincus qu'on reviendra un jour les chercher pour relancer les négociations. Car, pour eux, l'Afrique est trop pauvre pour refuser indéfiniment de recevoir les déchets des riches, ces « produits » qui rapportent de l'argent lorsqu'on vous les donne.

Avoir ces manipulateurs devant soi crée un malaise. Car si l'on s'en tient à leurs objectifs déclarés, on est tenté d'approuver. Pourquoi, en effet, des pays pauvres ne pourraient-ils pas tirer profit du trop-plein de déchets des riches, pourvu que le transport, l'entreposage et l'élimination se fassent dans de bonnes conditions? Puis on les regarde, et l'on comprend que les objectifs déclarés ne sont que de faux nez. Pour eux, la seule chose qui compte est de faire le maximum d'argent en prélevant leur dîme sur les industriels producteurs de déchets. Tout le reste les indiffère, qu'il s'agisse du sort des pays pauvres, de l'environnement de la planète ou de toute autre préoccupation morale. Il y a de l'argent à prendre au passage des déchets : on organise donc des filières qui arrangent soi-disant tout le monde, mais qui en fait ne remplissent que les poches des courtiers.

Le pire, c'est qu'ils sont intouchables, car ils s'arrangent pour que les transactions aient l'apparence de la légalité. Les sociétés-écrans existent bel et bien sur le papier. Les paraphes des ministres sont authentiques. La terminologie employée dans les contrats est suffisamment vague pour n'éveiller aucun soupçon. Que peut un juge contre des documents authentiques, paraphés par des personnes physiques et morales – quelle dérision! – dont on ne peut mettre l'existence en doute? Rien.

C'est pourquoi rien ne les démonte, pas même la curiosité des journalistes. Quant aux transactions qui échouent, ils s'en remettent très bien. Une de perdue, dix de retrouvées. Le marché des déchets offre de belles occasions pour qui sait les saisir.

CHAPITRE 9

Des ordures américaines en or

Une société qui a peu souffert des chocs pétroliers, c'est la « Waste Management Incorporated », le géant américain du déchet. Créée en 1971 à Oak Brook (Illinois), dans la banlieue de Chicago, c'est-à-dire au centre du continent nord-américain, la « Waste » n'a connu que trois années de piétinement, entre 1974 et 1976. Depuis cette date, l'entreprise n'a cessé de galoper en tête pour la croissance et les bénéfices, illustrant parfaitement l'empennage de flèche qui lui sert de logo. En dix ans, ses revenus bruts ont plus que décuplé, passant de 238 millions de dollars en 1977 à 2,8 milliards en 1987! Les bénéfices, eux, ont été multipliés par vingt, passant de 18 millions de dollars en 1977 à 370 millions en 1986, année record qui a enregistré une progression de 47 %! En 1988, la progression n'a été *que* de 42 %, ce qui fait tout de même une augmentation des bénéfices de 25 % par an en moyenne au cours des quinze dernières années. Pas mal, pour une compagnie spécialisée dans le déchet, et qui ne s'en cache pas dans sa raison sociale.

Le plus surprenant, sans doute, c'est que la Waste ait continué d'étendre son emprise et d'enrichir ses actionnaires alors même qu'elle a été constamment poursuivie devant les tribunaux (2 millions de dollars d'amende en 1987 pour violation des lois anti-trust) et que son image est désastreuse dans la grande presse américaine. Le marché du déchet est ainsi fait que, comme autrefois les chiffonniers, on s'y enrichit en se salissant les mains, on fait de l'or avec de l'ordure.

Indifférente au harcèlement de la presse et de l'administration, la Waste a édifié en moins de vingt ans un véritable empire, qui va du simple ramassage des ordures ménagères au stockage des combustibles irradiés, en passant par l'exploitation des décharges, l'épuration des eaux et l'élimination des déchets industriels. Employant aujourd'hui 25 000 personnes, elle s'est taillé la part du lion sur le marché américain et dans le reste du monde « riche » – la Waste ne connaît pas les pauvres.

Rien qu'aux Etats-Unis, Waste Management est devenue le numéro un de la collecte des ordures ménagères avec plus de 10 % d'un marché qui se monte à 25 milliards de dollars. Si l'on établit une liste des cinq cents collectivités les plus rentables du pays, la Waste en exploite déjà trois cent cinquante! Et elle a l'ambition d'en conquérir encore cent d'ici à 1991... Les hommes à la flèche ramassent les poubelles de sept millions de foyers et de 600 000 entreprises; des programmes de recyclage des déchets (collecte sélective des ordures, récupération du méthane, production d'électricité par incinération, etc.) ont été implantés dans cinquante grandes villes américaines.

L'empereur yankee du déchet exploite aussi le Canada, l'Europe des Douze, l'Argentine, l'Australie, la Nouvelle-Zélande et l'Arabie saoudite. Il est coté en bourse jusqu'à Sydney et Tokyo, où ses actions montent avec une belle régularité.

La grande gagneuse reste évidemment la Waste Management of North America, qui opère aux Etats-Unis et au Canada. A elle seule, elle représente les trois-quarts des activités du groupe. C'est elle qui enlève les ordures à La Nouvelle-Orléans, Dallas ou Boston. Elle possède une société de balayage dans le Massachusetts, une compagnie de ramassage dans le

New Jersey et une décharge dans le Michigan. Elle a signé avec San Francisco un contrat de quinze ans pour l'exploitation d'une décharge qui doit recevoir 15 millions de tonnes d'ordures (montant du contrat : 150 millions de dollars!).

La Waste s'est lancée à fond dans la récupération du méthane produit par ses décharges d'ordures ménagères. La compagnie d'électricité de Philadelphie a signé un contrat pour l'achat, pendant vingt ans, du courant produit par la combustion du biogaz local. En Floride, la Waste exploite deux centrales thermiques au méthane de décharge. L'une, à Tampa, absorbe 1 000 tonnes d'ordures par jour; l'autre, près de Fort Lauderdale, en consomme le double – elle a coûté 166 millions de dollars!

Sentant que le marché de l'eau potable allait connaître un regain de faveur avec le renforcement des normes du *Clean Water Act,* les stratèges d'Oak Brook ont mis la main sur EOS (Envirotech Operating Services), une société californienne devenue le principal distributeur et épurateur d'eau des États-Unis. EOS gère déjà plus de trente stations d'épuration et usines de traitement d'eau. Mais la Waste espère faire beaucoup mieux prochainement puisque le gouvernement fédéral prévoit 20 milliards de dollars pour encourager les collectivités locales à s'équiper. Société privée et fière de l'être, le géant américain du déchet ne répugne pas à se substituer parfois aux services municipaux et même à bénéficier des subventions publiques...

Le groupe d'Oak Brook a développé une filiale prospère : la Chemical Waste Management, spécialisée dans l'élimination des résidus chimiques. Cette société s'occupe entre autres de la décontamination des sites industriels abandonnés, ce que les Américains appellent maintenant *remediation.* Inutile de préciser que cette activité est particulièrement lucrative. Ainsi, en 1987, un contrat de 40 millions de dollars a été signé pour la décontamination du site d'un ancien centre de traitement de déchets dangereux près de Seattle, au nord de la côte Ouest.

Les hommes de la Waste s'attaquent aussi au domaine nucléaire. Ils peuvent décontaminer un site, comme ils l'ont fait dans une usine de concentration de l'uranium au Nouveau-Mexique, ou se charger du stockage de déchets nucléaires. Ils ont ainsi emballé, transporté et mis en dépôt quelque 2 000 tonnes de déchets à faible activité, provenant aussi bien des installations militaires que des universités ou de l'industrie. Leur centre de traitement de Barnwell, en Caroline du Sud, stocke les déchets à faible activité de toutes les centrales nucléaires qui se trouvent à l'est du Mississippi.

Mais la grande spécialité de la Chemical Waste Management reste l'incinération. On a vu (chapitre 4) comment, par l'intermédiaire de sa filiale OCS (Ocean Combustion Service), implantée à Rotterdam, elle avait acquis la plus grosse part de l'incinération en mer pour l'Europe. Aux Etats-Unis, l'Agence pour la protection de l'environnement ne veut pas renouveler les permis et la Waste piaffe d'impatience, tant elle est sûre que son procédé est efficace – et rentable!

Elle dispose à New York et en Californie de centres de traitement capables de décontaminer les huiles chargées de PCB et même de les revendre pour une nouvelle utilisation. Ces usines travaillent sur un créneau particulièrement porteur puisque la législation fédérale exige la destruction des quelque trois millions d'appareils au pyralène encore en service dans les installations électriques.

Pour améliorer son image auprès du public, la Waste s'est lancée dans des opérations spectaculaires de protection de l'environnement. En creusant pour implanter une décharge près d'Atlanta, elle a découvert des vestiges archéologiques indiens remontant pour certains à 3 000 ans avant Jésus-Christ. Excellente occasion pour l'empereur du déchet de manifester son souci de la préservation du patrimoine. Tous les objets mis à jour par les pelleteuses ont été offerts à des musées, des universités et des institutions culturelles de la région. Oui, la

Waste connaît la valeur des déchets, y compris les débris des civilisations englouties!

Avant d'entasser les ordures dans la décharge de Kirby Canyon, près de San Jose, en Californie, les malins de la Waste ont pris une utile précaution pour apaiser l'éventuel courroux des militants du Sierra Club, le grand mouvement écologiste américain basé à San Francisco. Ils ont procédé à une étude d'impact fouillée, qui a fait apparaître l'existence dans le canyon d'un animal menacé, le papillon appelé *Bay Checkerspot.* En accord avec le département de l'intérieur qui, aux Etats-Unis, gère les parcs nationaux, la Waste a décidé de déclarer « habitat protégé » une partie du canyon. De la sorte, les écolos californiens se tiennent tranquilles, et il restera suffisamment de place à la décharge pour fonctionner, espère-t-on, pendant au moins cinquante ans. Les ordures d'un côté, les papillons de l'autre : tout le monde est content.

Cette réserve à papillons n'aura pas été vaine. Il se trouve que la ville de Portland, dans l'Oregon voisin, ne savait plus où entasser ses ordures après l'arrivée à saturation de sa décharge. Où trouver un site capable d'accueillir un million de tonnes par an sans que les riverains se dressent aussitôt contre le projet? Waste Management survient et dit : j'en fais mon affaire. Après avoir repéré un site propice dans une zone semi-aride de l'Oregon intérieur, à quelque 250 kilomètres de Portland, les démarcheurs de la compagnie ont lancé une vaste opération de relations publiques auprès des décideurs locaux. Ils ont affrété un avion pour montrer à quelques citoyens bien choisis la décharge de Kirby Canyon et sa réserve de papillons. Ils ont ensuite organisé sur place et à Salem, capitale de l'Etat, une série de réunions où ils expliquaient en long et en large ce qu'ils étaient capables de faire pour exploiter un site d'enfouissement irréprochable. Ils en rajoutaient même un peu, car ils décrivaient tous les raffinements qu'ils ne mettraient pas en œuvre dans le désert : comment tapisser le fond de la décharge de bâches plastiques étanches, comment établir un réseau de drainage pour recueillir les jus et préserver la nappe phréatique, comment installer des capteurs pour contrôler la qualité des eaux et enfin comment recueillir le méthane pour en faire de l'électricité. Argument suprême : Waste Management s'engageait à injecter chaque année, grâce aux salaires et aux taxes dues pour l'exploitation de la décharge, quelque 2 millions de dollars dans l'économie locale. L'affaire était entendue. Même les membres du Sierra Club ont dû s'avouer convaincus!

Cette aptitude à gérer la sensibilité locale est devenue une spécialité de la maison. Elle lui a permis, en 1988, de mettre la main sur 22 % du capital de Wheelabrator, un pionnier de la récupération d'énergie. Wheelabrator, qui s'était lancé dans la transformation des ordures ménagères en chaleur dès 1972, avait passablement piétiné ensuite puisque sa deuxième installation n'avait pu être mise en route qu'en 1983. C'est que, entre-temps, le syndrome NIMBY n'avait pas encore frappé. Du jour où l'opinion publique ne supporta plus l'ouverture de nouvelles décharges, Wheelabrator se mit à exploser : onze usines construites en cinq ans et une douzaine actuellement en projet. Wheelabrator a si bien marché ces dernières années qu'elle talonne le champion de la récupération d'énergie, Ogden Martin Systems Incorporated. A elles deux, ces compagnies se sont octroyé 45 % du marché – un marché en pleine expansion où se sont déjà engouffrés une soixantaine de constructeurs aux Etats-Unis et au Canada.

Mais Wheelabrator souffre d'un handicap : ses ingénieurs sont des concepteurs d'usines, pas des gestionnaires de services publics travaillant sous contrat à long terme avec des municipalités. L'entreprise peut donc répondre aux appels d'offre, mais il lui manque un réseau constitué pour proposer spontanément ses services aux collectivités locales et surtout pour assurer la gestion des usines construites. Car, on s'en aperçoit aujourd'hui, c'est la gestion et l'entretien de ces installations qui rapportent le plus. L'association avec Waste Management comble cette lacune. Wheelabrator obtient le droit exclusif d'utiliser le réseau des 87 décharges de la Waste aux Etats-Unis et au Canada afin d'y construire des usines de récupération de chaleur et d'y entreposer leurs cendres d'incinération.

Pour mieux s'introduire dans certaines collectivités locales, la firme d'Oak Brook a créé une filiale, Waste Management Partners Incorporated, qui travaille en commun avec un partenaire déjà implanté localement. Ces *joint ventures* de l'enlèvement des ordures ménagères, la Waste les pratique aujourd'hui dans vingt-six Etats américains et deux provinces canadiennes. Quelque deux cent cinquante municipalités ont signé des contrats avec la Waste et ses partenaires, qui travaillent sous ses couleurs ou en franchise. Bon nombre de petites sociétés apprécient de pouvoir ainsi compter sur un partenaire géant, dont ils peuvent utiliser les services comptables et même les contrats d'assurance. Et la Waste, pendant ce temps, profite de la bonne implantation locale de ses partenaires pour se rendre indispensable, sans pour autant évincer les petits concurrents.

La firme d'Oak Brook n'oublie pas non plus Washington, où sont prises les décisions importantes. Elle entretient donc dans la capitale fédérale un bureau de *lobbyists,* chargé de faire les couloirs du Congrès et le siège des administrations. Pour son *lobby,* la Waste a choisi des anciens combattants de l'écologie, naguère responsables de beaucoup de ses tourments. Ils connaissent donc parfaitement les dossiers et présentent une image de respect scrupuleux de l'environnement qui impressionne favorablement élus et décideurs... Ce groupe de pression a fait campagne contre l'immersion en mer des boues d'épuration et demandé que des contrôles plus stricts soient imposés à l'exportation des déchets. Dans les deux cas, comme par hasard, le souci de l'environnement rejoint les intérêts du groupe : l'interdiction de l'immersion en mer et les restrictions à l'exportation ramènent la clientèle à celui qui est passé expert dans l'art d'accommoder les restes sur le continent américain.

Très américaine dans ses objectifs, la Waste s'est tout de même lancée sur les marchés étrangers les plus lucratifs. En 1981, elle a passé un accord avec le ministère saoudien des Affaires municipales et rurales pour assurer la collecte et le traitement des ordures ménagères de Djeddah, le grand port d'Arabie saoudite (1 500 000 habitants). Le contrat, d'une durée de cinq ans, a été renouvelé en 1986 et étendu aux quartiers diplomatiques de Riyad, la capitale, où le roi Khaled exige un service impeccable. Montant du contrat : 155 millions de dollars, dont 20 millions consacrés à l'achat de nouveaux équipements. Pour ce prix, les éboueurs américains ramassent et traitent les ordures, balaient les rues, enlèvent les gravats et les voitures épaves, font le ménage dans certains monuments et bâtiments officiels, nettoient les parcs, les jardins publics et les plages, et se chargent même des campagnes de dératisation ou de lutte contre les cafards! Un service cher, sans doute, mais complet et fourni clé en main.

En 1986, le géant américain a pris 54 % dans la société Waste Management New-Zealand Limited, la plus grande entreprise néo-zélandaise de traitement des déchets industriels. Cette filiale enlève les bennes laissées en dépôt dans les grandes surfaces commerciales et dans les usines. Elle fait ensuite le tri et traite les produits toxiques ou dangereux dans l'unique installation *ad hoc* du pays. La Waste de Nouvelle-Zélande, en pleine expansion, est maintenant cotée à la bourse d'Auckland.

La Waste américaine dispose aussi de deux filiales en Australie. L'une exploite la région métropolitaine de Sydney, où elle assure le fonctionnement d'un centre de traitement. L'autre est installée à Brisbane, capitale de la Côte d'Azur australienne, organisatrice de l'exposition universelle du bicentenaire de 1988, une ville en plein essor.

En Amérique latine, la firme a une petite filiale à Caracas, au Venezuela, mais elle vient surtout de signer trois contrats avec l'Argentine : enlèvement des ordures à Santa Rosa, capitale de la province de la Pampa (100 000 habitants), et à Bariloche, une ville balnéaire assez cotée; construction et gestion pendant quatre ans d'une décharge pour desservir l'agglomération de Buenos Aires.

En Europe, son cheval de Troie est le *Vulcanus II,* qui brûle en mer les déchets toxiques de presque tout le continent. Mais les stratèges de la Waste Management n'attendent pas 1993 pour investir en Europe. De leur filiale implantée à Londres, ils guettent les occasions intéressantes, comme par exemple la société française TREDI. Si le rachat n'a pas eu lieu (un milliard de francs proposés en 1989!), c'est parce que le gouvernement français a opposé son veto à la transaction, s'agissant d'une entreprise partiellement nationalisée.

En prenant pied sérieusement sur le continent européen, où les administrations sont moins tatillonnes et les citoyens moins chicaniers qu'outre-Atlantique, la Waste espère augmenter encore ses profits sans être pénalisée par les poursuites coutumières aux Etats-Unis. La Waste, cependant, a toujours bien supporté l'épreuve des tribunaux. Voici par exemple ce qu'elle écrivait dans un de ses derniers rapports annuels aux actionnaires : « Dans le cours normal de ses activités, la Compagnie se trouve engagée dans de nombreuses poursuites judiciaires et procédures administratives, notamment concernant l'environnement. Certaines de ces procédures peuvent déboucher sur des amendes, des pénalités ou des jugements prononcés aux torts de la Compagnie, ce qui, de temps en temps, peut avoir un effet sur les revenus d'un trimestre. La Compagnie ne pense pas que ces procédures, une par une ou globalement, puissent affecter ses affaires ni sa situation financière. »

Allons, la Waste n'est pas à deux millions de dollars près – ce qu'elle a dû payer en 1987 après divers procès. Comme disait encore dernièrement son président, Phillip B. Rooney,

« l'avenir de notre société n'a jamais été si lumineux ni si prometteur ». Le déchet ? Une excellente affaire. Il suffit d'un peu de doigté, de saisir les chances qui s'offrent et, le cas échéant, de les aider à s'offrir.

La réussite de la Waste fait des envieux, c'est normal. De là à ce que certains lui reprochent de faire de l'argent sur le dos des collectivités locales, cela se comprend. Mais je ne vois pas en quoi cette activité serait plus condamnable que celle du médecin qui vit du mal de ses patients. Si la Waste se taille une si belle part du marché des déchets, elle le doit à son expérience, à ses services, à son imagination. Il vaut mieux confier ses ordures à une entreprise solide, ayant pignon sur rue, que les abandonner pour pas cher à des maquignons de la récup. Dans bien des pays, une société comme la Waste rendrait d'éminents services. Même en France, où les grands groupes préfèrent se concentrer sur le marché de l'eau, très profitable et surtout très régulier, plutôt que sur une marchandise à la fois peu ragoûtante et capricieuse. Ne crachons pas dans la soupe du géant américain. Il a su faire de l'or en vidant nos poubelles.

CHAPITRE 10

Ces messieurs les récupérateurs

Les déchets ? Une mine ! Ce refrain, on nous le serine à tout bout de champ, sans nous convaincre. Car nous vivons avec les vieux clichés imprimés dans le crâne. Par exemple, ces chiffonniers qui, le crochet à la main, faisaient consciencieusement les poubelles aux petites heures de l'aube, en entassant leurs trésors dans un vieux landau. Image lamentable de solitude et de pauvreté. Constat d'échec. Même si l'on répète que certains de ces gueux, parfois, avaient fait fortune, on n'y croit pas. Le clochard millionnaire, à d'autres ! La preuve ? Il ne reste en France que les chiffonniers d'Emmaüs, ces pauvres bougres rassemblés sous la houlette de l'abbé Pierre, le professionnel de la pauvreté. Ailleurs, ce sont ces misérables qui, du Caire à Manille, écument jour et nuit des montagnes d'immondices pour trouver leur pitance. Les déchets ? Pouah !

Quant aux chiffonniers « professionnels » et leur cri de ralliement « Peaux de lapin, peauuuuu ! », ils ne suscitaient guère l'envie avec leurs entassements infects de vieux matelas, d'oreillers éventrés, de couvertures en perdition... et de peaux de lapin cartonnées, accrochées aux ridelles comme des pantins sanguinolents et sinistres. Les chiffons ? Pouah !

Les ferrailleurs, on les voyait débarquer dans leur camionnette brinquebalante, chargée de tuyaux de poêle et de vieux lits-cages. Ils demandaient à la patronne la permission d'inventorier la cave et le grenier, et repartaient en maugréant, après avoir donné quelques billets crasseux en échange d'une plaque de cheminée, d'une balance Roberval ou d'un tuyau de plomb. Où était ce train de vie fastueux que la légende leur attribuait ?

Qu'on se le dise : ce passé est révolu. « Nous sommes les premiers producteurs de minerais en France », répètent avec fierté les successeurs des chiffonniers et ferrailleurs de jadis, que l'on appelle aujourd'hui les ré-cu-pé-ra-teurs. Ces messieurs alignent leurs chiffres, impressionnants : 8 millions de tonnes de métaux ferreux (fer, acier et fonte, c'est-à-dire la bonne vieille ferraille); 260 000 tonnes d'aluminium, 200 000 tonnes de cuivre, 170 000 tonnes de plomb, 145 000 tonnes de zinc; 2 700 000 tonnes de papiers et cartons; 620 000 tonnes de verre; 50 000 tonnes de plastiques; 100 000 tonnes de « textiles » – on ne dit plus chiffons. Et même 6 000 tonnes de « peaux et plumes » qui représentent un chiffre d'affaires de 150 millions de francs, dont 80 % à l'exportation!

Les professionnels de la récupération fournissent donc 40 % de leur matière première aux papetiers, 36 % aux sidérurgistes et 26 % aux verriers. Globalement, sur 100 % de matière première utilisée en France, 5 % proviennent des mines, 36 % de la récupération et le reste de l'étranger. La récupération en France, c'est aussi 20 000 salariés, un chiffre d'affaires de 20 milliards de francs, dont 4,5 à l'exportation. Des entreprises françaises de la récupération sont implantées à Abidjan (Côte-d'Ivoire), Algésiras (Espagne), Fès (Maroc), Maraico (Venezuela), Ras al Kaima (Emirats arabes unis), etc.

D'autres font beaucoup mieux. Les Hollandais, par exemple, récupèrent 62 % du verre usagé et plus de 50 % des vieux papiers. Les Japonais suivent immédiatement, avec 55 % du verre et 50 % des papiers et cartons, dont ils font pourtant une grande consommation, ne serait-ce que comme lecteurs de journaux. Les Japonais réussissent même à récupérer 95 % de leurs vieux pneus! Pays-Bas et Japon : les deux champions. Ce n'est pas un hasard. Voilà en effet les deux pays développés où l'entassement humain est le plus dense. Il est donc à la fois indispensable de réduire les volumes de déchets à traiter, faute de place pour les entreposer, et beaucoup plus facile de procéder au ramassage, étant donné la densité des dépôts. Or les coûts de collecte dépendent surtout des distances à parcourir.

Dans le palmarès de la récupération, les autres pays se dispersent. Pour les papiers-cartons, les Espagnols arrivent en troisième position (plus de 44 %), suivis par l'Allemagne (42 %) et la Suède (40 %). En matière de verre, les meilleurs, après les Hollandais et Japonais, sont les Suisses (47 %), les Autrichiens (44 %), les Belges (39 %), les Italiens (38 %) et les Allemands (37 %). La France, qui tente de rattraper la Suède pour le vieux papier, ne figure pas dans le haut du tableau.

A signaler enfin que l'Italie se distingue en Europe parmi les champions, non pas de la récupération directe, mais de la valorisation des matériaux récupérés par d'autres. De nombreuses entreprises italiennes, parfois seulement familiales, coulent de l'acier et du plastique de récupération pour fabriquer des objets bon marché, notamment dans le domaine du jouet et des gadgets. Les sidérurgistes installés regardent avec mépris – et envie – ces gens « qui moulent la fonte dans leur cuisine ». Mais ça marche!

Alors, ces déchets, une mine ou pas? La réponse, il faut aller la chercher auprès des professionnels. Depuis 1948 existe une association internationale appelée le BIR ou Bureau international de la récupération (en français dans toutes les langues), dont le siège est aujourd'hui à Bruxelles. Le BIR regroupe une cinquantaine de pays, traditionnellement d'économie libérale. En 1988, toutefois, l'institution s'est ouverte aux pays socialistes en accueillant d'un seul coup quatre

« kombinats » ou sociétés d'Etat : Rosvneshtorg (URSS), INTRAC (RDA), Impexmetal (Pologne) et Vtorichni Surovini (Bulgarie).

Tous les six mois, ces industriels de la « récup » se retrouvent dans un grand hôtel de la planète – à Berlin-Est, pour la première fois, en octobre 1988 – où ils font le point du marché et se repassent des tuyaux. Cette rencontre semestrielle est devenue une sorte de bourse informelle non pas du « déchet », ce qu'à Dieu ne plaise! mais des matières premières de récupération. S'y croisent donc des habitués du COMEX (Commodity Exchange de New York) et du LME (London Metal Exchange), les deux places où se traitent le plus d'affaires métalliques. S'y côtoient des ferrailleurs espagnols et coréens, des papetiers suédois et japonais, des fabricants de plastique italiens et singapouriens. Se mêlent à eux, parfois, un directeur de Kombinat est-allemand chargé de la récupération des métaux non ferreux ou un grossiste en friperie du Sentier...

C'est dans les congrès du BIR qu'on rencontre ces ferrailleurs en costume trois-pièces qui ne parlent qu'en millions de dollars et ces fabricants italiens qui proposent des cintres ou des talons de chaussures en plastique recyclé à 5 francs le kilo. Il y a les poids lourds de la ferraille, qui représentent les deux tiers du marché, et ceux qui s'intitulent eux-mêmes les « Cendrillon de la récupération », recycleurs de bouteilles plastiques ou producteurs de chiffons d'essuyage. Une condition, toutefois, pour appartenir au BIR : pratiquer la récupération en gros, et même en très gros. Un collecteur de vieux verres qui exploite un gisement de moins de 200 kilomètres de rayon n'a pas sa place dans le groupe de Bruxelles. Seuls les gros tonnages intéressent ces messieurs. Les marchands de plumes et de peaux de lapin peuvent aller se rhabiller.

Du fait qu'ils recyclent des matériaux qui, autrement, finiraient en décharge, les récupérateurs ont tendance à se prendre pour des fantassins de la protection de l'environnement. C'est du moins ce qu'ils clament à tous vents. Mais si l'environnement profite effectivement de leur activité, il est par ailleurs le cadet de leurs soucis. Ecoutons les papetiers : « Notre constante préoccupation, disent-ils, c'est de ne pas tout récupérer, afin de conserver la bonne qualité de nos produits. » Les collecteurs de vieux papiers préfèrent prendre livraison des chutes de fabrication dans les usines plutôt que le « tout venant » d'un ramassage à domicile. On leur donne même ce conseil : « Ne collectez pas si vous n'êtes pas sûrs du débouché ! »

Les papetiers du BIR ont même vigoureusement protesté contre « les collectes excessives » pratiquées en RFA, qui « inondent le marché européen à des prix très bas, menaçant directement l'industrie des vieux papiers et faussant la concurrence entre les papeteries européennes ». Ce qui gêne ces industriels, c'est que, par souci d'économiser l'énergie et de protéger l'environnement, beaucoup de municipalités allemandes subventionnent la collecte sélective des déchets, et notamment du papier. Comme le sens civique des Allemands est en outre fort développé, cette collecte produit beaucoup, et pas cher. Les papetiers d'outre-Rhin se retrouvent donc avec une matière première moins coûteuse que celle qui leur est proposée par les professionnels, au prix du marché. Odieux empiètement !

La collecte sélective des déchets, que ce soit à domicile ou par apport spontané dans des centres de regroupement, n'a pas l'heur de plaire aux professionnels, qui se méfient comme de la peste de tout ce qui échappe aux lois du marché. Pierre Lehoux, président de la Fédération des industries et commerces de la récupération et du recyclage, ne mâche pas ses mots : « La collecte sélective n'a d'intérêt que si elle est faite pour alimenter le marché. Sinon, c'est n'importe quoi ! »

Message reçu 5 sur 5 par les amis du BIR. « Je ne m'occupe pas des plastiques usagés, avoue un industriel. J'achète seulement les chutes. Par exemple, Renault produit vingt tonnes par mois de PVC (polychlorure de vinyle). C'est ça qui m'intéresse. » Il laisse donc à d'autres le soin de recycler les bouteilles plastiques – de 40 à 60 grammes pièce, selon qu'elles contiennent ou non une boisson gazeuse – ou les sacs de vinyle souple dits « sortie de caisse » (ceux qu'on donne à la caisse des magasins), qui supposent un réseau de collecteurs bénévoles – *horresco referens* – et représentent à ses yeux un tonnage ridicule. L'interprofession parle en effet de produire 1 500 tonnes de PVC « régénéré » par an. Une misère.

Les ferrailleurs, qui découpent des pétroliers entiers et broient les voitures par milliers, ne s'embarrassent pas du menu fretin. Ils ont l'œil rivé sur le *composite price* américain, qui leur indique le cours mensuel des ferrailles. Par exemple, en décembre 1988, la ferraille lourde de démolition (premier choix) atteignait 110 dollars la tonne, tandis que le deuxième choix ne valait que 75 dollars. Mais le cours de ce genre de matière est très capricieux. Le mois suivant, en janvier 1989, la tonne valait déjà 4,50 dollars de plus.

Si les professionnels de la ferraille sont obnubilés par les cours américains, c'est que les Etats-Unis ont été jusqu'en 1983 le plus gros exportateur mondial. Avec l'envolée du dollar les années suivantes, cependant, les acheteurs se sont détournés de la ferraille américaine et ont commencé à chercher en Europe. Mais les industriels européens sont eux-mêmes demandeurs, surtout l'Italie et l'Allemagne qui sont respectivement premier et deuxième consommateurs de la Communauté européenne. C'est au point que Bruxelles a dû intervenir pour « retenir » la ferraille chez les Douze. « Dans notre métier, explique l'Anglais Anthony Bird, tout peut changer d'une année à l'autre. Après quelques années de vaches maigres, nous sommes bien repartis en 1988. Mais ce n'est pas vraiment un boom. » Etant donné la part énorme de la ferraille dans l'acier « neuf » – plus du tiers –, son marché est entièrement tributaire de celui de l'acier.

L'autre problème, pour les ferrailleurs, c'est de fournir la qualité demandée sur le marché. Avec leurs fours électriques surpuissants, les sidérurgistes arrivent à recycler la ferraille à 100 %. A condition, bien sûr, qu'on leur fournisse un matériau entièrement métallique. Or les broyeurs d'épaves automobiles ont affaire à des véhicules qui contiennent de plus en plus de verre, de caoutchouc et surtout de plastique. Ils doivent donc éliminer ces matériaux avant de livrer leur marchandise, ce qui ne peut se faire que par incinération. Or l'incinération des matières plastiques est soumise à une stricte réglementation qui, si on la respecte, renchérit les coûts. D'où « une concurrence impitoyable » entre les utilisateurs de broyeurs « pour s'approvisionner à des prix qui autorisent des bénéfices ». Entre ferrailleurs, la hache de guerre n'a jamais été longtemps enterrée...

Les récupérateurs de métaux non ferreux, eux, rencontrent surtout des problèmes techniques. La difficulté, par exemple, consiste à séparer le zinc et le cuivre de la ferraille. Pour cette raison, beaucoup hésitent à se lancer dans le broyage des « produits blancs », c'est-à-dire les appareils électro-ménagers comme lave-linge, lave-vaisselle ou vieux frigos. Si en plus, pour préserver la couche d'ozone, on impose le recyclage des fameux CFC (chlorofluorocarbones, ces gaz qui entrent à la fois dans le circuit de réfrigération et dans la mousse isolante des parois), les broyeurs de blanc laisseront les frigos aux services municipaux...

C'est donc surtout l'industrie automobile qui alimente les récupérateurs de non-ferreux, et qui absorbe en même temps une bonne part de leur production, comme le plomb des batteries ou l'aluminium des blocs moteurs. L'aluminium refondu est non seulement plus résistant que celui de première fusion, mais il demande vingt fois moins d'énergie à refondre que l'aluminium fabriqué à partir de l'oxyde d'alumine. Cette économie d'énergie est un tel souci pour les constructeurs que l'on transporte souvent l'aluminium en fusion, maintenu à très haute température en conteneur isotherme. C'est ainsi par exemple que, sur l'autoroute de l'Est, il est fréquent de voir des camions qui transportent des conteneurs d'aluminium en fusion depuis les ateliers de récupération de la région parisienne jusqu'aux usines Peugeot de Sochaux et Mulhouse! Il est plus économique de le conserver « au chaud » après fusion chez le récupérateur que de le refondre une troisième fois chez le constructeur!

Les « gros » de la récupération de l'aluminium sont presque tous américains : *US Reduction* (155 000 tonnes par an); *Wabash Alloys* (130 000 tonnes); *Vulcan* (130 000 tonnes); *Aluminium Smelting and Refining* (120 000 tonnes). Viennent ensuite le Japonais *Daiki* (120 000 tonnes) et la société française AFFIMET (70 000 tonnes), premier récupérateur européen. Installée à Compiègne, AFFIMET est depuis 1983 une filiale à 100 % de Péchiney. A partir de culasses achetées à la casse, de vieux câbles, de carcasses d'avion, de casseroles... et de boîtes de bière, AFFIMET produit un aluminium vendu sous forme de lingots (10 kilos), de blocs (450 kilos) ou maintenu à l'état liquide (730°) pour la livraison « à chaud ». Cet aluminium de seconde ou énième fusion sert principalement à fabriquer des blocs-moteurs pour la construction automobile et des éléments pour l'électro-ménager, comme les tambours de machines à laver. L'affinage fournit à peu près le quart de l'aluminium consommé en France.

Les professionnels du non-ferreux doivent se battre pour faire sortir leur production de la catégorie « déchets ». Lorsqu'ils récupèrent du matériau « neuf » dans les ateliers de fabrication, comme les rognures d'aluminium, la mitraille de bronze ou les tournures de laiton, pas de problème. Le métal est parfaitement identifié et ne présente aucun danger. Lorsqu'il s'agit d'un matériau homogène comme tuyaux de plomb, câbles de cuivre ou plaques de zinc, pas de problème non plus. Le métal a beau avoir déjà servi, il a conservé toutes ses qualités intrinsèques et reste utilisable comme neuf ou presque. La difficulté survient avec les alliages, mélanges ou résidus chimiques contenant le métal en petites quantités, voire à l'état de traces. Le BIR lui-même établit chaque année des statistiques sur les importations et exportations de ce qu'il appelle « déchets, débris, cendres et résidus des principaux métaux », comme le cuivre, l'aluminium, le plomb et le zinc. Les administrations chargées de l'environnement craignent beaucoup l'errance de ces « métaux lourds » et imposent parfois des restrictions à leur manipulation. « Les législateurs, explique l'Anglais Michael Lion, n'ont pas encore réussi à comprendre que les métaux non ferreux sont des matières secondaires recyclables et non des déchets potentiellement dangereux. »

Pour pallier cette difficulté, le BIR a mis sur pied depuis cinq ans, à son siège de Bruxelles, un bureau de relations publiques qui peaufine ses interventions auprès de la Communauté européenne et des autres instances internationales. En mai 1988, lors de sa réunion à Amsterdam, il a réuni les présidents de chacune de ses divisions techniques afin de préparer, pour la première fois de son existence, des contre-feux à la « fièvre verte » qui s'est emparée des opinions publiques. Il ferait beau voir que les Verts viennent mettre des bâtons dans les roues « d'une industrie qui a précisément comme objectif la défense de notre environnement », affirme sans nuance Michael Lion...

Le BIR a aussi mis en place un « comité de liaison du négoce des métaux non ferreux auprès de la CEE » qui s'attache à défendre « la libre circulation des déchets et débris non ferreux » et qui lutte contre certains contingentements. La Communauté européenne, en effet, impose des quotas à l'exportation des déchets de cuivre. Ces quotas ont fait l'objet d'une plainte à Bruxelles de la part des fabricants américains de cuivre et laiton, bien qu'ils soient régulièrement révisés en hausse. En 1988, à la suite de la plainte d'un importateur d'Extrême-Orient, la Commission de Bruxelles a mené une enquête sur « les exportations européennes de déchets et débris de zinc » qui, du coup, ont été limitées à leur tour, à la grande fureur du président du comité, le Belge André Weksler. Celui-ci, qui n'a pas de mots assez durs pour dénoncer « les méfaits de la directive sur le transfert transfrontalier des déchets dangereux », milite activement pour que « les produits que nous commercialisons soient exclus de la directive-cadre sur les déchets ». Les récupérateurs se retrouvent pris à leur propre piège : ils affirment débarrasser la société de ses rebuts, mais ils ne veulent pas se soumettre aux obligations qui règlent leur négoce !

Les marchands de vieux papiers, eux, n'ont pas ces problèmes d'environnement. Ils chevauchent en outre un créneau porteur, puisque le monde consomme toujours plus de papier et que la fabrication de la pâte à partir de fibres neuves coûte plus cher qu'avec le recyclé. Pratiquement aucun papier neuf, aujourd'hui, même dans le haut de gamme appelé « impression/écriture », n'est constitué à 100 % de fibres neuves. Et la proportion de recyclé augmente sans cesse. Le marché, en termes de demande, est donc ce qu'on appelle bien orienté.

Mais les récupérateurs ont deux soucis, qui rendent la profession très chatouilleuse. Le cours mondial du papier, d'abord, qui ne cesse de fluctuer, et qui rend le métier financièrement risqué – exactement comme pour les papetiers eux-mêmes. Ces cours, toujours exprimés en dollars, peuvent aussi varier suivant les caprices de la devise américaine, ce qui ajoute naturellement à la confusion. Car, de la sorte, les tarifs varient en fonction de deux paramètres qui ne sont pas forcément liés : l'offre et la demande de papier, d'une part, l'offre et la demande de dollars, d'autre part. Résultat : bien que la demande de vieux papiers reste ferme, les prix s'effondrent. Entre 1985 et 1986, le prix du kilo est passé en France de 26 à 15 centimes ! Beaucoup de collecteurs bénévoles ou municipaux ont calé : le ramassage leur coûtait de l'argent ! Du coup, les papetiers français manquent de matière et vont s'approvisionner en Belgique, en Allemagne et aux Pays-Bas, où la collecte est subventionnée ou mieux organisée.

Le deuxième souci des récupérateurs, c'est la concurrence

des « orduriers », qui prétendent entrer sur le marché du vieux papier par le biais de la collecte sélective des déchets. « Le vieux papier, c'est un métier », disent les professionnels, qui voient d'un mauvais œil des « chiffonniers » faire le tri d'un matériau collecté sur les trottoirs ou, pire, apporté par des organisations charitables ou de jeunes bénévoles... Les récupérateurs ont porté plainte contre les subventions allemandes, comme nous l'avons vu plus haut, mais ils ne peuvent rien faire contre le principe de la collecte sélective du papier ni contre l'envie des ramasseurs d'ordures ménagères de valoriser le produit de leur tournée.

En fait, la hache de guerre entre récupérateurs et orduriers est vite enterrée lorsque la conjoncture économique est favorable. Quand les papetiers manquent de matière à recycler, ils achètent aux plus offrants, quels qu'ils soient. Ou bien ils reprennent des entreprises de récupération, afin de maîtriser eux-mêmes l'approvisionnement. Dès que la demande de papier mollit, les récupérateurs se battent... comme des chiffonniers.

S'agissant de chiffons, justement, les professionnels du BIR ne pavoisent pas. Si la fripe continue à bien se vendre, les textiles de récupération s'écoulent de plus en plus difficilement. Même les douanes espagnoles font des chichis et réclament encore un certificat de désinfection pour admettre des convois de vieilles nippes!

Pour vendre du chiffon, aujourd'hui, il faut aller chercher le client au diable et donc courir le monde avec son attaché-case et sa calculette, ce qui n'était pas dans les habitudes des chiffonniers. « Notre profession est en pleine mutation », constate le Français Henri Ubogi, un expert qui collecte toutes les catégories de vêtements, tissus et chiffons dans ses entrepôts de Gennevilliers et Aubervilliers, en banlieue parisienne. Les nouveaux circuits, complètement internationalisés, ont périmé la traditionnelle pyramide des chiffonniers qui revendent à des petits classeurs, qui travaillent en sous-traitance pour des demi-grossistes, qui revendent à des grossistes spécialisés, etc.

Les clients, aujourd'hui, se trouvent au bout du monde, et ils ont des exigences qu'il faut connaître. Pourquoi la demande en lainages augmente-t-elle, alors que les prix ne bougent pas ? Mystère. Les tissus cardés vont-ils revenir en faveur auprès de la confection ou bien les effilochés ? Autre mystère. Une chose est sûre, le chiffon d'essuyage, qui représentait un important débouché pour la profession, baisse d'année en année. Les industriels de l'imprimerie et de l'automobile, qui en absorbaient l'essentiel, ont aujourd'hui du matériel « autonettoyant ». Et beaucoup de consommateurs préfèrent payer plus cher des matériaux non tissés, des lavettes ou du papier.

En France, les professionnels ne traitent qu'un tiers de la quantité récupérée, car ils se concentrent sur les chutes de neuf recueillies dans les usines textiles et les vêtements usagés en gros tels qu'on peut en trouver chez les militaires ou dans les administrations. Ils s'octroient donc les 30 000 meilleures tonnes et laissent 60 000 tonnes de tout venant aux petits chiffonniers. Depuis 1976, une sorte de coopérative parisienne, Recollect, se charge d'écouler les vêtements recueillis auprès des particuliers par les institutions charitables comme la Croix Rouge ou les Paralysés de France.

Sur le total des textiles ainsi recueillis, on évalue à 35 % la quantité de vieux vêtements qui seront réutilisés en tant que tels par les fripiers. Le coton (30 %) sert aux fameux chiffons d'essuyage. Les lainages (25 %) sont transformés en couvertures, tentures et feutres divers. Enfin, le bas de gamme (10 %) est envoyé dans les cartonneries. La quantité de chiffon absorbée par l'édition d'art ou la fabrication du papier-monnaie ne représente plus qu'un pourcentage infime de la consommation. Tous textiles confondus, la France ne récupère pas plus de 15 % de la production disponible. Elle est donc obligée, une fois de plus, d'acheter à l'étranger (environ 80 000 tonnes). Même au pays des élégantes, le chiffon ne paie plus!

Si la déprime des chiffonniers se confirme, on ne les trouvera bientôt plus au BIR, qui privilégie négoce en gros et forts tonnages. Espérons tout de même qu'ils ne retourneront pas à la rue, comme naguère.

CHAPITRE 11

Chers Transformeurs

Donc, les professionnels du BIR se chargent des gros tonnages. Mais *quid* du reste ? Comment valoriser les ordures ménagères, les vieux pneus, le lisier de porc ou les boîtes d'alu ? Comment débarrasser les gens de leurs « monstres », ces encombrants qui ne sont pas assez monstrueux pour intéresser les professionnels de la récup ? Comment dire aux citoyens de base : « Ne jetez plus n'importe quoi, n'importe où. Tout ce que vous abandonnez a une valeur » ?

Le premier choc pétrolier, en 1974, est l'occasion d'une révision déchirante pour les pays grands consommateurs. La France se rend compte alors à quel point elle est tributaire de ses fournisseurs d'énergie et elle découvre qu'elle possède un gisement pratiquement en friche : les déchets. Elle crée donc en 1976 l'Agence nationale pour la récupération et l'élimination des déchets ou ANRED, chargée de suggérer, piloter et, parfois financer telle recherche ou projet qui débouche sur une économie de matière première ou d'énergie.

L'ANRED, minuscule antenne sous la pesante tutelle de plusieurs ministères (Industrie, Energie, Environnement), va d'emblée sentir son peu de poids auprès des pouvoirs publics : elle est exilée à Angers, décentralisation oblige. Pourquoi Angers ? Pour rien. Parce que la ville, comme n'importe quelle autre à sa place, est ravie de se voir dotée d'une institution nationale d'Etat, qui, en l'occurrence, n'est peut-être pas très valorisante (les déchets!), mais qui en vaut bien une autre et qui vaut surtout mieux que rien! Et puis Giscard l'a promis lors d'un voyage présidentiel, en 1975. Alors...

Une Agence des déchets, tout de même, ne va pas protester parce qu'on l'envoie dans « la cité des fleurs », qui baigne dans la douceur angevine... Mais elle sera bien la seule à connaître ainsi l'exil fleuri. Même des institutions aussi « légères » que l'Agence française pour la maîtrise de l'énergie (AFME) ou l'Agence pour la qualité de l'air (AQA) réussiront à se maintenir à Paris. L'AFME, certes, doit se contenter d'un horrible immeuble en bordure de périphérique, mais elle reste dans Paris *intra-muros.* Quant à l'Agence de l'air, décidément très volatile, elle a erré sur le papier dans plusieurs villes de France. Mais elle s'est défendue comme une diablesse contre son emménagement à Grenoble, ville du ministre de l'Environnement en titre, et elle est finalement restée dans sa vilaine tour de la Défense. Seule l'Agence des déchets – un directeur et une vingtaine de collaborateurs – partira en 1978, la corde au cou, rejoindre son lieu d'affectation...

Lorsque le gouvernement Chirac, en 1986, a voulu tailler dans les dépenses de l'Etat, l'ANRED se retrouva naturellement en première ligne. Une Agence des déchets, pensez donc! Et créée sous Giscard, en plus! Le bras de la hache ne fut arrêté que d'extrême justesse par le ministre de l'Environnement, M. Alain Carignon, qui ne voulait pas se faire amputer du peu de chose qu'il avait! Pour son dixième anniversaire, l'agence obtenait un sursis. Mais elle revenait de loin!

A quoi sert donc l'ANRED ? Etablissement public à caractère industriel et commercial, l'agence d'Angers conseille, suggère, encourage, favorise, dynamise, met en relation. Elle s'adresse aussi bien aux particuliers qu'aux collectivités locales et aux entreprises. Tout ce qui est déchet, de la poubelle sur le trottoir aux résidus industriels, l'intéresse – sauf bien sûr le nucléaire, qui fait toujours bande à part en France. Avec sa centaine d'ingénieurs, technico-commerciaux, économistes, juristes, chercheurs et fonctionnaires de tout acabit, l'ANRED se met au service de l'Etat, des collectivités et des industriels pour tâcher de trouver la meilleure solution à l'élimination des déchets.

Elimination, le vilain mot! Pourquoi pas solution finale? Le jeune et sémillant directeur de l'agence, Christian Mettelet, regrette que l'intitulé de son établissement ne comporte que « récupération » et « élimination », précisément. Pour lui, l'essentiel est la valorisation, seul moyen de justifier la récupération et de garantir l'élimination. Mais on ne va pas alourdir encore et rendre définitivement imprononçable un intitulé déjà disgracieux, pour la satisfaction purement intellectuelle de la parfaite cohérence entre la définition et son objet! Sociologue branché, au vocabulaire volontiers provocateur, Christian Mettelet opte en 1987 pour un changement d'image complet. Il garde la vieille ANRED mais la rebaptise « Les Transformeurs », avec un néologisme qui fleure tellement son anglais qu'il jette l'alarme chez les défenseurs du français et les puristes de tout poil...

Mais, sous son abondante tignasse frisée, Christian Mettelet n'a cure des critiques. Passé les sueurs froides du couperet budgétaire de 1986, le voici prêt à toutes les audaces, y compris de vocabulaire. Comment populariser un sigle inconnu du grand public lorsqu'il traîne le lourd handicap de son contenu : les déchets? Comment « valoriser », justement, une entreprise si ingrate, sans souligner ce qu'elle a de positif? Or qu'y a-t-il de positif dans l'humble geste du récupérateur? La « récupération »? Mauvais mot, parce que souvent péjoratif, notamment en politique. Reste la « transformation », mot dynamique qui évoque les beautés de la métamorphose (la citrouille en carrosse) et suggère presque la transfiguration, qui fait passer du terne au rayonnant.

Mais comment rendre encore plus concrète cette transformation d'une matière ignoble en matériau noble ? Comment passer du concept à sa réalité de terrain ? Il faut trouver un terme pour désigner les hommes de cette transformation, pour qualifier ces soldats de la lutte contre la saleté et le gaspillage. « Transformateurs » ? Trop lourd, et surtout déjà marqué par un sens clair auprès du public : le transformateur électrique, souvent rebaptisé « transfo ». « Récupérateur » ? Même charge péjorative que récupération, avec en plus un côté ringard qui déplaît souverainement au champion de la modernité qu'est le nouveau directeur. Et le terme est déjà pris par les professionnels, ce que ne sont pas vraiment les fonctionnaires de l'ANRED et leurs interlocuteurs grand public. « Valorisateurs » ? Impensable dans sa lourdeur, qui évoque quelque appareil bizarre comme le vaporisateur... « Recycleurs » ? C'était jouable, car nouveau et bien en cohérence avec l'idée de valorisation. Mais le terme n'est pas immédiatement compréhensible auprès d'un public qui verra du cyclisme là-dessous ! Reste une solution : adopter le transformateur « à l'anglaise » *(transformer)* et créer hardiment le néologisme *transformeur.* Un terme nouveau vaut marque déposée. Pour un « établissement à caractère industriel et commercial », c'est important. Va donc pour « transformeur ». Sans changer de raison sociale, l'ANRED est donc sous-titrée « Les transformeurs ». Avec un logo moderne aux couleurs fluo, la petite agence provinciale peut ainsi espérer percer dans l'esprit public.

Mais que font donc ces transformeurs, si discrets dans leur agence en exil que personne, hormis les professionnels, ne soupçonne leur existence ? Ils font beaucoup de choses, trop peut-être, mais dans des domaines à la fois si particuliers et si ingrats que les résultats, ou bien ne sortent pas du ghetto, ou bien au contraire disparaissent, fondus dans la masse des innovations quotidiennes.

Une de leurs premières campagnes, en 1978, a été la récupération des piles au mercure, ces fameuses « piles boutons » que l'on place dans les sonotones, les montres ou les appareils photo. Pourquoi les piles boutons ? A cause du mercure, précisément. Depuis les centaines de morts de Minamata, au Japon, on sait que le mercure s'accumule indéfiniment et finit par constituer un véritable poison. Or le mercure est un métal précieux, donc cher, que l'on a donc doublement intérêt à ne pas laisser perdre dans la nature.

Oh, certes, les tonnages en cause ne représentent pas une masse considérable, malgré le poids spécifique de ce métal connu pour sa lourdeur. Quelque chose comme une soixantaine de tonnes rejetées chaque année en France, tout compris, avec les piles boutons, précisément, et aussi les thermomètres médicaux, dont on casse environ cinq millions par an dans les hôpitaux ! Sur les quelque 40 tonnes de piles boutons fabriquées en France, il faut compter à peu près 7 tonnes de mercure, qui passent généralement à la poubelle avant de finir dans notre bonne terre de France, à l'affût des victimes du siècle prochain.

Cette campagne de l'ANRED, toutefois, piétine encore, même relayée par les dynamiques Transformeurs et les jeunes volontaires de la Croix-Rouge chargés de la collecte chez les fournisseurs. Ces minuscules capsules n'apparaissent nullement comme une menace pour quiconque. Et il est si facile de s'en débarrasser... Rien à voir avec les frigos et les vieux matelas ! Seuls les horlogers, chez qui les clients vont normalement changer la pile de leur montre, peuvent stocker en nombre les petites capsules au mercure. Mais qu'en faire ensuite ? Les amateurs de gros tonnages ne s'intéressent pas aux milligrammes. Quant aux récupérateurs de métaux précieux, qui se concentrent sur l'or, l'argent, le platine et le palladium, ils considèrent le mercure comme du bas de gamme, qui ne vaut pas le difficile et coûteux procédé de pyrolyse et d'affinage électrolytique. De sorte que, même dûment collectées, les piles boutons n'intéressent personne. Il existe en Italie des conteneurs qui accueillent les piles sur la voie publique, avec parfois un petit compartiment pour les capsules au mercure. Mais les Italiens, qui ne savent qu'en faire, expédient ces piles en France où, faute de mieux, elles finissent en décharge! Pour les Italiens, dans ce cas, l'élimination est effective, mais la valorisation est nulle pour les Français. Il faudrait imaginer un centre européen où seraient stockées toutes les piles boutons récupérées, jusqu'à ce que la quantité intéresse un grossiste...

Cette campagne de l'ANRED a cependant débouché sur un résultat inattendu : le succès de la fameuse « pile verte » de Wonder, lancée par Bernard Tapie. Cette pile garantie sans mercure, vendue plus chère, a trouvé sa clientèle en quelques mois. Pourtant, les piles ordinaires contiennent très peu de mercure : pas plus de 1 % dans les piles alcalines et encore moins dans les piles salines. Mais on n'a toujours pas trouvé le moyen de fabriquer des piles boutons sans mercure. Et les petites capsules continuent de s'accumuler dans les décharges...

L'agence d'Angers s'efforce aussi de récupérer les « petits déchets toxiques ». Déjà, les hôpitaux n'ont plus le droit de brûler n'importe quoi dans leurs fours d'incinération. Médicaments et déchets de laboratoires doivent être collectés à part et neutralisés dans les règles. Mais les établissements hospitaliers, par leur taille, attirent facilement l'attention des pouvoirs publics. Le danger vient de la dispersion des petits établissements de toutes sortes, du type dispensaire, collège, lycée, laboratoire universitaire ou atelier. Le moindre établissement scolaire, aujourd'hui, utilise des produits toxiques pour ses « leçons de chose », ne serait-ce que l'acide chlorhydrique pour attaquer la craie. Toute paillasse de laboratoire, même rudimentaire, voit défiler quantité de produits qu'il est dangereux de laisser filer au tout à l'égout, et *a fortiori* dans la nature. Un artisan peintre, un imprimeur de quartier, un garagiste de village dans son atelier de réparation, utilisent des produits toxiques qu'il est possible de récupérer. L'ANRED évalue à 45 000 tonnes les déchets toxiques produits dans les établissements d'enseignement et à 100 000 tonnes ceux qui émanent des petites et moyennes entreprises. Elle fournit donc à ces petits pollueurs potentiels les coordonnées du collecteur le plus proche qui se chargera de l'élimination gratuite de leur production.

Même la récupération du plomb des batteries, aujourd'hui, pose un problème, car les nouvelles batteries sont scellées. On ne peut donc plus vidanger simplement les compartiments de leur acide électrolytique, en dévissant les bouchons. Les récupérateurs de plomb se retrouvent donc avec des quantités d'acide qu'ils voudraient bien revendre ou valoriser.

Mais le plus difficile à écouler sur un véhicule de réforme, c'est encore le pneumatique. Les Transformeurs s'arrachent les cheveux pour que les pneus utilisés chaque année en France finissent autrement qu'entassés dans un ravin ou brûlés dans une cour de ferme. Les utilisations actuelles, en effet, ont leurs limites. Le rechapage des vieux pneus perd chaque année du terrain dans les pays industrialisés, et le transport vers le tiers-monde d'objets aussi encombrants n'a pas trouvé sa rentabilité. L'incinération des pneus dans les fours de cimenterie, elle aussi, plafonne. Il n'est déjà pas simple de transformer en « poudrette » – c'est le nom du pneu réduit en poudre grossière – le pneu traditionnel avec ses fils d'acier. Cela devient franchement corsé avec les nouveaux produits à carcasse radiale. Sans oublier la réglementation qui exige des cimenteries des filtres spéciaux pour ce genre d'incinération, faute de quoi elles n'obtiennent pas l'agrément préfectoral. Restent donc les filières traditionnelles comme les bacs à fleurs de stations-service, peints de couleurs criardes pour faire oublier le caoutchouc, ou encore les protège-coques des bateaux, de plus en plus remplacés par des boudins de plastique. Quant au nouveau débouché agricole actuel, le recouvrement des bâches d'ensilage, il va vite plafonner lui aussi. Les vieux pneus, ainsi disposés sur les bâches noires pour maintenir l'étanchéité de la fermentation du tourteau, peuvent en effet resservir pendant des années!

En la matière, la seule innovation a été dans les chantiers de travaux publics. Le laboratoire des Ponts et Chaussées a inauguré en 1982 un nouveau procédé de « remblai souple » qui permet de rendre les talus de route élastiques et faire reposer les piles de ponts ou les fondations d'immeubles sur des sols amortisseurs à la fois anti-usure (contre les vibrations de la circulation) et anti-sismiques. On a étendu cette innovation aux protections contre les glissements de terrain en montagne, en créant au-dessus des routes encaissées des « merlons » rembourrés de pneus, sortes de gouttières géantes capables de recevoir des blocs de rocher de plusieurs centaines de tonnes en les amortissant.

Outre ses qualités mécaniques bien connues, en effet, le pneumatique résiste à l'usure du temps, même immergé en mer ou enfoui sous terre. On a retrouvé des pneus coulés lors de la dernière guerre qui avaient conservé pratiquement intacts leurs fils d'acier, leur trame de rayonne et leurs bandages de caoutchouc. Ce qui représente un inconvénient pour l'environnement (objet non biodégradable) devient un avantage pour la réutilisation détournée du produit. Mais il faudra beaucoup de ponts, d'autoroutes et de voies nouvelles de TGV pour absorber les quelque 500 000 tonnes de pneus abandonnés chaque année en France à leur triste sort.

Une des réussites incontestées de l'ANRED restera la création des « déchetteries », dont la marque a été déposée. Ces centres de récupération des encombrants, installés aux abords des grandes agglomérations, totalisent aujourd'hui 250 unités. Le principe consiste à faire venir spontanément l'usager avec son véhicule chargé de tout ce qui l'encombre chez lui. A sa disposition, plusieurs bennes l'attendent en contrebas d'une plate-forme de stationnement. Dans l'une il déversera des vieux papiers, dans l'autre des pneus usés, dans une troisième la ferraille et dans une autre encore les produits de son élagage ou même de la tonte de sa pelouse. Certaines déchetteries disposent ainsi d'une dizaine de bennes différentes, susceptibles d'accueillir tout ce que refusent les poubelles. Et même le reste, comme les piles électriques ou l'huile de vidange, pour laquelle certaines déchetteries prévoient un conteneur spécial. Même Paris les a adoptées, en acceptant la subvention de l'agence nationale, pourtant beaucoup plus pauvre que la capitale...

Installée dans une ville « rurale », l'ANRED a d'emblée recherché les moyens de valoriser les déchets urbains au bénéfice de l'agriculture, puis les déchets de l'agriculture eux-mêmes. Pourquoi mettre bêtement en décharge les ordures ménagères, sans profit pour personne, sinon pour les rats et les mouettes ? Pourquoi les brûler si l'on ne récupère pas la chaleur dans un réseau de chauffage urbain ? Que faire des boues d'épuration si l'on refuse de les brûler ou de les jeter à la mer ? Que faire des lisiers de porc et des crottes de poule qui s'entassent dans les élevages industriels et empestent le voisinage ?

Toutes ces questions harcèlent l'esprit inventif de nos Transformeurs, obligés de se frotter au monde, nouveau pour eux, des activités agricoles. On s'aperçoit par exemple que, dans les abattoirs ou les centres d'équarrissage, le sang est souvent abandonné au caniveau puis à la rivière proche, où il pollue l'eau de manière sévère. Car le sang ne se conserve pas dans les conditions normales. Et la consommation de boudin, pourtant spécialité française, ne peut absorber tout le sang versé. Que faire ? L'ANRED lance une série d'études, qui débouchent sur des expériences d'apparence compliquée, mais finalement simples. Par exemple, on fait précipiter le sang par des moyens physico-chimiques, afin de séparer l'eau des matières protéiques. On peut ainsi conserver le produit déshydraté et l'utiliser dans l'alimentation du bétail. Un autre moyen est la fermentation lactique.

Des recherches ont été entreprises pour l'utilisation des matières dites stercoraires, c'est-à-dire contenues dans la panse des animaux au moment de leur abattage. Ces déchets, naguère encore jetés en pure perte, peuvent maintenant être incorporés à des composts pour engraisser le sol des champignonnières. On récupère même dans les tanneries le derme des peaux de bœuf qui seront transformées en cuir. Ce derme, placé entre l'épiderme et la viande, fournit une matière comestible réinjectée dans le circuit alimentaire des hommes...

Les sous-produits récupérables, en matière agricole, ne manquent pas. On réutilise aujourd'hui les fruits et légumes « de retrait » – retirés de la vente pour raisons sanitaires ou commerciales – pour faire des tourteaux d'alimentation du bétail. Dans le même but, on récupère par traitement à l'ammoniaque les sons qui enveloppent les grains de moutarde. Les résidus de distillerie comme vinasse, marc, pulpes et pépins peuvent être convertis en engrais ou en gaz, par fermentation, comme le lisier de porc peut être transformé en méthane et brûlé en chaudière. On va même jusqu'à récupérer l'enveloppe des fibres de lin broyées pour en faire de la litière de chat!

La grande ville peut devenir, si on s'en donne la peine, un fournisseur important de matières premières agricoles. Prenons les « eaux grasses », ces déchets de restauration qui sont collectées pour alimenter des porcs. Tout ce que les Parisiens abandonnent dans leur assiette au restaurant aboutit dans l'auge à cochons de trois élevages industriels d'Ile-de-France, dont le plus important se trouve à Roissy, à deux pas des pistes du Concorde! Les restaurants parisiens nourrissent ainsi quelque 30 000 porcs – « Mais on pourrait en nourrir 200 000 si on voulait », dit-on au service « Propreté » de la mairie de Paris.

Le problème, malgré les apparences, n'est pas simple. D'abord, les restaurateurs qui entrent dans le circuit doivent manipuler chaque jour des conteneurs énormes, lourds et qui ne sont pas ramassés en même temps que les poubelles. Ils réclament donc des petits conteneurs à roulettes, qui puissent être sortis sur le trottoir en même temps que les autres ordures. Cette difficulté matérielle fait que beaucoup de petits restaurateurs renoncent à trier leurs eaux grasses et mettent le tout à la poubelle, sans distinction. Si bien que les éleveurs, actuellement, manquent d'eaux grasses.

Mais la collecte de ce détritus sans valeur coûte de plus en plus cher, alors que les aliments préparés pour bestiaux sont proposés aux éleveurs à des prix toujours plus bas. En outre, les déchets de restauration qui contiennent de la viande de porc peuvent transmettre la peste porcine s'ils ne sont pas au préalable stérilisés au moins une heure à 100°. La peste porcine, virus superactif, peut tuer 70 % d'un élevage en deux jours! Or la vaccination des porcs contre cette maladie est interdite car elle permet à l'incubation de passer inaperçue...

C'est pourquoi les professionnels, aujourd'hui, proposent de créer autour de Paris deux ou trois grands centres de collecte, qui procèdent aux différentes opérations préparatoires : premier tri pour extraire serviettes, pots de yaourt et... fourchettes égarées; stérilisation; broyage menu et ajout d'éléments minéraux ou farines pour offrir un aliment complet et sûr. La seule solution, selon eux, pour surmonter les réticences des éleveurs et relancer la filière « porcs », qui souffre d'un grave déficit en France.

La difficile articulation entre la ville et la campagne se retrouve avec les ordures ménagères. Si leur transformation en engrais agricole ne va pas de soi, techniquement, elle présente aussi d'innombrables obstacles psychologiques. Comment faire admettre à un paysan que les eaux d'égout de la ville recèlent des trésors de bienfaits pour ses pauvres terres? Comment, surtout, convaincre un paysan que ce « compost » constellé de petits bouts de plastique bleu provenant des sacs-poubelle, va pouvoir remplacer le bon vieux fumier ?

Il aura fallu beaucoup d'échecs et de déceptions, des deux côtés, pour que le courant, timidement, finisse par passer. En fait, les déchets urbains achèvent rarement leur carrière chez un paysan au sens propre du terme. La station d'épuration d'Achères, par exemple, cette immense unité de nettoyage des eaux salies par les Parisiens, vend 150 000 tonnes de boues par an (entre 5 F et 10 F la tonne) à des exploitants agricoles bien particuliers : horticulteurs, pépiniéristes, maraîchers et champignonniers de la région parisienne, qui vivent généralement au contact de la communauté urbaine et cultivent de petites surfaces. La ville de Paris, qui avait acheté là 5 000 hectares de champs d'épandage, au siècle dernier, en conserve 2 000 pour son domaine agricole particulier, où elle cultive du maïs et des légumes de conserverie. Il s'agit donc d'une agriculture « urbaine », aux capacités forcément limitées.

Pourtant, le gisement urbain recèle des trésors pour tous les agriculteurs. Les techniciens ont calculé que les boues d'épuration pouvaient fournir, en équivalent de matière sèche, 80 % de l'azote, 70 % du phosphate et 100 % de la chaux nécessaires à l'amendement des terres. De sorte qu'un cultivateur peut économiser 80 % sur sa facture d'engrais chimiques s'il prend livraison des résidus d'une station d'épuration.

Pour le compost, c'est-à-dire cette matière organique obtenue après fermentation et trituration des ordures ménagères, le succès auprès des agriculteurs est tout aussi mitigé. La présence de petits bouts de plastique et de morceaux de verre, surtout, a légitimement inquiété les premiers clients, sans parler des métaux lourds dont se préoccupent les services d'hygiène. Il a fallu que les usines de compostage fassent d'énormes progrès dans le traitement des ordures ménagères pour que le compost, aujourd'hui, puisse être considéré comme un produit fiable, dûment labellisé par l'ANRED depuis 1985.

Toutes les expériences ont été tentées pour améliorer les

méthodes de compostage et en varier le contenu. On a utilisé des copeaux d'élagage, des déchets d'abattoirs, de la paille de lavande et même la redoutable algue verte qui prolifère l'été sur les plages bretonnes. On a fait des mélanges de paille et de boue, pour reconstituer du fumier. On s'est lancé dans le « lombricompostage », c'est-à-dire la fabrication du compost avec l'aide des vers de terre ou lombrics, chargés de digérer la matière et de la transformer en fin terreau. Ces expériences, menées localement et dans le désordre, n'ont encore jamais débouché sur un procédé simple, clair et universellement applicable.

Pourtant, tout le monde s'y est mis, en Europe d'abord, où Belges et Hollandais ont poussé le procédé assez loin. Des ordures ménagères sont converties en compost aux quatre coins du monde, sauf en terre d'Islam où le déchet est considéré comme « impur » et donc intouchable par de bons musulmans. C'est pourquoi le maniement des ordures, chez eux, revient aux minorités, comme les coptes du Caire ou les hindous balinais en Indonésie.

Dans nos sociétés de consommation, les ordures ménagères comportent malheureusement de moins en moins de matières organiques putrescibles. Les cultivateurs le savent. A peine un quart du compost part donc pour l'épandage dans les champs de grande culture. L'engrais chimique, beaucoup plus concentré, est tellement plus facile – et donc économique – à épandre... Les quelque 650 000 tonnes de compost urbain produites chaque année en France (qui reste le premier pays producteur au monde) servent donc essentiellement aux champignonnières, qui sont des cultures sur sol reconstitué, avec de savants mélanges de divers composts, sables et fumiers de cheval. Le reste est absorbé par les cultivateurs périurbains (pépiniéristes, horticulteurs et maraîchers) et, de plus en plus, par les viticulteurs champenois. Environ 30 % du compost français et aussi quelque 30 000 tonnes de compost belge filent aujourd'hui en Champagne, où on utilise ce matériau pour couvrir les sols et limiter l'érosion.

Avec la mécanisation, en effet, la culture des vignes à champagne s'est considérablement transformée. L'usage du tracteur enjambeur oblige à cultiver dans le sens de la pente, sous peine de faire verser l'engin ou de développer des scolioses prononcées chez les conducteurs. Les lignes de ceps et les sillons intercalaires ne retiennent donc plus les eaux pluviales, qui dévalent allègrement les coteaux et emportent la terre. Comme, de plus, on ne tolère plus les mauvaises herbes dans les rangs, pour éviter la concurrence, on passe le sol aux herbicides qui laissent le terrain nu, sans défense contre l'érosion. Grâce au compost urbain, qui recouvre les pieds de vigne d'une sorte de couche de feutre organique, les viticulteurs champenois conservent leurs précieux arpents. Ils sont prêts à payer de 100 F à 120 F la tonne de compost livrée bord de champ, et ils la renouvellent tous les deux ou trois ans. Les amateurs de vins de Champagne, à travers le monde, ignorent que leur nectar prospère sous les résidus d'ordures ménagères de nos villes. Cela vaut peut-être mieux pour l'image de marque!

CHAPITRE 12

Oh! Valorga!

« Je n'étais pas fait pour devenir industriel », avoue tranquillement Michel Bonhomme, P-DG de la société Valorga, l'entreprise qui se proclamait championne du monde de la valorisation des ordures ménagères. Effectivement, le roi du compost a eu un parcours peu ordinaire, qui explique sans doute les difficultés dans lesquelles il est aujourd'hui englué.

Grenoblois intellectuel et contestataire, Michel Bonhomme a commencé très loin de l'industrie. Il dirige d'abord une MJC (Maison des jeunes et de la culture) où, traditionnellement, le métier de directeur consiste à gérer les conflits de personnes et à jongler avec les bouts de chandelle. Une bonne école pour l'apprentissage de la vie sociale et le maniement des hommes, mais une mauvaise introduction à la gestion d'une entreprise industrielle et commerciale, puisqu'une MJC vit surtout de subventions.

Michel Bonhomme passe par le CREPS (Centre régional d'éducation physique et sportive), puis par l'Institut de l'énergie de Grenoble où il passe un DUT de... « Carrières sociales ». En fait de vocation industrielle, il fait plutôt carrière dans le militantisme antinucléaire et se bat contre la construction du surgénérateur de Creys-Malville, qui se prépare dans son département de l'Isère. Il se présente aux élections de 1977 sous la bannière « Grenoble Ecologie » (sans être élu) et participe à la grande bataille de l'été 1977 contre Superphénix, qui fera un mort dans les rangs écolos.

Notre contestataire commence à trouver sa voie en créant avec des amis, en 1979, un bureau d'études qui mêle architecture et écologie, la CARENE (Coopérative Architecture Energie Environnement). Mais la révélation de sa vocation survient lorsqu'il fait la connaissance d'un vieux monsieur de soixante-dix-huit ans, Gilbert Ducelier, ancien chercheur de l'INRA (Institut national de recherche agronomique), qui lui raconte quel prodigieux avenir pourrait avoir la méthanisation des déchets si on s'en donnait la peine. Gilbert Ducelier est un expert : ses premiers travaux sur la méthanisation remontent à... 1934.

Que la fabrication de gaz combustible soit possible et rentable à partir de déchets, Michel Bonhomme peut en avoir la preuve tangible. Il se trouve que, à l'ombre du réacteur de Superphénix, existe une exploitation agricole tenue par un autre contestataire, Maurice François. Ce cultivateur intellectuel, qui lit chaque jour *Le Monde,* a reçu dans sa ferme familiale tous les militants antinucléaires qui se battaient contre son puissant voisin. Depuis 1980, il a monté un système de transformation du lisier de porc en méthane qui lui permet de produire lui-même son eau chaude, son chauffage et son électricité – il en revend même à EDF lorsqu'il a de l'excédent! Non seulement ce système lui fait faire des économies appréciables sur sa facture d'électricité – car il est quand même abonné – mais il permet à l'élevage industriel voisin (6 000 porcs) de vendre une partie de son lisier au lieu de le jeter au Rhône. Economie d'engrais avec le lisier épandu directement dans les champs, économie d'énergie avec le méthane brûlé dans la chaudière, sauvegarde de l'environnement : tout pour plaire à un écolo inventif comme Michel Bonhomme.

Il se lance donc dans une première installation de valorisation des ordures ménagères à la Buisse, près de Voiron, dans l'Isère. Le procédé est ingénieux : il permet de récupérer simultanément trois produits distincts du traitement des détritus. Tout d'abord, la fermentation des déchets organiques en digesteur, après un malaxage approprié, donne du biogaz, qui contient environ 60 % de méthane. Il est donc combustible, directement ou après concentration pour obtenir un taux de méthane supérieur. Ensuite, les résidus de la digestion sont séparés entre éléments combustibles qui peuvent alimenter une installation de chauffage, et le reste des éléments organiques qui donnent un compost appelé « affinat », et qui peut être vendu comme engrais ou fixateur de sol. Le « bilan matière », selon le procédé mis au point par Bonhomme, apparaît exceptionnel. Pour une tonne d'ordures ménagères, on obtient 150 kilos d'inertes – ces éléments inévitables comme le verre, la ferraille et les stériles –, 200 kilos de matière sèche combustible, 400 kilos de compost, et 120 m^3 de biogaz. « On valorise 85 % des déchets qui entrent dans l'usine », constate l'écolo chercheur. Qui dit mieux? Effectivement, on estime généralement que la proportion d'ordures valorisables / non valorisables est de deux tiers / un tiers. Dans les usines d'incinération, une tonne d'ordures passée au four donne 300 kilos de stériles (mâchefer, cendres, ferraille et résidus gazeux). Valorga divise par deux la quantité finale de refus! La concurrence, en outre, ne s'est jamais risquée à faire en même temps du compost, du biogaz et de la chaleur. C'était ou l'un ou l'autre.

L'expérience de la Buisse est si concluante que Michel Bonhomme dépose son brevet et crée en 1981 la société Valorga (pour valorisation des déchets organiques), qui s'implante à Vendargues, dans la banlieue de Montpellier. L'ancien Grenoblois prend son bâton de pèlerin et propose lui-même son procédé aux collectivités locales qui ont un problème d'ordures ménagères – laquelle n'en a pas?... La première ville intéressée est Amiens, alors administrée par une municipalité communiste qui s'est battue pour obtenir le passage chez elle du TGV et qui, faute d'avoir obtenu satisfaction, se rabat sur une formule pionnière de substitution, où la technologie cent pour cent française a encore sa part... L'offre de Valorga, il faut l'avouer, ferait craquer n'importe quel édile. Alors que la ville paie 100 F la tonne pour mettre ses ordures dans une décharge située à 8 km de là, Valorga propose le traitement sur place des déchets d'Amiens et de sa région, pour le prix imbattable de... 53 F la tonne! Pour une somme dérisoire (600 000 F par an), non seulement Amiens se débarrasse à bon compte de ses ordures, mais elle voit se construire sur son territoire une usine prototype, qui va employer du personnel amiénois et créer des richesses nouvelles permettant l'installation d'autres activités économiques comme l'horticulture en serre. Que demande le peuple ? Le maire communiste d'Amiens, René Lamps, et son conseil municipal unanime, passent le marché en 1985. On crée à cette occasion la SOTRADEP (Société de traitement des déchets picards), une filiale de Valorga qui exploitera l'usine, dont la capacité de traitement est prévue pour absorber les 53 000 tonnes d'ordures produites chaque année par Amiens, et autant sur des communes limitrophes, soit au total 110 000 tonnes par an – dix fois plus que dans l'usine prototype de la Buisse! Quant aux serres prévues à Doullens, à 30 km d'Amiens, elles seront exploitées par une autre filiale de Valorga, la SERIGEST. L'affaire semble si prometteuse, tant au plan technique que du point de vue écologique, qu'elle reçoit une subvention de la Communauté européenne.

Fort de ce premier contrat de taille industrielle, Michel Bonhomme multiplie le démarchage de son procédé. La seconde ville à céder à ses avances est Nîmes, reprise naguère aux communistes par Jean Bousquet, le P-DG de Cacharel, qui veut « réveiller la cité » et en faire une véritable rivale de l'orgueilleuse Montpellier. Jean Bousquet va même organiser en 1987 une grande journée de présentation du projet dans sa mairie, avec les autorités locales, la presse nationale et Gaz de France, qui doit racheter le biogaz et l'injecter dans son réseau. Le projet prévoit de traiter 82 000 tonnes d'ordures ménagères par an, avec un appoint de fruits impropres à la vente pour le biogaz, plus un contingent de plastiques, vieux pneus et déchets d'hôpitaux pour la production de chaleur. Non seulement la ville de Nîmes va mieux traiter que Montpellier ses ordures ménagères, mais elle va créer dans la garrigue, grâce au compost Valorga, un centre de loisirs « verts » avec golf et lancer une production florale qui devrait « concurrencer les Hollandais »!

Tout le monde est absolument enchanté de la formule. A commencer par Michel Bonhomme lui-même, qui se félicite de la décision du maire de Nîmes de créer un véritable « centre agroénergétique ». Jean Bousquet, qui assure que la rentabilité du système est assurée, se réjouit de voir mettre en valeur un plateau « où la garrigue brûle chaque année ». Quant à Gaz de France, ses ingénieurs apprécient le caractère « unique » de Valorga, qui permet de « transformer en continu un substrat de matière sèche », au lieu de recourir au procédé classique, beaucoup plus lourd (charger le digesteur, méthaniser et vider avant de recharger). Bref, c'est l'euphorie.

Ce deuxième contrat, décisif, va permettre à Michel Bonhomme de « vendre » son procédé dans toute la France : Dunkerque, Lorient, Saint-Brieuc, Guéret, Foix-Pamiers, et même jusqu'à Tahiti. Sa réputation passe les frontières et l'on se montre « intéressé » dans plusieurs pays d'Europe, aux Etats-Unis (New Jersey) et jusqu'au Japon. « Nous avons trois à quatre ans d'avance sur la concurrence », estime l'ancien écolo devenu industriel.

Le 8 octobre 1988, deux ans après la pose de la première pierre, le secrétaire d'État à l'Environnement, Brice Lalonde, entouré de toutes les huiles locales, inaugure en grande pompe cette merveille technologique d'Amiens. Christian Mettelet, l'inventeur des Transformeurs, a bien essayé de dissuader le ministre de se mouiller dans cette affaire, car il trouve la mariée trop belle. Son expérience à la tête de l'ANRED, où l'on ne compte plus les trouvailles géniales qui finissent en eau de boudin, lui conseille la prudence. Mais l'ancien écolo Brice Lalonde, toujours passionné par l'innovation et la recherche, ne peut pas résister au plaisir de donner sa bénédiction à l'ancien écolo Michel Bonhomme, devenu industriel de pointe. Rencontre symbolique à tous égards, qui marque aux yeux des deux hommes la victoire de l'écologie innovante, audacieuse, moderne, qui tranche sur l'image passéiste et rabat-joie de certains écolos aussi vertueux que stériles.

Pour le maire, René Lamps, c'est un grand jour aussi. La ville d'Amiens, qui n'avait qu'une cathédrale gothique – magnifique, certes, mais déjà ancienne! –, se voit dotée d'une cathédrale technologique qui a coûté 130 millions de francs, dont 100 millions empruntés par la SOTRADEP avec la caution de la ville. Technologie cent pour cent française, qui apporte des emplois, ressuscite la tradition horticole de l'Amiénois avec des serres florales et dame enfin le pion à toutes les villes de France avec un prototype unique au monde! Voici enfin assurée une réélection au scrutin municipal de mars 1989...

Donc, Brice Lalonde s'émerveille devant cette somptueuse installation. Il faut avouer que, pour une usine d'ordures ménagères, elle a fière allure avec ses couleurs vives qui permettent de distinguer les différentes phases du traitement : réception, broyage, tri, malaxage, digestion, récupération du biogaz, affinage, combustion. A mi-chemin entre Beaubourg (les tuyauteries multicolores) et Roissy (les convoyeurs inclinés qui rappellent les tapis roulants de l'aérogare)... Tous les visiteurs sont impressionnés : on a rarement vu les ordures ménagères si bien traitées!

Les ennuis, malheureusement, ne vont pas tarder. Dès le mois de novembre – un mois après l'inauguration! – le digesteur en service est pris de constipation. Le broyeur de tête n'a pas haché assez fin les ordures, de sorte que le système, pourtant alimenté par de puissants vérins hydrauliques, s'est complètement bouché. Il faut vider le digesteur à la main et envoyer son contenu en décharge! Première humiliation. Mais comme on modifie ensuite le réglage du broyeur pour qu'il travaille plus en finesse, les particules de plastique hachées menu bouchent les trous des grilles de la presse! Et comme le jus ne peut plus sortir par les trous bouchés, la presse se grippe et sa vis centrale, pourtant coulée dans un bel acier, casse! Les deux chaînes de traitement rivalisent entre elles pour les pannes, et parfois tombent en rideau ensemble. Le superbe prototype, l'usine pilote en vraie grandeur, le joyau de la valorisation organique, ne cesse de donner du souci à ses concepteurs.

Prévue sur le papier pour tourner avec seulement huit personnes, tant l'automatisation est poussée, elle démarre avec dix-huit employés, qui deviennent bientôt quarante, tant il faut de monde pour surveiller la bonne (ou mauvaise) marche des opérations. Chaque broyeur, chaque trémie, chaque malaxeur, chaque convoyeur à bande doit être suivi minute par minute, comme au banc d'essai. Le prototype, manifestement, n'est pas encore au point. Le directeur de l'usine, qui se débat depuis trois mois au milieu d'incidents techniques sans nombre, reçoit une proposition pour repartir à l'étranger, sa terre d'élection. Il n'hésite pas et, en février, le voilà parti pour Séoul!

Aux élections municipales de mars 1989, le maire d'Amiens est battu par un nouveau venu, Gilles de Robien (UDF). Le « coup » de Valorga, gâché par les innombrables ratés de la SOTRADEP, n'a évidemment pas eu l'effet escompté sur l'électorat. La municipalité s'était lancée tête baissée dans un projet grandiose, sans aucune garantie de résultat. Le maire a été pris à son propre piège.

Mais les malheurs de la SOTRADEP ne font que commencer. En mai, toute l'usine doit être arrêtée car les trois digesteurs sont pris de constipation en même temps. On ne peut donc plus les alimenter. Des camions doivent remporter les ordures de la fosse en décharge. Nouvelle et cinglante humiliation. Les digesteurs vont être laborieusement débouchés à coups de lavements au jus d'ordures.

Le nouveau directeur, Jacques André, se démène comme un beau diable pour remettre la lourde machine en route. Envoyé par l'IDEX de Dunkerque (Industrielle d'exploitation de chauffage), il veut absolument que l'usine tourne et fasse la preuve de son efficacité. La ville de Dunkerque s'est mise sur les rangs pour installer un centre de traitement Valorga. Elle a même institué, en décembre 1989, une collecte sélective des déchets à la source, une première en France. Quelque 45 000 bacs seront à terme répartis sur les trottoirs de la ville pour collecter le verre, le papier, les métaux et le plastique. Ils seront ramassés une fois par semaine dans une poubelle bleue distribuée à cet effet. La ville a également lancé la construction d'un centre de tri manuel où les femmes, de leurs doigts experts, choisiront les matériaux sur les tapis roulants et les classeront par catégorie dans d'autres bacs. Les promoteurs de l'opération comptent sur un rendement de 100 kilos par habitant et par an de matières récupérées, soit un tiers de la production totale (le rendement, en Allemagne monte à 140 kilos, mais ce sont les Allemands...). Les deux autres tiers seront confiés à la future usine Valorga, qui bénéficiera d'un pré-tri bien utile pour éviter la constipation!

En faisant ses comptes, le nouveau directeur constate que le coût de traitement d'une tonne d'ordures, facturé 53 F à la ville d'Amiens, revient au bas mot à 230 F la tonne à la SOTRADEP! C'est le prix du marché de l'incinération, beaucoup plus élevé que l'ancienne mise en décharge (100 F la tonne). La nouvelle municipalité, tout imprégnée de philosophie libérale, ne veut pas entendre parler de rallonge communale pour boucher le trou. Elle ne renonce pas à l'usine, puisqu'elle a garanti les emprunts et que sa décharge arrive de toute façon à la fin de son exploitation. Mais elle ne veut pas « surpayer » le traitement des ordures. Gilles de Robien, le nouveau maire libéral, demande... à l'Etat d'assurer la soudure, étant donné qu'il s'agit d'une recherche expérimentale d'intérêt national, soutenue par le gouvernement (n'est-ce pas, M. Lalonde ?).

Le 16 juin 1989, la SOTRADEP est mise en règlement judiciaire. L'usine a six mois pour faire la preuve de sa viabilité, ou trouver un repreneur. Le maire rétablit la taxe sur l'enlèvement des ordures ménagères que, dans l'euphorie de la campagne électorale, la municipalité précédente avait supprimée. Il accepte de réévaluer en hausse le contrat avec la SOTRADEP « au prix du marché », mais rien de plus.

En attendant un repreneur – qui viendra sur la pointe des pieds à l'été 1989, et sous condition –, l'usine tourne cahin-caha. Elle absorbe 120 tonnes par jour, ce qui correspond seulement aux deux tiers de la production d'Amiens et au tiers de la capacité totale de l'usine (qui seule est rentable). La production d'affinat (compost) ne donne que 260 kilos à la tonne au lieu des 450 annoncés. Elle est stockée sur place en attendant la prochaine saison, où elle sera en principe vendue 80 F la tonne à la société AGRIVAL – autre filiale de Valorga – qui la revendra de 120 F à 140 F la tonne aux viticulteurs champenois. La production de biogaz, en revanche, est supérieure aux prévisions (140 m^3 par tonne traitée, au lieu d'un maximum attendu de 125 m^3). Mais elle est brûlée en pure perte à la torchère, parce que son taux de méthane ne convient pas à Gaz de France ! On ne s'en était aperçu qu'entre les deux tours de scrutin, lorsque l'analyseur avait été enfin installé ! Résultat : 3 500 m^3 s'évanouissent ainsi chaque jour dans le ciel picard, sans profit pour personne ! Quant aux serres de Doullens, qui devaient être chauffées avec le combustible restant, elles en sont restées à la première pierre, posée en période préélectorale !

Comble d'infortune pour l'image de Valorga, dont le siège

est dans la banlieue de Montpellier : bien que la décharge locale soit arrivée à saturation, le maire de la ville ne veut pas entendre parler de valorisation des ordures ménagères, ni même d'incinération. Montpellier, qui se prétend « surdouée », va donc mettre ses détritus dans une nouvelle décharge en pleine garrigue, comme avant! Nul n'est prophète en son pays, il est vrai. Mais la décision de Montpellier la fiche vraiment mal pour Valorga, qui a dû licencier à tour de bras – les effectifs sont passés de 138 à 84 salariés en quelques mois, au moment précis où l'entreprise allait décoller...

Est-ce pour autant le fiasco complet de Valorga ? Michel Bonhomme, évidemment, s'en défend : « Le maire de Montpellier, je n'ai jamais pu le rencontrer! Et pour cause : il a un adjoint qui gère directement la décharge. Cet adjoint n'est pas assez bête pour passer un marché avec quelqu'un qui va lui soustraire 85 % de la marchandise! » L'ancien écolo admet cependant une erreur : « On s'est trompé sur le prix : 53 F la tonne, c'était il y a quatre ans, lorsque le prix du pétrole était encore haut et que l'on intégrait dans le coût les subventions. En réalité, on devait tourner à 140 F la tonne au moins, à pleine capacité. On a d'abord été trahis par la conjoncture économique, qui a fait baisser le pétrole, puis par la campagne électorale, qui a précipité les choses. On ne passe pas de 16 000 tonnes (la Buisse) à 110 000 tonnes (Amiens) sans essais préalables. Mais bon Dieu, qu'on nous donne le droit à l'erreur! Nous en sommes à notre première voiture, et l'on voudrait que tout tourne rond tout de suite! Nous avons investi et travaillé pendant dix ans. Nous sommes en avance sur tout le monde. Il manque seulement dix millions pour faire les aménagements nécessaires à Amiens. »

Par exemple, remplacer le broyage en tête par un « dilacérateur » qui éventre les sacs d'ordures et permet un premier tri du verre et de la ferraille au lieu de tout pulvériser d'emblée. Les acheteurs de compost, de plus en plus exigeants, ne veulent pas le moindre verre pilé ni même de confettis de plastique dans l'affinat. Le dilacérateur, ou le tri à la source, comme à Dunkerque, améliore beaucoup la qualité du produit en fin de chaîne. « L'optimisation industrielle coûte cher, poursuit Michel Bonhomme. Nous sommes à un tournant. Les pouvoirs publics ne peuvent pas nous laisser tomber dans cette phase cruciale. Ils ont un rôle à jouer pour nous permettre de passer le cap difficile. »

Ni le gouvernement, ni l'ANRED, ni même la ville d'Amiens ne souhaitent la mort de Valorga, dont le procédé est universellement reconnu comme très novateur, et même prometteur. Mais la précipitation, tant de Bonhomme à lancer sa grande usine – quitte à forcer sur les prix! –, que de Lamps à faire un coup électoral, ont peut-être gâché une chance. Comme dit Christian Mettelet, « la gestion des déchets, d'apparence technique, est très irrationnelle ». C'est ennuyeux au pays de Descartes.

CHAPITRE 13

Minéraliers contre limonadiers

Le croirait-on? La France, pays du bon vin, est le plus grand producteur et consommateur au monde d'eau minérale! Huit milliards de bouteilles sont remplies chaque année d'eau de source, dont plus de quatre milliards sont exportées. Un record qui n'est pas prêt d'être battu puisque, il y a quinze ans, la consommation se bornait à deux milliards et demi, déjà! Nul ne sait au juste pourquoi les Français affectionnent tant l'eau minérale. Habitude d'avoir des bouteilles sur la table, alors qu'ailleurs on se contente de remplir les verres directement au robinet? Souci des femmes de préserver leur ligne? Doutes sur les qualités de l'eau du réseau? Abondance des sources dans le pays? Toutes ces raisons, probablement, s'ajoutent, sans pour autant donner l'explication.

Peu importe, au fond, s'agissant de déchets. La France, c'est sûr, a la palme des bouteilles sur la table, et donc des bouteilles dans la poubelle. Les Anglais boivent du thé et de la bière *on draught,* c'est-à-dire à la tireuse, sous pression dans le tonneau. Les Américains boivent du café (ou supposé tel!), de l'eau glacée à la *fountain,* cet appareil disposé dans tous les lieux publics; de la glace pilée arrosée d'eau chlorée ailleurs; et enfin, bien sûr, du coke ou de la bière, mais en boîte ou en gobelet, rarement en bouteille. Les pays d'Islam boivent du thé vert, du café, de l'eau ou du Coca-Cola (la seule bouteille couramment pratiquée, aujourd'hui souvent remplacée par la boîte d'alu). Les Chinois boivent du thé ou de la bière consignée et les Russes n'ont plus le droit de boire avant deux heures de l'après-midi!

Les Français, plus que tous les autres, sont donc encombrés de bouteilles, comme sur l'ancienne affiche de Monsieur Nicolas. Ils sont d'ailleurs les champions de « l'embouteillage », réalité courante dans beaucoup de pays, mais appelé ailleurs « engorgement » (*ingorgo,* en italien) ou « confiture » (*traffic jam,* en anglais). Ce fait de civilisation, qui apporte dans nos décharges des milliards de bouteilles, personne n'a encore pu lui donner une solution satisfaisante. Faut-il consigner les bouteilles, y compris les emballages plastiques, comme font les Danois? Faut-il les collecter « à la source », c'est-à-dire dans les escaliers d'immeubles ou sur les trottoirs? Faut-il encourager le verre, facilement recyclable mais terriblement gênant pour les incinérateurs d'ordures ménagères? Faut-il encourager le plastique, beaucoup plus léger, excellent combustible mais nocif par ses émanations de chlore? Ne peut-on pas, lui aussi, le recycler?

C'est à La Rochelle, il y a déjà quinze ans, qu'un industriel réussit pour la première fois à « régénérer » du PVC, ce fameux polychlorure de vinyle dont on fait les bouteilles d'eau minérale. Du coup, la municipalité organise une collecte sélective des plastiques, papiers, cartons et chiffons qui obtient un franc succès : 42 tonnes en quelques semaines. A l'époque, en 1974, le vieux papier et les chiffons sont revendus 70 centimes le kilo, et le PVC 30 centimes à l'ingénieux industriel. Cette initiative, due au hasard, permettra ensuite au maire de La Rochelle, Michel Crépeau, de se spécialiser dans les « coups » écologiques et, finalement, d'être nommé ministre de l'Environnement en 1981...

Mais la campagne de ramassage lancée à La Rochelle restera sans lendemain. Le recyclage du PVC suppose un approvisionnement régulier, pas un moment de ferveur de la population, aussi dévouée soit-elle. Cette constatation de bon sens, Bayonne en fera l'expérience en 1988 lorsque son usine de régénération de PVC, spécialisée dans la fabrication de piquets de vigne, va friser la faillite. Il y avait certes le débouché (les vignobles du Bordelais – toujours la dive bouteille!), mais pas l'approvisionnement. Car une bouteille plastique qui pèse 40 grammes (60 grammes pour l'eau gazeuse) mais occupe un large volume, ne peut être transportée valablement en l'état. Les camions feraient d'innombrables navettes avec un chargement dérisoire en poids. Pour être utilisée par les professionnels du PVC, la bouteille plastique doit être collectée et broyée en quelques lieux connus et facilement accessibles, où les camions de ramassage n'ont plus qu'à enlever le « broyat », c'est-à-dire des sacs emplis de morceaux de plastiques déchiquetés.

Plus facile à décrire qu'à organiser sur le terrain! Une première campagne de ramassage des bouteilles PVC, associée à la récupération du verre, a été lancée en 1983 dans trois régions de France : la Communauté urbaine de Lyon, pour alimenter l'usine de Péage-de-Roussillon; le triangle Arcachon-Tarbes-Biarritz, pour approvisionner l'usine de Bayonne; et la Normandie – étendue jusqu'à Angers, siège de l'agence nationale du déchet! – pour fournir du broyat à l'usine du Havre. Résultat : 1 850 tonnes récoltées en 1983; 1 900 tonnes récoltées en 1984, soit seulement 1,4 % du tonnage des bouteilles PVC commercialisées (alors qu'on s'était fixé l'objectif, pourtant modeste, de 6 %). Pire : les usines n'ont effectivement régénéré que 600 tonnes en 1984, soit seulement 0,4 % de la consommation. Autant dire rien.

Du coup, les deux usines lancées au Havre et à Péage-de-Roussillon par le GREPP (Groupement pour la régénération des emballages plastiques perdus) ont dû fermer au bout de deux saisons. Le prix de revient du PVC régénéré, dans ces conditions, était beaucoup trop élevé pour être compétitif. Les promoteurs de l'opération avaient joué de malchance : ils avaient choisi le moment où le pétrole repartait à la baisse! L'échec total, donc. Seule l'usine de Bayonne, projet industriel antérieur, a poursuivi avec sa fabrication des piquets de vigne, mais elle a failli disparaître aussi et ne doit sa survie, aujourd'hui, qu'à une reprise en main complète. La récupération des bouteilles plastiques est donc entrée en sommeil en France. On ne dépassait toujours pas 2 000 tonnes en 1987.

Soudain, la foudre s'est abattue sur les fabricants d'eau minérale : voilà que, après le Danemark, Suisses et Allemands annonçaient leur intention d'imposer la consigne des bouteilles pour protéger leur environnement. Autant dire l'interdiction des eaux minérales françaises, presque toutes vendues en emballage PVC « perdu »! Ce sont les minéraliers français qu'on assassine, eux qui font l'essentiel de leur chiffre à l'exportation, notamment en Allemagne et en Suisse! Branle-bas général! Le GECOM (Groupe d'études pour le conditionnement moderne), qui rassemble à la fois les minéraliers et les autres utilisateurs d'emballages « creux » en plastique, sort de sa douce torpeur. Il faut contre-attaquer, disent-ils. Les Allemands, sous prétexte de protéger leur environnement, protègent leurs industriels. Ne pas confondre écologie et protectionnisme!

Que faire? Comment empêcher les Allemands ou les Suisses – qui ne font pas partie de la Communauté européenne – d'imposer chez eux la réglementation de leur choix? Les Suisses ont bien interdit les détergents phosphatés pour préserver les eaux du Léman. Même les Français d'en face, du côté de Thonon-les-Bains, ont dû se plier à cette discipline, sous peine de mesures de rétorsion pour les travailleurs frontaliers. Et Rhône-Poulenc, grand fabricant de phosphates devant l'Éternel, n'a plus que ses yeux pour pleurer ce marché perdu!

Les minéraliers français ne voient qu'une solution pour contrer ces projets germano-helvétiques : se montrer plus écologistes que les *Grünen*. Oui, mais comment? Il faut montrer aux Helvètes et à leurs cousins germains que les fabricants français d'eau minérale – produit écologique par excellence, puisque c'est de l'eau de source, et de la bonne – se soucient comme eux de l'avenir de leurs emballages. Pour leur prouver leur bonne volonté, ils vont lancer un programme sans précédent de récupération des bouteilles en PVC, avec participation de la population et des industriels de la régénération. On ne pourra plus les accuser de polluer l'air par incinération ou de gâcher la vue par l'accumulation des bouteilles dans les rivières et les fossés.

Le GECOM trouve en 1989 un partenaire idéal en la personne d'une association écologiste régionale, la FRAPNA (Fédération Rhône-Alpes de protection de la nature), le groupement français le plus actif sur le front de l'environnement. La FRAPNA, tout heureuse de pouvoir entreprendre une action de grande envergure avec des industriels et des collectivités locales, s'engage à mettre en place un réseau de collecte bénévole qui se chargera de stocker les bouteilles en quelques points désignés à l'avance. En échange de ce service, les récupérateurs livreront des broyeurs à tous les points de collecte et s'engagent à racheter le broyat 1 200 F la tonne aux municipalités concernées (une tonne équivaut à plusieurs dizaines de milliers de bouteilles!). Le maire pourra bien sûr en reverser une partie à la caisse de l'école ou au trésorier de l'association qui, localement, aura assuré la collecte.

L'opération est baptisée « Pélican », pour reprendre le symbole du bec énorme et attrape-tout, déjà utilisé par les bateaux ramasseurs d'objets flottants sur la Côte d'Azur. On ne l'écrit pas avec un « k », mais on espère sans doute que les germanophones comprendront quand même! Le réseau « Pélican » doit s'étendre sur tout le couloir rhodanien au sens large, depuis Contrexéville, dans les Vosges, jusqu'à la Provence. Les professionnels de la régénération espèrent ainsi récolter 1 500 tonnes de PVC, dont ils ont le débouché assuré pour fabriquer toutes sortes d'objets en plastique « opaque », depuis les tuyaux de PVC, dont la demande ne cesse de monter avec la disparition du tuyau de plomb, jusqu'aux matériaux « profilés » comme talons de chaussure, coins de palette ou casiers à bouteilles (toujours elles!). Même avec un baril de pétrole pas cher, la régénération du PVC peut être rentable, pourvu que la collecte et le broyage des bouteilles soient assurés par des bénévoles. Il ne reste plus alors à l'industriel qu'à réduire le broyat en granulat ou en poudre, ce qui est enfantin, puis à le cuire et le couler en continu (pour les tuyaux et gaines électriques) ou en moule (pour les profilés). Il existe aujourd'hui cinq usines en France qui fabriquent ce qu'on appelle le plastique mélangé. Celle de Grenoble, la plus importante, produit environ 500 tonnes par an de plastiques régénérés, à partir de bouteilles de PVC triées à la main.

Même si l'opération « Pélican » réussit, ce qui n'est pas encore prouvé, les minéraliers français ne seront pas sauvés pour autant. En effet, s'ils repassent au verre pour l'exportation en terre germanique, ils vont alourdir considérablement leurs charges, dans tous les sens du terme, puisqu'ils devront de nouveau acheter les bouteilles et les transporter. S'ils s'en tiennent au plastique, ils font une sérieuse économie, dans la mesure où ils fabriquent eux-mêmes les bouteilles juste avant de les emplir; quant aux frais de transports, très allégés, ils seront diminués d'autant. Mais ils risquent alors, si Allemands et Suisses mettent leur menace à exécution, de se voir fermer leurs frontières.

La situation se complique encore avec la concurrence des restaurateurs, cafetiers et limonadiers qui, en France même, ne jurent que par le verre. « Nous ne voulons pas servir en bouteille plastique », disent les responsables de la Fédération nationale des boissons, qui représente quelque sept mille établissements en France. A cette revendication, qui se conçoit aisément s'agissant de servir des clients à table ou même au comptoir, s'ajoute une coquetterie écologique, bien dans l'air du temps : les limonadiers prêchent pour le verre consigné.

Profitant du bicentenaire de la Révolution, ils ont même lancé des slogans où ils invitent les « citoyens » à venir consommer chez eux, seuls établissements où le plastique polluant est banni et où le verre est repris après usage ! « La disparition des emballages consignés nous alarme, disent-ils. La France est en décalage par rapport à ses partenaires européens. Il faut se rappeler que le verre consigné coûte quatre fois moins cher que la récupération du verre perdu. Et ne parlons pas des sept milliards de bouteilles plastiques lâchées dans la nature ! »

Les limonadiers écolos, on aura tout vu ! Il est vrai qu'ils restent à peu près les seuls, hormis quelques magasins à grande surface, à manipuler quotidiennement des bouteilles vides pour les rendre au fournisseur. Beaucoup de magasins ont renoncé à la consigne parce que cette manipulation leur revenait trop cher ou leur faisait perdre du temps. Certains ont même abandonné parce que les caissières étaient importunées par des clochards rapportant des bouteilles vides pour toucher la consigne, sans rien acheter par ailleurs. Et ils avaient le culot de vouloir passer avant les clients au panier plein !

A l'argument du carburant dépensé pour le transport des bouteilles vides, les limonadiers rétorquent aussitôt que ce transport ne coûte rien, « puisque le camion revient toujours à vide ». Quant au coût du verre consigné, il évoluerait entre 50 et 60 centimes la bouteille, correspondant à l'amortissement des laveuses, alors que la bouteille de verre perdu atteint environ un franc. « C'est le consommateur qui paie la différence », expliquent les professionnels du zinc.

L'affaire se corse lorsque des « orduriers » se mêlent de récupérer des bouteilles entières, pourtant non consignées, comme l'a tenté la Générale des Eaux en 1984 avec l'usine « Ecobouteilles » de Rungis, en région parisienne. Le préfixe « Eco », dans ce cas, signifiait en même temps économie et écologie. Un beau programme. L'entreprise reposait sur plusieurs postulats. Un : la ville de Paris est la métropole qui consomme le plus de bouteilles au monde. Le Parisien jette un kilo de verre par mois dans sa poubelle. Deux : on constate que, dans les conteneurs de récupération installés sur les trottoirs, quatre bouteilles sur cinq, en moyenne, demeurent intactes. Trois : une tonne de verre recyclé sous forme de calcin (verre brisé) correspond à 75 kilos d'équivalent pétrole, alors qu'une tonne de verre réutilisé sous forme de bouteilles intactes correspond à 280 kilos d'équivalent pétrole. « Une bouteille récupérée représente un tiers de son poids en pétrole », explique alors le P-DG de la Générale des Eaux, Guy Dejouany, en un raccourci saisissant. Le gain, en économie d'énergie, apparaît considérable, même si l'on ne récupère que trois types de bouteille entière : la beaujolaise, la bordelaise et la champenoise. En avant donc pour Ecobouteilles, qui permettra en outre au maire de Paris de faire chaque année un gros chèque au bénéfice de la Ligue contre le cancer. Pour Chirac, l'écologie est une bonne œuvre!

Malheureusement, une fois de plus, la valorisation des rebuts montre ses limites. La proportion de bouteilles récupérées entières n'est pas des quatre cinquièmes, comme prévu, mais de 12 %, ce qui fait une sacrée différence. Même en ajoutant des petits toboggans qui permettent aux bouteilles de glisser en douceur vers le fond du conteneur, le compte n'y est pas. La ville de Paris, secouée par le terrorisme à l'automne 1986, a même dû un temps retirer ses conteneurs et obturer les corbeilles à papier des trottoirs... Comble de malchance : le pétrole est devenu si bon marché que les « cols neufs », ainsi que les appellent les professionnels, coûtent de moins en moins cher à fabriquer. Une bordelaise de récupération, tous frais compris, revient plus cher qu'une bordelaise neuve! Bilan : la collecte des bouteilles entières accuse un important déficit. Ecobouteilles survit par les subventions communales et régionales... ce qui n'empêche pas Chirac de faire ponctuellement son chèque de 500 000 francs à la Ligue contre le cancer, comme si Rungis fournissait les 30 millions de bouteilles escomptées. Chose promise, chose due! Paris vaut bien un chèque, et l'écologie quelque sacrifice...

Les industriels, eux, ne raisonnent pas ainsi. « Il faut moins de pétrole pour fabriquer une bouteille plastique que pour couler une bouteille de verre », affirme Arnaud d'Aramon, envoyé par ATOCHEM (filiale d'Elf Aquitaine) pour défendre le plastique et réhabiliter les pétroliers. Les professionnels de la pétrochimie n'hésitent pas à enfourcher le cheval de l'écologie lorsqu'il va dans leur sens : s'ils préfèrent les bouteilles plastiques, moins dévoreuses d'énergie que les flacons de verre, c'est parce qu'ils les fabriquent eux-mêmes. Les verriers, du coup, sont montrés du doigt comme des gaspilleurs de pétrole!

Le lobby pétrolier a même trouvé le moyen de réhabiliter les sacs de polyéthylène que l'on distribue généreusement dans les caisses de supermarchés. Ces sacs de caisse, très appréciés des consommateurs pour leur légèreté, leur solidité, donc leur commodité, sont devenus la bête noire des écolos. Non seulement leur fabrication consomme du pétrole, énergie non renouvelable, mais ils polluent à qui mieux mieux. D'abord, ils défigurent les campagnes, au voisinage des décharges et des aires de pique-nique – ce qui revient souvent au même. Mêlés aux ordures ménagères, ils rendent difficile la fabrication du compost car ils se glissent partout et refusent de pourrir. Lorsqu'on les brûle pour s'en débarrasser, ils dégagent du chlore, polluant majeur s'il en est. Ils peuvent même induire une pollution beaucoup plus sournoise avec les colorants utilisés pour imprimer sur plastique, qui sont imprégnés de métaux lourds. Lorsque enfin ils aboutissent dans la mer et flottent entre deux eaux, aériens, ils peuvent être pris pour des méduses et avalés par des tortues marines, qui périssent alors étouffées... Bref, ces sacs plastiques omniprésents font faire des cauchemars aux écolos qui, pour une fois, citent les

Etats-Unis en exemple, où l'on utilise de préférence le bon vieux sac en papier kraft.

Erreur! répondent les pétroliers et les chimistes. Une enquête très sérieuse, menée en 1988 par l'Office fédéral de l'environnement à Berlin (Ouest), démontre, chiffres à l'appui, que la fabrication des sacs en papier, kraft ou non, consomme beaucoup plus d'énergie et pollue davantage que la fabrication des sacs de polyéthylène. La consommation totale d'énergie, même en tenant compte du pétrole utilisé pour le polyéthylène lui-même, est inférieure d'un tiers à celle de la fabrication du papier, qu'il s'agisse de pâte neuve ou de recyclé. Quant à la pollution, c'est la Bérézina : la fabrication de 50 000 sacs plastiques produit moins de 10 kilos de dioxyde de soufre – ce gaz de combustion qui nous vaut l'effet de serre – alors que pour fabriquer le même nombre de sacs en papier avec de la pâte au bisulfite, une usine en relâchera plus de 28 kilos! La même fabrication entraîne dans l'eau une demande chimique en oxygène deux cents fois plus importante pour le papier, tristement célèbre pour ses « liqueurs noires » et ses odeurs de betterave pourrie, que pour le polyéthylène. L'étude allemande se félicite donc que la République fédérale fabrique davantage de sacs plastiques (2,5 milliards d'unités en 1986) que de sacs en papier (350 millions d'unités)...

Limonadiers et verriers contre minéraliers, orduriers contre verriers, pétroliers contre papetiers mais pour les minéraliers, écolos contre tous : chaque industriel a de bonnes raisons de justifier sa fabrication et réussit toujours à prouver que les autres consomment plus ou polluent davantage. C'est de bonne guerre, pense le consommateur qui compte les coups mais se perd un peu dans le dédale des chiffres et des arguments.

Ce que les écolos ne disent pas, ou pas assez, c'est que les industriels polluent pour satisfaire le consommateur. Ils ne fabriquent pas pour le plaisir de fabriquer ni de polluer, mais pour gagner de l'argent en fournissant ce que le public demande. Rien ne sert de reprocher à un industriel de fabriquer des bouteilles ou des sacs plastiques si l'on en utilise soi-même.

Enfin, le problème n'est pas de savoir s'il faut interdire ou généraliser tel ou tel article, tel ou tel produit. Chacun a sa place, que ce soit le verre perdu, le verre consigné, la bouteille en PVC, le sac plastique ou en papier. Car chaque produit, à un moment ou l'autre, finit par polluer. Et toute matière, d'une façon ou d'une autre, peut être recyclée. Le verre perdu donne du calcin, matériau aussi indispensable aux verriers d'aujourd'hui que le vieux papier aux papetiers. Le verre consigné consomme beaucoup d'eau au lavage, ce qui peut paraître négligeable dans les sociétés où l'eau est abondante et bon marché, mais sonne tout différent ailleurs, et risque de changer aussi chez nous le jour où nous paierons l'eau à son prix réel. On pourrait faire les mêmes considérations sur les sacs de caisse, ou d'autres articles encore.

Une chose est sûre : la pollution vient du nombre, de la surabondance. Un sac plastique, ça va. Des milliards de sacs, bonjour les dégâts! Le seul remède, alors, tant qu'on ne peut pas diminuer d'autorité le nombre des consommateurs, ce qu'à Dieu ne plaise! c'est de limiter la consommation de chacun, ou plutôt de faire que chacun s'autolimite.

Or nous prenons actuellement le chemin inverse : la société de consommation, si décriée par la jeunesse du monde occidental en 1968, est encouragée par les mêmes vingt ans plus tard! Un industriel, quel qu'il soit, est toujours enclin à fabriquer davantage un produit qui se vend bien. Effet synergique très pernicieux pour la sauvegarde de l'environnement. On encourage plus que jamais le produit non réparable, à jeter à la moindre défaillance. On multiplie les emballages, ne serait-ce que pour éviter les vols à l'étalage. De sorte que pour acheter dix petites vis, on prend aussi un grand carton, le film plastique dans lequel elles sont moulées sous vide... et le sac de caisse sans lequel le vigile doit en principe vous intercepter à la sortie! Une fois utilisées les dix petites vis – ou les trois dont vous aviez réellement besoin... –, vous allez jeter tous ces emballages à la poubelle. Au mieux, ils seront brûlés pour faire du chauffage ou de l'électricité. Au pire – le cas le plus fréquent –, ils encombreront une décharge.

On peut multiplier les exemples avec les aliments tout préparés, les meubles en « kit » ou le courrier publicitaire. Nous entrons seulement dans la société de consommation des emballages ou du papier inutiles. Nos poubelles s'alourdissent chaque année, alors que le terrain disponible pour les vider diminue encore plus vite. Folle spirale, qui rend dérisoire la guerre des limonadiers et des minéraliers.

CHAPITRE 14

Vertes campagnes

Pendant des siècles, les malheureuses victimes de l'entassement dans les villes, avec leurs cortèges d'embarras et de dépotoirs, ont pu se ressourcer dans les vertes campagnes. *O fortunatos agricolas...* chantait Virgile. Le monde rural, plus fruste mais bucolique, restait le poumon vert des citadins. On partait pour se refaire une santé au contact des vaches dans les prés. Chaque été, profitant de la trêve des vacances, on allait se jouer la symphonie pastorale. Même sans les bergers et leurs doux flutiaux, la campagne restait le réservoir d'air pur, de la vie saine, loin des miasmes de la grande ville et de ses banlieues enfumées. Il suffisait de se pencher pour boire l'eau limpide au ruisseau, de respirer pour sentir la bonne odeur du foin coupé. Le paysan ne connaissait pas sa chance de vivre ainsi en plein Eden.

Promenons-nous dans le Morbihan d'aujourd'hui, au milieu de cette Bretagne profonde restée si longtemps à l'écart du tohu-bohu industriel et des grandes mutations. Dans le bocage intérieur, à peine entamé, on ne voit pratiquement plus de vaches dans les prés. Les laitières, en effet, demeurent parquées dans des « stabulations libres », plus proches du camp de concentration que de l'étable ouverte. Entassement des bestiaux, entassement de la boue et du purin. De cette promiscuité animale se dégage une forte odeur de bouse et d'urine, mêlée aux remugles peu ragoûtants du silo où fermentent les fanes de maïs, le tourteau de soja et la pulpe de betterave. La ferme laitière ? Un bouillon de culture.

Encore n'est-ce là que moindre mal. La Bretagne entière a succombé aux séductions de l'élevage hors-sol, dont les hangars de tôle disgracieux déparent le bocage. S'il n'y avait que la pollution visuelle... Mais non ! De ces horribles baraquements monte une puanteur qui vous prend à la gorge, acide, musquée, dont on ne distingue plus l'origine. Est-ce un élevage industriel de porcs, avec sa fosse à lisier, ou bien est-ce un poulailler du troisième type, avec ses dizaines de milliers de volailles en batterie qui pondent à la chaîne et se nourrissent sur commande ? La crotte de poule, à l'unité, dégage un fumet très fort, comme toutes les défécations d'omnivores. Mais des dizaines de milliers de crottes, et c'est l'enfer, sans parler du vacarme incessant des caquètements !

Porcs ou poulets, l'infection se vaut. On estime cependant qu'un porc pollue comme quatre, au sens propre – si on peut écrire ! –, c'est-à-dire que ses déjections équivalent *grosso modo* à celles de quatre personnes. Autrement dit, un élevage de mille porcs équivaut à la pollution de quatre mille habitants, et un élevage de six mille têtes correspond à peu près à la production de déchets d'une ville de 25 000 « âmes », concentrée sur une surface ridicule de quelques ares ! Ce lisier qui arrive à jet continu, il faut l'écouler. Les plus astucieux, on l'a vu (chapitre 12), s'arrangent pour le convertir en biogaz, moyennant un investissement personnel et financier que tous ne peuvent pas se permettre. Les autres le laissent tranquillement s'accumuler dans leur fosse, en attendant la saison d'épandage. Car le lisier, comme naguère le fumier, peut servir d'engrais organique. La difficulté vient de ce que le lisier est produit dans les régions d'élevage, où la terre est couverte de prairies peu gourmandes d'engrais. Une fois que l'exploitant a arrosé ses prés et ses champs de cultures fourragères, il n'a plus l'usage de ce purin qui abonde. En revanche, les terres de grandes cultures comme la Beauce ou la Picardie n'ont plus d'élevage, donc pas de lisier. Il faut par conséquent le transporter à grands frais... pour empester à leur tour des régions épargnées par les méfaits de l'élevage hors-sol. Certains jours d'automne chauds, dans les grandes plaines de l'Est, des odeurs persistantes de purin flottent au-dessus des labours. Leurs effluves puissants atteignent parfois les villes, où les habitants s'indignent alors des émanations qu'ils croient remontées de l'égout! Comment imaginer, à Meaux ou Melun, que la puanteur ambiante vient des élevages du Morbihan... ou des Pays-Bas?

Car la pratique de l'élevage industriel, hélas, n'est pas limitée au bocage breton. Dans les grandes plaines du nord de l'Europe, des Pays-Bas à l'Allemagne, et jusqu'à la plaine du Pô, en Italie, fleurissent les élevages en batterie. Les éleveurs néerlandais, dont le cheptel a doublé entre 1970 et 1985, fournissent le *bacon* aux Anglais, le *wurst* aux Allemands et le jambon aux Français. Mais ils ne savent plus quoi faire de leur lisier, qui empoisonne la nappe phréatique en faisant dangereusement monter le taux des nitrates dans l'eau.

Dans la région d'Oldenbourg, en Basse-Saxe, les Allemands pratiquent un élevage aussi intensif que les Hollandais, ce qui n'est pas peu dire. Certains élevages de porcs ont jusqu'à 15 000 têtes, et les poulaillers industriels produisent entre 500 000 et un million de poulets par an! Mais les usines à côtelettes produisent aussi du lisier, à raison de dix litres par tête et par jour. Que faire des 150 000 litres produits quotidiennement? Les champs de pommes de terre alentour, peu exigeants, ne peuvent absorber des quantités pareilles, ni même les maïs fourragers. Les rejets de l'élevage sont d'autant moins utilisables qu'une partie de l'alimentation du bétail est cultivée ailleurs (soja du Brésil ou des Etats-Unis, manioc de Thaïlande, etc.). Les éleveurs de porcs saxons exportent donc leurs bêtes dans toute l'Allemagne, notamment au géant de la salaison Herta (50 000 employés). Mais ils gardent pour eux l'urine chargée d'ammoniaque. Les éleveurs de volaille vendent leurs poulets à toute l'Europe et au Moyen-Orient, mais ils stockent la crotte.

Dans la plaine du Pô, les éleveurs de porcs mêlent leurs rejets à ceux des riziculteurs, qui inondent leurs champs d'engrais chimiques (la consommation a été multipliée par 30 % en quinze ans). Résultat : le fleuve, pourtant modeste (652 km de cours) charrie bon an mal an quelque 82 000 tonnes d'azote – bonjour les nitrates! – et 11 000 tonnes de phosphore. Le résultat de ce résultat, c'est chaque année l'invasion du littoral adriatique par les algues, suralimentées à l'azote et aux phosphates. Avec la chaleur de l'été, rituellement, le Lido de Venise et les plages de Rimini se couvrent d'une soupe brunâtre où il devient impossible de tremper un orteil. De Venise à Ancône, soit environ sur 300 kilomètres, la mer Adriatique est ainsi parcourue de bancs d'algues à la dérive, qui forment à la surface des « plaques mucilagineuses », c'est-à-dire des traînées visqueuses bavées par les plantes en putréfaction. Enfoncées les plages des Côtes-du-Nord et du Morbihan, avec leurs tristement célèbres « marées vertes »! Le jambon de Parme, excellent au demeurant, se paie en aval par une infecte soupe marine qui fait fuir tout le monde, y compris les Allemands fascinés par le soleil de l'Adriatique. Mais ils n'ont pas le choix : leur propre littoral reçoit chaque année 700 000 tonnes d'azote et 65 000 tonnes de phosphates rejetés par le Rhin, l'Elbe et la Weser. Seule la fraîcheur de l'eau empêche les algues de proliférer!

Encore, s'il n'y avait que l'élevage hors-sol. Mais le purin et les fosses à lisier ne forment que la partie émergée de l'iceberg constitué par la pollution agricole! N'importe quelle exploitation, aujourd'hui, est devenue un entrepôt d'hydrocarbures (pour le tracteur et les autres engins) et un centre de stockage de produits chimiques comprenant toute la gamme des engrais et pesticides vantés par les grands groupes industriels et aimablement proposés par les coopératives agricoles.

Il ne suffit pas de labourer puis de semer des betteraves (dont les graines, déjà, sont emmaillotées de fongicides), il faut les asperger régulièrement d'herbicides pour supprimer la concurrence dans les rangs, il faut les inonder de potasse, de nitrates d'ammonium et de phosphates pour les faire prospérer, épandre de l'insecticide pour que les petites bêtes n'en profitent pas et enfin vaporiser un produit miracle qui « démarie » la betterave, c'est-à-dire qui évite les plants à pieds multiples. Du semis (au printemps) jusqu'à la récolte (en novembre), le tracteur sera bien passé dix fois pour épandre des produits chimiques différents.

On pourrait imaginer que les dosages soient calculés de telle sorte que tous les produits dispersés ainsi dans la nature soient absorbés et digérés par la terre et les plantes. Utopie, naturellement. D'abord, ni les fabricants de produits chimiques, ni les distributeurs n'ont évidemment intérêt à limiter la consommation qu'ils alimentent. Ensuite, nul ne maîtrise les caprices de la météorologie, qui peut lessiver d'un coup un savant dosage ou au contraire le priver d'action par une trop longue sécheresse. Enfin, les cultivateurs n'ont pas tous accompli leur révolution informatique ni passé l'agrégation de chimie. La tendance, en général, est de toujours forcer un peu sur la dose avec l'espoir que l'efficacité en sera accrue. Réflexe de paysan prudent, qui ne veut prendre aucun risque... en matière de rendement. Pour l'environnement, voyez les écolos. Même les « néo-ruraux », qui viennent de la ville avec de grands principes d'agriculture biologique, finissent par succomber au charme discret de la chimie. Mais chut!

Les marchands de produits phytosanitaires, ainsi qu'on appelle globalement ces produits toxiques, ont beau jeu de justifier l'intérêt de leur marchandise. Rien qu'en France, les cultures croissent, dit une de leurs plaquettes, sous la menace de « 15 000 espèces de champignons, 10 000 espèces d'insectes, 2 000 espèces de mauvaises herbes, sans compter les nématodes, les bactéries, les virus, les rongeurs, etc. » qui peuvent ou bien détruire carrément la plante, ou bien la détériorer. On comprend, dans ces conditions, qu'il faille épandre et pulvériser à gogo, sous peine de voir les efforts du cultivateur anéantis. Et allons-y les herbicides (43 %), les fongicides (33 %), les insecticides (16 %) et le reste. Au total, plus de 40 % des surfaces agricoles reçoivent ainsi leur dose de produits chimiques, soit exactement le quart du territoire français. On estime que 400 000 tonnes d'azote ont été déversées sur le sol français en 1986. Même les sucreries sont gênées par les excédents de nitrates dans les betteraves.

Pour comprendre à quel point le cultivateur d'aujourd'hui vit en totale dépendance de la chimie, on peut évoquer une initiative lancée en 1988 dans deux cantons de Savoie – qui n'est pourtant pas une terre de grande culture. On y a organisé, pendant seulement trois semaines, la collecte gratuite de tous les produits phytosanitaires périmés ou inutilisables. Au total, pour cette première en France, 270 exploitants ont apporté dix tonnes de sacs, cartons et bidons contenant toutes sortes de produits devenus inutiles, voire dangereux ou toxiques. Une moyenne de 37 kilos par « déposant ». Trente-sept kilos non utilisés, cela laisse à penser la quantité effectivement épandue dans les champs! Ni les vaches savoyardes, sonnailles au cou, ni les touristes en randonnée dans la montagne ne se doutent qu'ils piétinent des prairies gorgées d'engrais et traversent des vergers inondés d'insecticides!

L'accumulation dans nos campagnes de déchets organiques ou chimiques est devenue un casse-tête pour les distributeurs d'eau potable. Car cette pollution est dispersée, donc sournoise. L'agence du bassin Seine-Normandie a mené une étude approfondie sur deux secteurs bien délimités du bocage bas-normand – 35 km^2 et 40 km^2 – pour comprendre ce qu'on appelle le phénomène de « pollution diffuse », c'est-à-dire la pénétration lente des rejets dans le milieu naturel. Les experts commis à cette étude ont pu établir que 40 % du « flux polluant brut » étaient dus aux animaux d'élevage, 40 % aux activités industrielles et 16 % le fait des habitants eux-mêmes. Sur ces 40 % de pollution agricole, l'essentiel (85 %) était le fait des bovins, qu'il s'agisse des vaches laitières ou des animaux à viande. Ainsi, l'eau d'un paisible coin de campagne est autant polluée par les vaches que par les usines! On s'est également aperçu à cette occasion qu'une exploitation sur trois n'avait pas de dispositif d'assainissement autour de ses bâtiments. On y attend donc la pluie – heureusement fréquente en Basse-Normandie! – pour nettoyer les sols. Mais le produit du nettoyage, fatalement, est emporté à la rivière ou s'infiltre jusqu'à la nappe souterraine.

Qu'on soit en région d'élevage intensif ou de grande culture, la pollution se diffuse aussi bien, et en aussi grande quantité. Prenons par exemple l'Alsace et sa contrepartie allemande du Bade-Wurtemberg. La riche plaine alsacienne produit tout ce qu'on lui demande, surtout si on y épand le lisier et la potasse du pays, mais aussi phosphates et nitrates. Mais les quelque 2 800 km² de la nappe phréatique qui se trouve sous les champs ne sont déjà plus entièrement utilisables pour le pompage de l'eau potable, tant le taux de nitrates y est élevé (en principe, dans la Communauté européenne, une eau contenant plus de 50 milligrammes de nitrates par litre devient non potable). En 1987, quelque 100 km² n'étaient déjà plus aptes au captage d'eau potable. D'après les calculs des experts, qui suivent le déplacement de la nappe et les « panaches » de pollution, la surface inutilisable passera à 470 km² en l'an 2 000 – c'est demain – et à 1 500 km² « à long terme ». L'agence de l'eau Rhin-Meuse va donc demander aux agriculteurs de limiter leur fertilisation, de semer des cultures d'hiver qui couvrent le sol et ralentissent le ruissellement, et enfin de remettre en prairie les champs situés en amont des captages. Tout cela moyennant finance, naturellement.

De l'autre côté du Rhin, la pollution se présente de la même façon. La culture intensive des asperges, des carottes et du maïs (pour le grain et la semence, celui qui rapporte le plus) a élevé le taux de nitrates dans la nappe, fin 1988, à des valeurs comprises entre 60 et 80 milligrammes par litre, donc au-dessus de la teneur admise pour la potabilité. Entre 1980 et 1987, il a fallu fermer 362 stations de captage. Le *land* de Bade-Wurtemberg a donc mis les 120 cultivateurs du secteur devant un choix : ou bien ils modifient leurs pratiques sur les 6 000 hectares qu'ils exploitent, ou bien on interdit la culture du maïs! Un million et demi de marks ont été attribués pour développer notamment la technique de « l'engrais vert », qui consiste à cultiver puis enfouir des plantes herbacées afin d'absorber l'azote non utilisé par le maïs. Il a en outre été institué un *wasserpfennig* – le centime de l'eau – imposable à tous les utilisateurs situés en zone sensible. Le zonage lui-même est très précis : selon la numérotation de son secteur, le cultivateur badois sait qu'il n'a pas droit aux engrais chimiques ni aux produits phytosanitaires, ou bien qu'il ne peut recourir qu'aux engrais liquides à certaines périodes de l'année, ou bien encore qu'il doit attendre que la végétation entre en activité et que les sols soient complètement recouverts... Le zonage y est presque aussi contraignant que dans le périmètre d'Ukraine contaminé par la centrale nucléaire de Tchernobyl!

A l'opposé, dans les Côtes-du-Nord – pardon, les Côtes d'Armor –, c'est l'élevage hors-sol qui contamine l'eau. En 1988, sur les vingt cours d'eau du département alimentant normalement la population en eau potable, treize avaient dépassé la limite fatidique de 50 milligrammes de nitrates par litre. Et cela malgré les recommandations de l'administration qui a limité l'épandage de lisier à 200 unités d'azote sur terre labourable et 400 unités sur surface en herbe. Mais comment les trois malheureux inspecteurs chargés des contrôles pourraient-ils vérifier les 12 000 élevages du département ? Au total, 105 communes, en 1988, ont dépassé la cote d'alerte, soit presque autant que dans le Finistère voisin, où plusieurs dizaines de captages ont été fermés et les communes raccordées à d'autres réseaux.

Cette pollution par les nitrates est observée dans toute l'Europe. En Grande-Bretagne, on estime à 850 000 le nombre d'habitants alimentés par des captages contaminés (plus de 50 milligrammes par litre). Cette forte proportion semble la rançon d'un pays où l'agriculture s'est modernisée la première et où l'accumulation des polluants a été la plus longue. Depuis 1975, on observe une diminution du taux de nitrates dans les rivières et les nappes dites « à réponse rapide », qui sont alimentées presque en temps réel. Mais les nappes à réponse lente continuent d'accumuler les nitrates. En France, le nombre d'habitants vivant dangereusement en buvant de l'eau nitrée est de 800 000, mais on en compte 1,7 million qui en ont goûté au moins une fois – car la teneur varie au cours de l'année. Et les surfaces contaminées augmentent. En Espagne, les « plus de 50 mg » seraient 350 000. Mais en Catalogne, dans l'ouest de l'Andalousie et dans la grande région rizicole de Valence, la concentration de nitrates atteint parfois 500 mg ! Au Danemark, les condamnés à l'eau nitrée sont 300 000, surtout à l'aval de petites usines, et aux Pays-Bas seulement 200 000, parce que très peu d'habitants s'alimentent à leur puits. Mais les Néerlandais restent les champions de la pollution agricole puisque 80 % des nitrates qui atteignent la nappe proviennent des engrais chimiques et des effluents de l'élevage. Dans certaines régions du sud et de l'est, très sablonneuses, on répand parfois de 500 à 1 000 kilos d'azote à l'hectare ! En RFA, les chiffres nationaux n'existent pas, puisque les normes sont différentes dans chaque *land*. Mais la norme de 50 mg est couramment atteinte et même un taux de 100 mg dans les régions de culture intensive.

La surabondance des déjections animales contamine d'abord l'eau potable, puis l'eau de mer. Les baies de Morlaix et de Saint-Brieuc, où pourtant les marées maintiennent l'eau en perpétuel mouvement, sont périodiquement envahies d'algues qui rendent la plage aussi inutilisable que dans l'Adriatique, mer fermée et sans marée.

Toutes les tentatives pour valoriser les déjections (transformation du lisier en biogaz, fabrication d'engrais commercialisable à partir des fientes de volaille, etc.) n'ont jusqu'ici abouti qu'à des expériences locales, portées à bout de bras par un homme, une association ou une administration. La prise de conscience de la pollution diffuse est encore trop récente en France pour que l'on prenne le taureau par les cornes. Et les syndicats agricoles, qui ont à défendre une profession en régression – que ce soit en nombre ou en niveau de revenus – ne veulent pas entendre parler d'autolimitation. Ils ont déjà les quotas laitiers et les friches indemnisées par Bruxelles, ils ne vont pas maintenant encourager la baisse de la production par une diminution de la consommation d'engrais ou la réduction du nombre de têtes dans les élevages!

Aux Pays-Bas, en revanche, même les syndicats agricoles ont compris qu'ils ne pouvaient plus continuer à produire comme avant. Leur agriculture, devenue complètement industrielle, doit traiter ses déchets comme l'industrie, et donc mettre en œuvre, chaque fois que c'est possible, des « technologies propres ». Après la chute du gouvernement néerlandais, au printemps 1989, parce qu'il avait élaboré un programme de lutte contre la pollution trop coûteux aux yeux des libéraux, ce sont les syndicats eux-mêmes qui, pour la première fois, ont envisagé une révision déchirante des pratiques, aussi bien pour la culture que pour l'élevage, et même l'aquaculture. Cette dernière forme de production « agricole », on s'en rend compte aujourd'hui, est extrêmement polluante. Les déjections animales, en effet, se trouvent diluées dans l'eau dès le départ et sont donc beaucoup plus difficiles à retenir. Même les élevages de poissons en mer libre, comme les ont multipliés les Scandinaves, finissent par polluer le littoral.

En agriculture comme pour le reste, il est très difficile de produire « propre ». On a cru longtemps que, parce qu'il travaille dans la nature, le paysan faisait de l'écologie sans le savoir. On s'aperçoit aujourd'hui que, petit paysan ou exploitant de taille industrielle, l'agriculteur pollue autant que les autres, et parfois plus sournoisement. La cour de ferme, avec son fumier et ses recoins transformés en dépôts de ferraille, aurait dû mettre plus tôt en alerte les protecteurs de l'environnement. L'agriculture « propre », de toute façon, n'a jamais existé. Mais elle est devenue tellement sale qu'on ne peut plus la laisser faire sans réagir. Notre avenir, à commencer par l'eau potable, en dépend.

CHAPITRE 15

Pluies acides

Pour les Allemands, la Forêt Noire est sacrée. Cette mythique *Schwarzwald* représente à la fois la frontière méridionale, hérissée de châteaux et de légendes, la gardienne du Rhin, fleuve roi, et une montagne aux forêts profondes, elles aussi chargées d'histoire et de contes à dormir debout. C'est aujourd'hui l'un des lieux allemands les plus fréquentés par les touristes. On y vient respirer le bon air, en groupes ou en couples, on chemine à l'ombre dense des sapins et on se restaure dans ces auberges où le vin blanc des côteaux rhénans l'emporte sur la bière.

Coup de pistolet dans un concert : des énergumènes annoncent, en 1983, que la forêt allemande est en train de mourir. Les trois quarts des sapins sont atteints d'un mal mystérieux, et la moitié commence à dépérir. Quant aux épicéas, 40 % sont malades et plus de 10 % déjà classés « dépérissants ». C'est l'alerte au *waldsterben,* ce fameux « dépérissement de la forêt » que bien des Allemands, sous l'influence des *Grünen,* vont traduire par « mort » tout court.

En Forêt Noire, l'alerte est prise très au sérieux. Le *land* du Bade-Würtemberg, déjà préoccupé par la baisse de qualité de son eau souterraine, va devoir maintenant surveiller ses arbres s'il veut préserver son patrimoine touristique. Pensez donc : la Forêt Noire chauve! Le désastre absolu. Les Badois sont d'autant plus enclins à redouter le pire que les forestiers de la station de recherche de Fribourg (en Brisgau) ne passent pas habituellement pour des plaisantins. Voilà des années qu'ils étudient la croissance des arbres en observant les cercles annuels sur des tranches de bois, et même en prélevant des « carottes » à la tarière dans le tronc de l'arbre vivant. S'ils affirment que quelque chose ne tourne pas rond en Forêt Noire, on peut les croire.

Mais quelle peut bien être l'origine du *waldsterben,* ce mal qui fait jaunir les conifères et les dépouille de leurs aiguilles? Pour tous les experts allemands, pas de doute : c'est un effet de ces fameuses « pluies acides » qui, depuis plusieurs années déjà, stérilisent les lacs canadiens et scandinaves. Au Canada, les fumées industrielles des usines américaines, chargées de soufre, ont tué la flore et la faune de nombreux lacs, dont l'eau est devenue aussi transparente qu'une eau distillée. L'exact contraire du phénomène d'« eutrophisation » observé dans le lac Léman ou sur les rivages bretons, lorsque la pollution organique suralimente les plantes aquatiques ou marines – mais étouffe les poissons.

En Suède, soumise alternativement aux fumées allemandes et surtout anglaises – où le charbon reste roi –, les lacs ont atteint un tel taux d'acidité qu'il faut y épandre de la chaux. Non seulement l'eau est souvent stérilisée, mais la forêt, à son tour, semble atteinte. Les parcelles coupées à blanc pour alimenter les usines de pâte à papier ne se régénèrent plus, comme si le sol, naturellement très acide en région granitique, ne pouvait plus nourrir les jeunes plants.

Si les habitants du Bade-Würtemberg avaient encore un doute, ils n'avaient qu'à regarder le clocher du *münster* de Fribourg (la cathédrale) : ils voyaient alors que le grès rose des sculptures s'effrite, se craquèle, s'use au point que certains motifs sont devenus méconnaissables. Les photos peuvent en témoigner : voilà seulement vingt ans que cette lèpre s'en prend à la pierre, alors que la cathédrale se dresse dans le ciel rhénan depuis plus de quatre siècles! Si les pluies acides attaquent ainsi la pierre, que sera-ce avec les arbres?

A l'autre bout de l'Allemagne, dans le parc national de Bavière, on s'était aussi interrogé sur la mystérieuse disparition de la faune des torrents, comme les truites, les éphémères et certains mollusques. L'acidité de l'eau, là encore, était mise en cause, et les regards se tournaient naturellement de l'autre côté de la frontière, en Tchécoslovaquie, où les centrales thermiques fonctionnent surtout au lignite, véritable allumette soufrée. A proximité immédiate des gros centres industriels, comme le fameux triangle de Sokolov, la « Ruhr tchèque », le manteau forestier a été comme passé au défoliant. Dans les monts Métallifères, en Bohême du nord, c'est un spectacle dantesque de forêt asphyxiée sur pied, où pas un arbre n'a survécu sur des centaines d'hectares. C'est le seul endroit au monde où la forêt offre le spectacle d'une destruction totale sans que ni le feu, ni la tempête, ni les défoliants soient intervenus.

« Pluies acides »! Les forêts de Bohême, coincées entre les kombinats industriels de Pologne, d'Allemagne de l'Est... et de Bohême, et en plus situées sous le vent de la Ruhr, sont donc bien placées pour les connaître! D'Allemagne de l'Est, avec son couloir industriel de quatre cents usines et notamment son complexe géant de Karl-Marx-Stadt, arrivent par le ciel plus de 220 000 tonnes de dioxyde de soufre. De la Ruhr en arrive moitié moins, mais davantage encore que de Pologne, où les usines de Silésie envoient plus de 110 000 tonnes. Enfin le bassin industriel de Sokolov, en Bohême du nord, inonde positivement les montagnes alentour de ses déchets soufrés. Installées directement sur le gisement de lignite, exploité surtout à ciel ouvert, les usines brûlent donc un combustible à très forte teneur en soufre (8 %). Ensemble, elles dégagent 2,5 millions de tonnes de dioxyde de soufre par an, soit autant que toute l'industrie française!

Les tonnages de gaz soufrés qui se promènent dans le ciel

d'Europe centrale sont proprement ahurissants. En 1982, on en comptait 4,2 millions de tonnes en Tchécoslovaquie, 4 millions de tonnes en RDA, 3,6 millions en RFA et 3 millions en Pologne. Mais c'est la Bohême qui détient le record européen (du monde ?) de la pollution soufrée, avec une concentration de 40 microgrammes de SO^2 par mètre cube d'air, concentration qui monte jusqu'à 100 microgrammes dans les monts Métallifères! Le taux d'acidité, alors, le fameux « pH », descend au-dessous de 3, ce qui est plus acide que le jus de citron!

Après le triangle noir de Sokolov, c'est sans doute le complexe sidérurgique de Nowa-Huta, à Cracovie, qui dégage le plus de pollution soufrée. Punie pour son indépendance d'esprit, la capitale intellectuelle de la Pologne doit maintenant respirer l'air enfumé des hauts-fourneaux et des usines de tracteurs. Les dirigeants communistes voulaient « prolétariser » la population cracovienne, aristocratique et rebelle, ils n'ont réussi qu'à rendre l'air de la ville irrespirable et susciter un front du refus absolument irrécupérable...

Mais si le dépérissement des arbres peut s'expliquer en Europe centrale, où la pollution est à ce point concentrée, on comprend mal comment des oasis d'air pur comme les Vosges, la Forêt Noire ou le parc national de Bavière pourraient souffrir à leur tour. Certes, on connaît la fameuse « pollution diffuse », chère aux agences financières de bassin qui sont justement chargées de faire payer les pollueurs. Les distributeurs d'eau, eux aussi, ont besoin de connaître exactement la teneur de chaque litre vendu, et sont capables de déceler la moindre trace suspecte. Mais l'air! Voici une denrée inépuisable, gratuite, qui, comme le bon sens, est la chose du monde la mieux partagée...

Certes, on connaît des agglomérations urbaines où, parfois, stagne un mélange de brouillard et de fumée que les Anglais appellent *smog*. Les déchets aériens de la grande ville, mêlés aux « inversions de températures » qui se produisent l'hiver par temps froid, créent une chape de brume nauséabonde qui peut incommoder les citadins aux bronches fragiles ou asthmatiques. Mais ces périodes de *smog* ne durent jamais plus de quelques jours. En bannissant le chauffage au charbon, Londres s'est pratiquement débarrassée de cette pollution.

En revanche, l'air ne s'améliore pas dans les villes chaudes, où la pollution urbaine, due surtout à la circulation automobile, se combine avec le soleil pour créer une sorte de brouillard toxique. Ce phénomène de photo-oxydation, qui produit un gaz appelé ozone, est aujourd'hui bien connu à Los Angeles, Mexico ou Athènes, villes cuvettes adossées à la montagne ou baignant dans une brume marine difficile à dissiper par forte chaleur. Ce brouillard photochimique, saturé de gaz d'échappement – dioxyde de soufre, oxyde d'azote et hydrocarbures imbrûlés – peut provoquer l'asphyxie des poumons, attaquer la végétation et même la pierre. Le marbre du Parthénon, qui a défié les siècles et survécu même à l'explosion de sa poudrière, succombe aujourd'hui à l'agression sournoise de l'air acide. Comme le *münster* de Fribourg, comme les chevaux de Marly et les autres statues de la place de la Concorde, à Paris, victimes à leur tour des embouteillages monstres qui diffusent à petites doses leurs gaz d'échappement.

Cet air acide, donc, qu'il est convenu d'appeler « pluies acides » même s'il s'agit seulement de brume, sévit bel et bien en quelques points connus de la planète. Mais comment diable peut-il mettre en danger la santé des arbres dans des montagnes reculées, loin des cheminées d'usine et des tuyaux d'échappement ? A qui va-t-on faire croire que la pollution de l'air tue les sapins de Forêt Noire alors que, en pleine ville, là où l'air est le plus vicié, les arbres se portent on ne peut mieux ?

Forestiers, chimistes et chercheurs de toutes disciplines se démènent toujours pour tenter de répondre à la question. Malgré ces recherches, on n'en sait guère plus aujourd'hui sur le dépérissement des forêts, car la physiologie de l'arbre est encore très mal connue. Après des siècles de gestion, l'administration française des Eaux et Forêts ne s'explique pas mieux la croissance d'un chêne que celle d'un okoumé du Gabon! Les forestiers sont incollables sur la gestion des parcelles, les essences d'ombre et de lumière, la vie collective des arbres. Mais sur le destin individuel d'un baliveau, sa manière de s'alimenter, de réagir aux agressions extérieures, de grossir ou de fructifier, on ne sait pratiquement rien de solide, de fouillé. Alors on se rabat sur les phénomènes bien connus comme la sécheresse, les coups de froid, les sols peu profonds, les carences en éléments minéraux, les arbres qui ne poussent pas dans leur « station » naturelle, etc. On agite ce cocktail et... voici pourquoi votre fille est muette.

Les recherches menées autour des pluies acides, en revanche, ont permis de faire un certain nombre de constats intéressants. Ainsi, on connaît maintenant le détail des éléments polluants qui flottent autour de nous, dans cet air ambiant que nous respirons nous-mêmes tous les jours. Dans notre douce France, selon les dernières statistiques connues, voici par exemple les quantités de polluants lâchées dans l'atmosphère en 1986 – sciemment, innocemment ou par mégarde :

– Monoxyde de carbone : 6 400 000 tonnes. Cette quantité industrielle passe pratiquement inaperçue en plein air, étant donné que le CO est un gaz incolore et inodore. Mais il n'est pas sans danger puisqu'il tue fréquemment dans les pièces fermées où fumotent de mauvais poêles; 70 % du CO émane des gaz d'échappement.

– Hydrocarbures : 2 100 000 tonnes. Ces émanations de pétrole non brûlé proviennent à plus de 40 % de la fabrication de certaines peintures ou solvants. Presque autant sortent des tuyaux d'échappement, notamment avec les moteurs diesel.

– Oxydes d'azote : 1 700 000 tonnes (sans parler de la pollution agricole). Encore une fois, l'essentiel provient de nos petits moteurs à explosion (60 %).

– Oxydes de soufre : 1 580 000 tonnes. Le chiffre est précis car cette pollution émane à 95 % des installations industrielles et des chauffages au fioul, qui sont aujourd'hui très surveillés sous ce rapport. Les émissions de dioxyde de soufre (SO^2), principal polluant de tout ce qui brûle du pétrole, du charbon ou de la matière organique, ont beaucoup diminué en France. Le tonnage 1988, tous émetteurs compris, est tombé à 1 227 000 tonnes. D'une part, en effet, les cheminées « sales » sont progressivement équipées de filtres, qui ne sont pas de simples passoires mais des appareillages sophistiqués extrêmement coûteux, plus même parfois que les fours d'incinération eux-mêmes. Ainsi, l'usine d'incinération des ordures ménagères de Chambéry a été équipée d'un filtre à fumées de... 20 millions de francs (lourds). D'autre part, beaucoup de chaudières individuelles sont passées au gaz ou à l'électricité, énergies propres pour le consommateur. Enfin, les centrales nucléaires ont peu à peu remplacé les centrales thermiques au fioul ou au charbon.

Les 5 % de SO^2 qui ne sont pas dus aux « installations de combustion fixes » proviennent des échappements de diesel.

– Poussières : 350 000 tonnes (y compris les fumées noires de moteur diesel). 80 % de ces particules en suspension sortent des installations de combustion fixes, c'est-à-dire usines et chauffages.

– Plomb : 8 000 tonnes, provenant à 90 % des gaz d'échappement dont les moteurs fonctionnent à l'essence traditionnelle au plomb, ajouté à l'essence comme anti-détonant.

Ainsi, l'an de grâce 1986, le ciel de France véhiculait quelque 13 millions de tonnes de polluants divers et variés, sous forme de gaz ou de particules! Sans parler des particules radio-actives – nous y viendrons plus loin – ni des émanations localisées de chlore, d'ammoniac et d'autres joyeusetés chimiques rejetées par les cheminées.

Ces recherches ont permis d'apprendre aussi que les usines américaines, par exemple, ont lâché dans l'atmosphère 1 400 000 de tonnes de produits chimiques toxiques en 1988, dont 160 000 tonnes cancérigènes. Le tonnage des particules qui montent ainsi avec la fumée est supérieur à celui qui est mis en décharge! Globalement, on évalue à 60 millions de tonnes la quantité d'oxydes de soufre et d'azote qui planent au-dessus de nos têtes. Quant à l'oxyde de carbone, les 5,6 milliards de tonnes comptabilisés en 1985 devraient passer à 9 milliards de tonnes en 2010, selon la calculette des experts. Les nuées d'azur nous cachent un ciel dépotoir!

Les chercheurs essayent aujourd'hui de suivre à la trace ces déchets aériens, pour connaître leur origine, leur parcours et leur durée de vie. Pas facile. Américains et Canadiens, notamment, ont beaucoup étudié la question, tant leurs Etats respectifs sont chatouilleux à l'égard des pollutions qui viendraient de chez le voisin.

Il convient d'emblée de bien distinguer deux types de pollution atmosphérique qui ne fonctionnent pas à la même échelle. On a d'abord affaire à une pollution de proximité, où ce qu'on appelle le « point source » n'est qu'à quelques kilomètres des zones polluées. C'est le cas des monts Métallifères de Tchécoslovaquie, souillés par les usines de Sokolov; ce peut être aussi un lac canadien stérilisé par une usine « étasunienne » ou un lac norvégien acidifié par une cheminée soviétique. En France même, nous avons eu des cas semblables lorsque les hauts-fourneaux de Carlaing, en Lorraine, défoliaient la chênaie alentour ou lorsque les usines de la Maurienne crachaient le fluor dans la vallée. Pollution « signée », bien visible, dont les effets n'apparaissent pas forcément tout de suite, mais qui, finalement, sautent aux yeux.

L'autre type de pollution, « longue distance », est par définition diffuse et non identifiable. Après mille kilomètres de dérive, on ne peut plus identifier la source des déchets baladeurs. Le chercheur américain Kenneth Rahn a étudié les « panaches » de pollution et il en a conclu que, en règle générale, un panache s'étale sur un dixième de sa distance. Au bout de 100 km de dérive, le panache s'étale sur 10 km de large, au bout de 1 000 km sur 100 km, et ainsi de suite. De sorte qu'il est impossible, par exemple pour les Suédois, d'incriminer une centrale thermique particulière en Grande-Bretagne.

Mais les chercheurs ont mis au point un moyen de détecter ce qu'ils appellent les « signatures régionales » des particules en vadrouille dans l'atmosphère, grâce au « traçage isotopique ». Des appareils récepteurs d'ions recueillent les données et, grâce à des modèles mathématiques *ad hoc,* on identifie l'origine régionale des polluants. Par exemple, le sélénium est un indicateur de la combustion du charbon ou du pétrole. On a pu ainsi établir que 75 % des dépôts acides qui affectent les lacs et cours d'eau de Nouvelle-Angleterre proviennent du Middle-West, le centre des Etats-Unis (25 % de ces dépôts sont de production locale). En revanche, 75 % des dépôts secs de soufre, dans l'Etat de Rhode Island, sont d'origine locale en hiver car la neige bloque sur place les particules. On a pu prouver aussi que la moitié du soufre enregistré à Barrow, en Alaska, provient du centre de l'URSS, grâce à l'indicateur arsenic. Car 92 % de l'arsenic en balade dans les hautes couches vient de là-bas (comme le sélénium vient du Middle West). Cette méthode d'identification des sources permet de corriger des erreurs d'interprétation. Ainsi, des relevés effectués à Saint-Louis, dans le Missouri, avaient trahi la présence de stronthium, habituellement associé à des sources radioactives. Emotion dans un premier temps : on crut à une fuite radioactive dans la région. Mais le traçage isotopique a permis d'identifier la source : des fusées tirées pour la fête nationale du 4 juillet! Il se trouve que les fabricants de poudre utilisent du stronthium (non radioactif) pour colorer leurs feux en rouge!

Quant à la brume de pollution qui sévit à Los Angeles, ce redouté *haze,* on s'aperçoit aujourd'hui qu'il ne peut plus être attribué à l'air marin du Pacifique, comme naguère. D'abord, on a observé qu'il s'agit non pas de gouttes d'eau en suspension, mais de particules très stables qui, par diffraction de la lumière, obstruent la visibilité. Ensuite, l'analyse de cette brume a fait apparaître une quantité si infime de sodium (2 %) qu'elle ne peut pas venir de la mer, toujours riche en sel (chlorure de sodium). La présence de plomb a fait comprendre que cette brume provenait essentiellement des gaz d'échappement. Car l'essence traditionnelle contient deux grammes de plomb par gallon et, chaque jour, ce sont 24 tonnes de plomb qui s'échappent en fumée dans l'air californien du fait de l'intense circulation automobile dans la région de Los Angeles.

On a pu établir aussi que les émissions soufrées et azotées qui se fondent dans l'atmosphère sont neuf fois sur dix le fait de l'homme (pollution industrielle et automobile) et une fois sur dix seulement « naturelles », c'est-à-dire provenant des volcans ou de la décomposition des sols forestiers. Le traçage isotopique a permis de constater qu'un tiers du dioxyde de soufre produit aux Etats-Unis traverse l'Atlantique et vient donc encombrer le ciel européen. On sait aussi que la Communauté européenne « fournit » 14 % du dioxyde de soufre produit dans le monde, 13 % des oxydes d'azote et 9 % des hydrocarbures. Les émissions de dioxyde de soufre sont en constante diminution chez les Douze, sauf en Italie où le boom industriel n'a pas été accompagné des mesures de sauvegarde appropriées.

La production de déchets aériens, malgré la baisse du SO^2 dans les pays industrialisés, ne connaît pas de répit. Le filtrage des cheminées industrielles est en effet largement compensé par la naissance de nouvelles industries dans le tiers monde – presque toujours « sales » – et surtout par l'augmentation de la circulation automobile, dont on estime aujourd'hui qu'elle représente la moitié de la pollution atmosphérique. D'où les efforts déployés pour filtrer à leur tour les tuyaux d'échappement.

Ces efforts, nés au début des années 1970 aux Etats-Unis,

puis très bien relayés par le Japon, commencent seulement à porter leurs fruits en Europe. Jusqu'en 1989, en effet, les constructeurs européens de petites voitures, notamment français, italiens et anglais, faisaient tout ce qu'ils pouvaient pour retarder une échéance pourtant inéluctable : l'adoption du pot catalytique. Motif : cet appareillage, assez sophistiqué, allait alourdir le prix de vente des voitures de manière insupportable pour les modèles bon marché.

En fait, ce refus des constructeurs européens avait une autre raison, puisque les Japonais fabriquent beaucoup de petites cylindrées, toutes équipées de pots catalytiques pour le marché intérieur. Mais le front du refus n'acceptait pas de devoir passer sous les fourches caudines des monopoles concurrents. En l'occurrence, de très fortes parties : l'Allemand Bosch pour l'injection électronique, indispensable pour la bonne carburation de l'essence sans plomb; l'Américain Corning Glass et le Japonais NGK pour la fabrication des céramiques spéciales qui constituent le support des alliages filtrants; l'Américain Allied Signal pour la fabrication des tubulures en alliage spécial (platine, palladium et alumine) qui, avec seulement quelques grammes de métal précieux (entre 1,5 g et 3 g), permet d'offrir une énorme surface de contact avec les polluants qui passent dans le pot (l'équivalent d'un terrain de football!); enfin les Etats qui ont le monopole du platine et du palladium, à savoir l'URSS et l'Afrique du sud. Des partenaires obligés lourds à porter pour Renault, Peugeot, Fiat ou British Leyland...

Sans oublier la stratégie de Peugeot qui privilégie les moteurs diesel. Or on n'a toujours pas trouvé le moyen de rendre ces moteurs propres, car le gasole contient trop de soufre pour un pot catalytique, et il recrache trop d'hydrocarbures aussi.

Comme le parc de poids lourds qui fonctionnent au diesel ne cesse de croître aux dépens des chemins de fer, on n'est pas près de connaître un ciel bien dégagé dans les prochaines décennies, pots catalytiques ou pas. Même le pot catalytique, d'ailleurs, produit ce CO^2 (dioxyde de carbone) qui contribue finalement à l'effet de serre et au réchauffement de la terre.

L'effet de serre! Plus que les pluies acides, aujourd'hui, c'est ce réchauffement général de la planète qui inquiète les observateurs du long terme. Depuis des siècles, les glaciers reculent dans les vallées alpines et le désert progresse au Sahara. Comme si nous étions dans une phase climatique longue de réchauffement, indépendamment de toute pollution atmosphérique. Mais le phénomène semble s'accélérer depuis quelques décennies. Entre 1973 et 1984, le Sahel a connu la plus longue et sévère sécheresse jamais subie de mémoire d'homme. En 1988, les Etats-Unis ont enduré un été torride, qui a rappelé aux plus anciens la sécheresse des années 1930, lorsque les plaines de l'Ouest s'étaient transformées en *dust bowl,* ce « bol de poussière » qui avait jeté sur les routes les ouvriers agricoles de l'Oklahoma, ainsi que l'a décrit John Steinbeck dans *Les raisins de la colère.* Même notre Europe bien tempérée a connu la sécheresse en 1976 et 1989.

Plus inquiétant encore : on observe une lente mais régulière montée du niveau de la mer, qui atteint en certains endroits plusieurs millimètres par an. Même si de sévères coups de froid surviennent encore, comme les hivers 1956, 1985 et 1986 en Europe, il faut en conclure que les glaces fondent un peu plus chaque année, ou que l'eau douce part plus vite à la mer. Les deux phénomènes s'ajoutent : sous l'effet du réchauffement climatique, les glaciers s'amenuisent; sous l'effet de l'urbanisation, des nouvelles pratiques agricoles et de l'artificialisation des fleuves, l'eau retourne plus vite à la mer.

Quelle est la part de la pollution atmosphérique dans tout cela? Les observations fiables sont bien trop récentes pour pouvoir donner une réponse aujourd'hui. Surtout, il est difficile de faire la part des phénomènes naturels et des phénomènes dits « anthropiques », c'est-à-dire dus à l'homme, donc artificiels. Les volcans, très naturellement, crachent beaucoup de gaz carbonique et de soufre. Les forêts, par la fermentation de leur humus, et les marais, avec leur vase riche en méthane, contribuent aussi à la production de gaz carbonique. Normalement, grâce à la photosynthèse, les arbres absorbent le CO^2 de l'humus pour fabriquer des feuilles – la fameuse fonction chlorophyllienne – et nous restituent de l'oxygène. En forêt vierge, cette fonction s'équilibre : les arbres consomment autant de gaz carbonique par leurs feuilles vertes qu'ils en produisent par leurs feuilles mortes. On ne peut donc pas dire, contrairement à ce qui se répète partout, que la forêt amazonienne est « le poumon de la planète ». En régime normal, le solde gaz carbonique/oxygène est nul.

En dehors des volcans, donc, et de quelques zones marécageuses, la nature ne produit pas de gaz carbonique en excédent. En revanche, la plupart des activités humaines en dégagent abondamment, depuis que l'homme a maîtrisé le feu. Tant qu'il ne s'agissait que de cuire son riz ou de chauffer sa cabane, cette combustion n'avait guère d'effet sur l'état de l'air. Mais du jour où l'homme s'est servi du feu pour se déplacer (moteur à vapeur ou à explosion) et pour produire tout ce qu'il utilise ou consomme (les usines), la charge de l'air en CO^2 a commencé à grimper.

Les spécialistes affirment aujourd'hui que l'accumulation de CO^2 dans l'atmosphère constitue une sorte de plafond qui laisse passer les rayons du soleil, donc la chaleur, mais l'empêche de remonter ensuite dans la haute atmosphère. Ce qu'ils appellent « l'effet de serre ». Nos fumées de chauffage, d'usines et de gaz d'échappement, à la longue, formeraient une barrière d'air pollué au-dessus de nos têtes, comme un vitrage de serre. Autrement dit, nos déchets aériens menacent d'asphyxier la planète, de l'empêcher de respirer l'air frais des cimes. Nous serions confinés dans un air vicié, sous une chape artificielle produite par notre activité fébrile...

De même qu'on observe une montée du niveau de la mer, on enregistre aussi une augmentation du taux de gaz carbonique dans l'air. Que faire pour enrayer le processus? A la conférence mondiale de l'énergie réunie à Montréal en 1989, les électriciens français ont proposé une solution : l'énergie nucléaire. La combustion de l'uranium dans un réacteur, en effet, ne produit que de la chaleur et de la vapeur d'eau. Pas un atome de gaz carbonique. « Euréka! », clament nos braves ingénieurs en mal de commandes. L'effet de serre, par les craintes qu'il suscite, va peut-être redonner vie aux programmes nucléaires en sommeil depuis Tchernobyl...

Il est vrai que les centrales nucléaires ont permis de réduire considérablement la consommation de pétrole en France, et donc la production involontaire de soufre et de gaz carbonique. Mais toute production d'énergie dégage de la chaleur et participe donc directement au réchauffement de la planète. Les centrales nucléaires réchauffent l'eau des fleuves ou de la mer d'où elles tirent leur source froide. Et elles réchauffent l'air avec ces énormes volutes de vapeur qui sortent des tours de refroidissement. Ce qu'on appelle la pollution thermique. Qu'il se produise directement ou indirectement par effet de serre, le réchauffement a lieu.

Le seul moyen de produire de l'énergie sans contribuer à ce réchauffement reste l'hydroélectricité, ainsi que les techniques aujourd'hui encore dans les limbes comme les éoliennes ou les piles solaires. Mais la menace de l'effet de serre, aujourd'hui, apparaît trop floue pour que l'on s'engage résolument dans ces voies d'avenir.

L'autre moyen de réduire la production de gaz carbonique, c'est de réduire sa consommation, de pratiquer ce qu'on appelle « les économies d'énergie ». Cela va de la baisse du chauffage en hiver à l'utilisation de moyens de déplacement économes en énergie (transports en commun, engins à faible consommation de carburant), voire le vélo ou les pieds. Le gaz carbonique produit par la respiration du piéton ou du cycliste n'a pas de commune mesure avec celui produit par une voiture (qui déplace non seulement des hommes, mais une lourde machinerie). Utiliser un rasoir électrique, une brosse à dents électrique ou un couteau électrique pour le rôti, c'est contribuer au réchauffement artificiel de la planète. A consommer donc avec modération.

Mais le vrai danger, à terme, pour l'effet de serre et le réchauffement de notre planète Terre, c'est l'explosion démographique. Chaque nouvelle bouche à nourrir est aussi une bouche qui exhale du gaz carbonique. C'est surtout un nouveau consommateur qui induira par son existence même la production de pollutions et de déchets. Il nous reste donc deux impératifs : pour les pays développés, qui font peu d'enfants mais consomment beaucoup, le mot d'ordre doit être l'économie d'énergie. Les progrès techniques montrent qu'on peut aller dans ce sens (moteurs économes de carburants) sans compromettre le confort. Pour les pays en développement, l'objectif doit être la maîtrise de la croissance démographique ou l'essor économique, ce qui revient au même puisque la surnatalité vient de la pauvreté. Autrement dit, il faut absolument inverser la spirale infernale actuelle qui fait que les pays riches, de moins en moins nombreux, consomment de plus en plus, et que les pays pauvres, du fait de l'explosion démographique, consomment de moins en moins par tête mais de plus en plus globalement.

CHAPITRE 16

L'ozone déchiré

Concorde, le bel oiseau, était fait pour séduire. Comment résister à cette merveille d'avion supersonique capable de franchir l'Atlantique en trois heures ? Et qu'admirer le plus ? La beauté racée de son nez inclinable ? La finesse du fuselage ? L'élégante sobriété des lignes de l'empennage ? La puissance des moteurs ? Ou encore la prouesse politique consistant à faire travailler ensemble des ingénieurs de deux industries aéronautiques rivales, quand ce n'est pas ennemies ? Oui, vraiment, l'avion franco-britannique devait normalement rallier tous les suffrages, même ceux des plus exigeants.

Mais de mauvaises fées s'étaient penchées sur son berceau. Dès son premier vol, en 1969, il reçoit une flèche empoisonnée : on l'accuse de déchirer la couche d'ozone qui, là-haut, dans la stratosphère, nous protège de la brutalité du soleil en absorbant la quasi-totalité des rayons ultraviolets. Car non seulement *Concorde* vole dans les parages sensibles de la stratosphère, mais ses moteurs supersoniques recrachent quantité de gaz nocifs qui attaquent la couche protectrice. L'avion *Concorde,* s'il se met à proliférer dans les transports aériens, risque d'abîmer le ciel de manière irrémédiable. Il faut l'arrêter avant qu'il ait commencé de nuire.

Lorsqu'il sera prouvé que l'avion supersonique ne menace pas davantage la santé du ciel que les appareils subsoniques, il sera trop tard. Les Américains prétendront qu'il fait trop de bruit pour survoler les Etats-Unis à pleine vitesse. La crise pétrolière achèvera le travail de sape avec une constatation désastreuse : *Concorde,* c'est vrai, consomme beaucoup de carburant... et rejette par conséquent plus de gaz d'échappement dans son sillage.

L'avion de la discorde a donc essuyé les plâtres de la grande querelle sur la couche d'ozone, lancée exactement quarante ans avant par le physicien anglais Chapman, à l'occasion de la conférence réunie à Paris en 1929. Le savant britannique s'était fait remarquer en révélant que la couche d'ozone observée aux alentours de 25 000 mètres d'altitude était due à l'action du rayonnement solaire sur les molécules d'oxygène. Cette action photochimique du soleil, en associant puis en dissociant les trois atomes d'oxygène de l'ozone (O^3), expliquait sa formation et sa disparition à haute altitude.

On devait découvrir ensuite que cette dissociation photochimique ne pouvait se produire qu'avec d'autres éléments présents à l'état de traces dans la haute atmosphère : les composés hydrogénés, azotés et chlorés. Ces composés, par le jeu d'une catalyse complexe, peuvent détruire un nombre formidable de particules d'ozone. Une simple molécule de chlore, à elle seule, pourrait détruire dix mille molécules d'oxygène constituant l'ozone!

Or, en dehors du chlorure de méthyle naturellement produit par les océans, les seuls composés chlorés assez stables pour gagner intacts la stratosphère sont ces fameux CFC (chlorofluorocarbones) mis au ban des nations depuis le protocole de Montréal, en 1987. On a constaté aussi que le brome est encore plus agressif pour la couche d'ozone que les composés chlorés. Or ce brome remplace le chlore dans les halons, gaz très proches des CFC qui sont utilisés pour certains extincteurs à haute performance. CFC ou halons, il ne s'agit plus d'éléments naturels, mais bel et bien de produits chimiques fabriqués par l'homme, qui se glissent dans les hautes couches à la faveur des colonnes d'air chaud. La stratosphère, que l'on pouvait croire préservée des déchets de l'industrie humaine, apparaît aujourd'hui comme l'ultime réceptacle de ces résidus – hormis les satellites envoyés dans l'espace qui ont, eux, le bon goût de disparaître sans dégâts, désintégrés dans les vastes espaces intersidéraux ou volatilisés lors de leur retour dans l'atmosphère.

Les CFC ont été inventés en 1928 par les laboratoires de la General Motors, à la recherche d'un substitut de l'ammoniaque pour générer le froid. Ces chlorofluorocarbones indestructibles, non biodégradables, sont devenus indispensables dans plusieurs secteurs industriels, à commencer par l'industrie du froid. Les CFC servent en effet de gaz réfrigérant dans les circuits des climatiseurs, des réfrigérateurs et des congélateurs, tous appareils de plus en plus demandés à travers le monde. Ils entrent aussi dans la fabrication des mousses de plastique dont l'usage s'est étendu à une multitude de produits : emballages, isolants, rembourrage de sièges, etc. Dans l'industrie électronique, ils servent de solvants pour nettoyer les circuits intégrés et les puces. Dans les locaux « sensibles » comme les musées, les centraux informatiques ou les salles de commande de centrales nucléaires, les extincteurs aux halons permettent d'étouffer un incendie sans inonder le matériel ni intoxiquer le personnel. Enfin, ils servent de fluide porteur dans les bombes aérosols qui craignent la flamme ou contiennent un produit à vaporiser très fin comme les laques.

Mais les CFC ont les défauts de leurs qualités. Comme ils sont ininflammables, inoxydables et inaltérables ici-bas sur Terre, c'est-à-dire parfaitement inoffensifs, ils peuvent traverser indemnes toutes les strates de l'atmosphère et s'en prendre à la couche d'ozone dans de nouvelles conditions physicochimiques. D'une stabilité à toute épreuve parmi les Terriens, à hauteur d'homme, ce produit miracle devient agressif lorsqu'il se rapproche du soleil.

En 1974 paraît aux Etats-Unis un rapport scientifique qui

dénonce les méfaits de ces CFC lorsqu'ils atteignent la stratosphère, entre 20 000 et 40 000 mètres d'altitude. En détruisant l'ozone stratosphérique, ils laissent la porte ouverte aux rayons ultraviolets responsables, entre autres, des cancers de la peau. Dans un pays où le mot cancer provoque toujours un sursaut d'effroi, la menace est prise au sérieux. Mais quoi faire, sinon revenir à l'ammoniaque pour le froid et au propane-butane pour les bombes aérosols?

Les industriels du froid n'envisagent pas un seul instant de revenir à un procédé qu'ils considèrent comme définitivement périmé. Ils vont donc conserver les précieux CFC en attendant que l'industrie chimique leur fournisse des substituts ayant les mêmes qualités, si toutefois cette histoire de destruction de l'ozone se vérifie. Les fabricants d'aérosols hésitent davantage. C'est que leurs produits, vendus à l'étalage, sont immédiatement soumis à la discrimination du consommateur. Si l'on persuade la clientèle que les *sprays* favorisent indirectement le cancer, ne va-t-elle pas les bouder?

La plupart des fabricants vont faire le gros dos et laisser passer l'alerte. D'autant plus que, en 1974, ils ont d'autres chats à fouetter. La grande angoisse, c'est le prix du pétrole, dont le baril va atteindre des sommets. Le moment semble vraiment mal choisi pour revenir au butane-propane, un gaz carburant dont le prix, forcément, va exploser aussi! Seul M. Johnson, patron de la célèbre maison Johnson Wax, championne des cires liquides, décide d'abandonner les CFC pour ses bombes aérosols. M. Johnson appartient à cette race d'Américains fiers de l'être, qui s'estimerait déshonorée si sa firme n'apportait pas au public le meilleur produit au meilleur prix. La Johnson Wax s'interdit de faire de l'argent au détriment de la santé des consommateurs et de la morale universelle. On revient donc chez Johnson au bon vieux butane-propane.

Ce gaz, cependant, a beaucoup d'inconvénients. D'abord, il est inflammable, ce qui le rend plus difficile à manier pendant la fabrication des bombes, et aussi d'un emploi plus limité puisqu'il interdit l'usage d'un *spray* en présence d'une flamme ou d'une source chaude. Ensuite, il dégage une odeur qui en interdit l'usage pour les produits déodorants. Il diffuse aussi moins bien, de sorte qu'on ne peut l'utiliser pour les laques, qui exigent une vaporisation très fine. Enfin, *last but not least,* le butane-propane, beaucoup plus léger que les CFC, donne l'impression, par comparaison, que le flacon neuf est vide. Fâcheux pour la vente en rayon!

M. Johnson prend tout de même le risque, par déontologie professionnelle. Mais c'est un risque calculé. En fait, Johnson Wax ne fabrique pas de laque et ne produit qu'un seul déodorant, ce qui limite considérablement la portée pratique de l'abandon des CFC. Aujourd'hui, la fièvre verte fait de tels progrès que les bombes Johnson se vendent comme des petits pains à travers le monde. L'usine européenne, implantée près d'Amsterdam, fabrique 80 millions de bombes aérosols par an, garanties sans CFC. Une seule exception : le fameux détachant K2R, que Johnson vient de racheter, et qui utilise encore un CFC comme gaz propulseur. « Mais nous allons y remédier », promettent les repreneurs.

La production mondiale de CFC, qui a augmenté de manière régulière depuis les années 1960, connaît donc un coup d'arrêt en 1974. Cette année-là, on atteint le chiffre record de 810 000 tonnes de CFC – non compris la Chine ni l'URSS. La production baisse ensuite, surtout à partir de 1978, lorsque les États-Unis décident d'arrêter l'utilisation des CFC dans les aérosols qui ne sont pas absolument indispensables. Mais elle remonte entre 1982 et 1985 grâce au coup de fouet de la reprise mondiale. Les industriels peuvent alléguer pour leur défense qu'ils n'ont toujours pas reçu le premier commencement d'une preuve que la couche d'ozone est victime de leurs sous-produits.

Nouveau rebondissement en 1985. Coup sur coup, deux stations scientifiques, l'une britannique, l'autre japonaise, découvrent un « trou » dans la couche d'ozone au-dessus de l'Antarctique. L'organisation mondiale de la santé publie un rapport alarmant sur la situation, et la communauté scientifique américaine s'agite tellement que l'EPA, l'agence de protection de l'environnement, sonne à son tour le tocsin.

L'agitation « anglo-saxonne » laisse d'abord de glace la communauté scientifique française, où l'on soupçonne une campagne orchestrée par le géant américain Du Pont de Nemours, le seul fabricant ayant annoncé la découverte d'un substitut opérationnel aux vilains chlorofluorocarbones. Le « trou » de l'Antarctique semble trop bien coïncider avec cette découverte pour être honnête...

Mais comment accuser les organisations internationales de faire le jeu d'une firme américaine ? Après l'OMS, c'est le PNUE (Programme des Nations unies pour l'Environnement) qui prend le relais de l'alerte aux CFC. Le PNUE organise même à Montréal une conférence internationale où sera signé, en 1987, le fameux « protocole » prévoyant une réduction progressive de la fabrication des CFC, jusqu'à leur disparition complète après l'an 2 000.

Tous les rapports scientifiques concordent, en effet, pour indiquer que la couche d'ozone, à l'échelle planétaire, s'amincit de quelques pour cent depuis qu'on l'observe. Or comme elle ne fait au mieux que trois ou quatre millimètres d'épaisseur, le bouclier protecteur contre les ultraviolets risque de devenir un voile diaphane, évanescent, qui n'interceptera plus les rayons dangereux. Au-dessus de l'Antarctique, c'est pire. Chaque printemps, la couche se réduit de moitié, de sorte qu'apparaît effectivement un « trou », bien visible sur les images satellites.

Ce trou, certes, ne présente pas de danger pour les populations environnantes, puisque l'Antarctique est un désert total, sans le moindre habitant, hormis quelques chercheurs emmitouflés contre le blizzard. Aucune plante, d'ailleurs, ne peut survivre dans la glace, qui recouvre la quasi-totalité du

« continent blanc » pendant douze mois sur douze. Quant à la faune, limitée aux manchots et à quelques phoques, elle se cantonne sur certains points du littoral pour rester près de son élément, la mer. Ni les uns ni les autres ne craignent la morsure des ours, absents du sixième continent, et encore moins le rayonnement des ultraviolets à travers leurs fourrures!

Le trou de l'Antarctique, au demeurant, se comble presque complètement la saison suivante, soit que les vents redisposent autrement le manteau protecteur, soit que la cuisine moléculaire produise de l'ozone tout neuf. Car tout bouge dans les hautes couches, comme partout ailleurs. Mais les études aéronomiques sont encore trop récentes pour que l'on puisse affirmer quoi que ce soit de définitif sur la présence des CFC dans la stratosphère et sur leur action destructrice à l'égard de la couche d'ozone.

Ce qu'on peut affirmer, c'est que les centaines de milliers de tonnes de CFC fabriqués chaque année finissent par rejoindre la stratosphère après usage, lorsque sont abandonnés ou détruits les appareils qui en contenaient. Car rien ni personne ne peut retenir ces molécules chlorées à terre si l'on n'a pas pris soin, au préalable, de les capturer. On peut transvaser le liquide réfrigérant d'un vieux frigo et le recycler. Mais comment récupérer le gaz du polystyrène expansé des emballages ou des mousses de polyuréthane? Et comment empêcher que les gaz vaporisés par les bombes aérosols se retrouvent dans l'atmosphère, sinon en en interdisant l'emploi?

On sait aussi que, une fois lâchés dans la nature, les CFC ne se connaissent pas d'ennemis ni de prédateurs. Ils errent donc au gré des vents et des courants, se trouvent aspirés dans les colonnes de chaleur qui montent du sol et suivent le grand mouvement tournant du vortex polaire qui les entraîne dans la stratosphère. Là, par des températures de – 90° celsius, les molécules de chlore se déchaînent et font éclater les particules d'ozone. Entre 1979 et 1988, on a ainsi observé une diminution de la couche d'ozone de 5 % au sud du soixantième parallèle. En certains endroits « privilégiés » du pôle Sud, à 20 kilomètres d'altitude, l'ozone est détruit à 95 %. Curieusement, ce phénomène n'a jamais été observé au-dessus de l'océan Arctique, alors que l'essentiel de la production industrielle, et donc de la pollution atmosphérique, se concentre dans l'hémisphère Nord. Les chercheurs répondent que, de toute façon, les polluants de l'air se répartissent dans la stratosphère bien autrement que dans l'atmosphère terrestre. La différence de réaction chimique entre les deux pôles viendrait de la température. En effet, l'air des hautes couches, au-dessus du pôle Nord, est beaucoup moins froid qu'au-dessus du pôle Sud – environ 20 degrés de plus. Mais les recherches, commencées sur le terrain en 1989, lors d'une campagne de lâchers de ballons dans le grand Nord suédois, ont besoin d'être poursuivies. Nous sommes encore ignares sur la cuisine chimique qui se concocte loin au-dessus de nos têtes.

Quoi qu'il en soit, on sait que les résidus de nos gestes les plus familiers – un coup de laque sur les cheveux, une giclée de mousse à raser – peuvent se retrouver un jour à des milliers de kilomètres de là, sournoisement, et menacer à terme la survie des hommes sur la planète!

Les industriels ont cette fois vigoureusement réagi. A commencer par les aérosoliers, qui se sentent tout spécialement dans le collimateur alors même qu'ils ne consomment que 30 % de la production de CFC. Surtout, font-ils remarquer, près de la moitié des bombes aérosols mises sur le marché n'a jamais utilisé de CFC comme gaz propulseur. A la différence de leurs collègues américains, qui penchent pour le butane-propane ou le HFA, le nouveau substitut, les aérosoliers français s'orientent vers un retour au bon vieux gaz carbonique, le propulseur naturel de l'eau de Seltz. Les HFA, disent-ils, vont être beaucoup plus chers que les CFC, au moins dans un premier temps. Et rien ne nous dit qu'on ne va pas leur trouver aussi des vices rédhibitoires... Chez ATOCHEM, deuxième producteur français de CFC, on fabrique depuis peu les nouveaux HFA dans une unité de Pierre-Bénite, près de Lyon. Mais on observe que les données écotoxicologiques ne seront rassemblées que « dans deux ou trois ans ».

Cet aveu rend prudents les aérosoliers français, qui se sont lancés depuis 1983 dans de savantes recherches appliquées pour parvenir à mettre du gaz carbonique dans une bombe. Car si le principe de la bouteille d'eau de Seltz est enfantin, il ne vaut sous cette forme que pour l'eau – ce qu'a fait Evian avec son « brumisateur ». Pour les autres produits chimiques, l'embouteillage apparaît beaucoup plus délicat. Avec les CFC, pas de problème : on mélangeait avec le produit à propulser sans aucune précaution, sans formulation particulière, dans une proportion de 60 % à 70 % du poids de la bombe (40 % avec le butane-propane). Avec le $C0^2$, qui ne doit jamais dépasser 3 % de la masse volumique, il faut doser la quantité en fonction de chaque produit à propulser. Ce qui a beaucoup retardé la mise au point de la fabrication en série. En outre, il faut une pression d'environ 15 bars pour mettre en boîte le gaz carbonique et ensuite prévoir un flacon qui résiste à une pression interne de 5 bars (les CFC se contentent de 4 bars). Enfin, comme pour le butane-propane, la vaporisation au gaz carbonique produit des gouttelettes moins fines qu'avec les CFC.

Pourquoi alors s'obstiner avec un produit d'usage si malaisé ? Parce que le gaz carbonique a aussi de multiples avantages. D'abord, c'est un produit naturel que l'on trouve dans certaines eaux minérales (eau de Seltz, eau Perrier, eau de Vichy, etc.). Ensuite, il faut très peu de gaz carbonique pour vaporiser un produit – pas plus de 10 grammes par bombe. Ce qui fait que chaque flacon contient beaucoup plus de produit actif et que l'on obtient finalement deux à trois fois plus de pulvérisations. Le consommateur y gagne évidemment, et le fabricant se rattrape sur le prix du gaz propulseur qui ne coûte presque rien.

Le gaz carbonique existe à l'état naturel dans le sous-sol. Il suffit de forer des puits pour l'extraire. Pourvu que le gisement soit riche et peu profond, l'affaire devient rentable. Les aérosoliers français misent beaucoup sur des poches gazeuses qui se trouvent dans le sous-sol de la région de Nîmes. Ils vont forer dans la roche volcanique à des profondeurs variant entre 160 m et 300 m, et ils n'auront plus qu'à brancher les tuyaux pour recueillir le gaz carbonique, garanti pur dans ce gisement.

Certains poussent le raffinement écologique jusqu'à recycler le CO^2 qui s'échappe des cheminées pendant la combustion. Un procédé industriel se greffe sur un autre : il faut prélever le gaz des fumées, l'épurer, le déshydrater, le désodoriser et enfin le liquéfier. Cela peut sembler compliqué, mais la rentabilité du procédé est assurée par les débouchés, immenses. Rien qu'en France, où la consommation moyenne par habitant est de douze bombes par an, le marché représente six à sept millions de flacons. En Europe, il atteint 3,2 milliards et, dans le monde, 8 milliards – autant que de bouteilles d'eau minérale fabriquées en France, mais pas au même prix, ni pour le même usage!

Reste une objection, s'agissant de la couche d'ozone et de la pureté de l'air. Le gaz carbonique, sous-produit de toute combustion, augmente considérablement en teneur dans l'atmosphère depuis ces dernières décennies. C'est même notre déchet le plus abondant puisqu'on estime à 20 milliards de tonnes la quantité produite par toutes les installations de cuisine, chauffage et fabrication industrielle du monde! Certes, cette production artificielle de CO^2 ne représente peut-être qu'un pour cent de la production naturelle des océans et des forêts de la planète, mais c'est sans doute un pour cent de trop, si l'on songe à la fragilité des grands équilibres. Un degré de plus en température, c'est énorme à l'échelle planétaire et cela peut avoir des conséquences redoutables sur la végétation ou la montée des eaux. Les aérosoliers vont-ils donc contribuer à nouveau à l'effet de serre?

Ridicule! disent-ils. A raison de 10 grammes de CO^2 par bombe, cela fait 80 000 tonnes pour la production française. Qu'est-ce que 80 000 tonnes, comparées aux 20 milliards de tonnes des cimenteries, centrales thermiques, hauts fourneaux et autres gros pollueurs? Cela reste insignifiant au regard du milliard de tonnes de méthane produit naturellement chaque année par la décomposition des feuilles en sous-bois! En outre, les aérosoliers vont utiliser du gaz naturel ou recycler le CO^2 qui, de toute façon, aurait été relâché dans l'atmosphère. Veut-on vraiment qu'ils retournent aux CFC assassins de la couche d'ozone ou au butane-propane fabriqué à partir d'une énergie fossile, donc non renouvelable?

Les professionnels du froid ou « frigoristes », qui consomment eux aussi 30 % des CFC, ont plus de difficultés pour se plier aux accords de Montréal que les aérosoliers, car ils n'ont pas autant de substituts à leur disposition. Mais ils ont un avantage, dont ils tirent beaucoup argument : les CFC qu'ils utilisent restent en circuit fermé dans le système de refroidissement. On peut donc les récupérer après usage et ne pas les laisser filer dans l'atmosphère.

Ce sont les Suédois qui ont les premiers lancé une campagne de récupération des fluides frigorifiques. Grâce à une sorte de grosse poire en caoutchouc, que l'on adapte sur le tuyau, on peut récupérer les CFC qui subsistent dans les vieux frigos. La ville de Paris, à son tour, a lancé une opération de récupération des CFC, qui permet de ponctionner une trentaine de vieux frigos par jour. Une difficulté : on ne peut mélanger les gaz récupérés pour qu'ils soient recyclables. Or les CFC utilisés varient beaucoup entre le réfrigérateur de cuisine, l'unité de froid industriel ou le système de climatisation d'un immeuble. Il faut donc vidanger chaque circuit dans un récipient nettoyé préalablement sous vide, et analyser le contenu de chaque poche avant de le retraiter.

C'est encore un Suédois, le géant du froid Electrolux, qui a lancé une opération écolo-publicitaire censée protéger la couche d'ozone. Le circuit de réfrigération, sur un frigo, n'est pas le seul élément à contenir des CFC. Toutes les armoires frigorifiques, en effet, comportent des parois rendues isolantes par une épaisse couche de mousse synthétique. Or, pour fabriquer ces mousses de polyuréthane ou de polystyrène expansé, on utilise des CFC comme gaz expanseurs. Du Pont de Nemours a même inventé un CFC pour la fabrication de ces mousses : le fréon. Le fabricant suédois de réfrigérateurs a mis au point une mousse synthétique qui contient deux fois moins de fréon que les autres. Grâce à un procédé dont Electrolux a le secret, la mousse contient autant d'air que de fréon. Ce qui lui permet aujourd'hui de vendre ses appareils avec une alléchante étiquette : « 50 % de réduction », écrit en très gros... « du fréon », écrit en tout petit! En fait, en raison même de cette innovation, le frigo « vert » d'Electrolux coûte un peu plus cher! Mais les acheteurs attirés par cette offre spécieuse auront au moins une certitude : leur frigo hors d'usage polluera deux fois moins la stratosphère...

La difficulté, pour le grand public, consiste à démêler les tenants et aboutissants de l'ozone, tantôt déchet tueur de forêts (pluies acides), tantôt bouclier sanitaire agressé par nos déchets! Si, en plus, les distributeurs d'eau se vantent de produire une eau pure grâce à l'ozone, il n'y comprend plus rien. Pire que le plomb dans l'essence!

De par sa constitution (trois atomes d'oxygène, d'où le symbole O^3), l'ozone est très oxydant. Ce gaz attaque donc les éléments qu'il rencontre, quels qu'ils soient. S'il s'agit de polluants organiques dans l'eau, il les détruit. D'où l'eau pure distribuée au robinet, ce que tout le monde apprécie. D'où aussi l'eau stérilisée des lacs envahis par les pluies acides, ce que les pêcheurs n'apprécient pas du tout. S'il s'agit de nos poumons ou de la chlorophylle des arbres, l'ozone devient carrément dangereux, car il peut alors attaquer les tissus et provoquer des lésions.

Or l'ozone que nous respirons à ras de terre est pour l'essentiel le résultat de l'oxydation, sous l'effet du soleil, des oxydes d'azote rejetés par les cheminées et surtout les tuyaux d'échappement. L'ozone dangereux provient donc de nos déchets. L'ozone stratosphérique, en revanche, utile contre les rayons ultraviolets, ne peut être reconstitué par nos déchets. En dehors des CFC ou assimilés, produits inaltérables qui traversent toutes les couches de l'atmosphère sans subir la moindre transformation, ce que nos cheminées rejettent n'atteint pas la stratosphère et ne peut donc participer à l'élaboration de l'ozone des hautes couches.

La leçon de toute cette histoire, c'est que le danger, une fois de plus, vient de nos déchets. Ce sont eux qui fabriquent l'ozone dangereux que nous et les arbres respirons à ras de terre. Ce sont encore eux qui attaquent l'ozone salutaire de notre ombrelle planétaire. Nous n'en avons pas fini avec le ciel poubelle.

Cela ne fait même que commencer. Depuis le lancement du premier satellite artificiel, en 1957, notre espace intersidéral s'est peu à peu rempli d'engins qui, s'ils ne fonctionnent plus, continuent à dériver comme des épaves. En trente ans, des centaines de fusées, lanceurs, satellites, capsules et stations orbitales de tout calibre ont été expédiés au-delà de la stratosphère. De temps en temps, l'un de ces engins « décroche » et retombe sur la Terre. D'autres se volatilisent au contact d'une météorite ou par usure au retour dans l'atmosphère. Mais la plupart continuent à tourner sur leur orbite, en un manège qui commence à encombrer le ciel. La navigation spatiale, bientôt, devra éviter les épaves! Même ces espaces infinis qui faisaient frémir Pascal ne sont plus vides.

CHAPITRE 17

Rads, rems et becquerels

Lorsque Henri Becquerel découvrit la radioactivité dans son vénérable laboratoire du Muséum d'histoire naturelle de Paris, entre le cèdre de Jussieu et la Ménagerie du Jardin des Plantes, en 1896, il ne se doutait pas que, un demi-siècle plus tard, ce rayonnement naturel serait utilisé pour fabriquer l'arme la plus puissante jamais conçue. Et il ignorait, ce brave savant à barbe et futur prix Nobel, que l'on donnerait son nom à l'unité légale de mesure de la radioactivité. Redoutable honneur! Jusqu'au 31 décembre 1985, en effet, l'isotope radioactif se mesurait en « curie » – l'autre grand ancêtre! – ou en « rad », plus anonyme. Depuis 1986 donc, la radioactivité se mesure en becquerels ou Bq (une désintégration par seconde) et en « gray » ou Gy (correspondant à la puissance d'un joule dans un kilo de matière), du nom d'un physicien anglais. Avec le becquerel, on entre dans l'infiniment petit puisqu'une seule curie en contient... 37 milliards!

Les fonctionnaires de l'Agence internationale de l'énergie atomique de Vienne (AIEA), en prenant cette décision, ne se doutaient pas non plus que, quelques mois plus tard, avec l'accident de Tchernobyl, ces becquerels allaient soudain connaître les honneurs de la grande presse. Combien de becquerels dans la viande de renne, en Laponie? Combien dans le lait des vaches bavaroises, dans le *feta* grec, dans les poissons du lac de Lugano, dans les épinards alsaciens et le thym de la Drôme ? Le 1er mai 1986 restera pour l'Europe la découverte d'un déchet baladeur dont tout le monde soupçonnait plus ou moins l'existence, depuis quarante ans, mais dont personne n'avait ressenti physiquement la menace, chez lui : la poussière radioactive.

L'accident de Three Mile Island, en 1979 aux Etats-Unis, avait certes jeté l'effroi chez les Américains, mais les isotopes du réacteur en folie avaient eu le bon goût de rester enfermés dans le dôme de béton de l'enceinte de confinement. La centrale nucléaire de Pennsylvanie avait gardé ses vapeurs pour elle. Plus de peur que de mal. Chacun fut même plutôt rassuré : un accident grave survenant dans un de ces redoutables chaudrons nucléaires pouvait être maîtrisé sans la moindre victime, sans même de fuite radioactive conséquente pour l'environnement. On pouvait respirer, y compris à l'ombre des tours de refroidissement, ces immenses ronds de serviette en béton qui crachent la vapeur à pleines volutes.

Changement de décor avec Tchernobyl. Là, aux confins de l'Ukraine et de la Biélorussie, sur un affluent du Dniepr à une centaine de kilomètres au nord de Kiev, l'un des quatre réacteurs de la centrale échappe à tout contrôle en cette nuit du 25 au 26 avril 1986. Explosion, incendie. Le cœur du réacteur, après avoir fait sauter le couvercle de la marmite, dégage un panache de vapeurs et de fumées où le diable lui-même ne reconnaîtrait pas ses neutrons. Plutonium, strontium, iode 131 et 135, césium 134 et 137, tout ce que l'uranium produit lorqu'on le fait cuire à petit feu s'échappe d'un seul coup dans l'atmosphère. Une chance pour les habitants de Kiev que, cette nuit-là et les jours suivants, le vent s'obstine à souffler vers le nord-ouest. La capitale ukrainienne sera épargnée par les retombées directes de l'incendie.

Mais le nuage radioactif, lui, n'épargnera pas le reste de l'Europe. Poussées en altitude par la très forte chaleur du réacteur en feu, les fumées chargées de poussières radioactives se déploient largement dans le ciel, traversent la Biélorussie, la Pologne, puis se divisent en deux branches qui gagnent, l'une, la Scandinavie – les Suédois seront les premiers à donner l'alerte en accusant une centrale riveraine de la Baltique –, et l'autre l'Europe du sud via l'Allemagne, jusqu'en Grèce, Italie et le quart sud-est de la France. Pour un accident en Ukraine, toute l'Europe, cinq jours après, est contaminée, du cercle arctique au Péloponnèse et de Kiev à Montélimar!

Certes, on ne compte alors qu'en poignées de becquerels, ce qui ne présente pas un danger immédiat pour les populations, ni pour la faune et la flore. En France, du fait de pluies qui ont rabattu au sol les radioéléments, les pointes de radioactivité sont observées dans la Drôme (4 800 becquerels dans le thym et 2 500 becquerels dans le foin). Pas de quoi abattre le bétail, comme l'ont fait les Lapons de Suède avec leurs rennes, ni même détruire le lait, comme l'ont fait les Allemands. Mais qu'importe le nombre des becquerels. Les Européens découvraient, à la « faveur » d'un accident sur leur continent, que les radioéléments produits par le génie de l'homme finissent quelquefois par envahir leur jardin. Même par la petite porte. Même en quantité infime. On se défend contre le bruit, contre la fumée, les mauvaises odeurs, tous ces déchets que l'on ne sait plus où mettre, mais on oubliait ces invisibles isotopes radioactifs qui peuvent mettre la vie en danger sans prévenir.

Ces poussières ionisantes, résidus de la folie inventive de l'homme, voilà en effet un demi-siècle qu'il s'en promène au-dessus de nos têtes. Mais on nous le cachait bien, car il s'agissait alors de la bombe atomique, donc d'un secret militaire. Même ceux qui savaient n'avaient aucune chance de se faire entendre du grand public, traumatisé par la seule onde de choc de Hiroshima et Nagasaki. On s'effrayait de la puissance de souffle d'une seule petite bombe, des dégâts et des souffrances qu'elle provoquait sur-le-champ, et des malformations qu'elle pouvait entraîner par la suite parmi les populations directement touchées. Mais on ne s'inquiétait pas de savoir où les neutrons, ainsi lâchés dans la nature, allaient finir leur course et quand ils cesseraient de rayonner.

Car, à l'époque, on se gardait bien de faire observer que l'explosion d'une bombe libérait des isotopes qui pouvaient rester actifs pendant des décennies (césium 137 : 30 ans), voire des millénaires (plutonium 239 : 24 000 ans)! Il était difficile aux stratèges d'admettre que l'usage de la bombe atomique avait l'inconvénient « d'arroser » finalement tout le monde, à plus ou moins long terme, comme une vulgaire grenade lacrymogène tirée contre le vent!

Or, que constate-t-on aujourd'hui? « Vingt-cinq ans après l'arrêt des tirs aériens (1964), on retrouve des radioéléments en surface », admet le docteur Lafuma, du Commissariat à l'énergie atomique. Vingt-cinq ans après l'explosion des « bombinettes » au-dessus de l'atoll de Mururoa, on retrouve donc de-ci de-là des déchets de la déflagration. Oh, pas grand-chose, des miettes, mais des miettes qui rayonnent et rayonneront encore longtemps. Ce n'est pas pour rien que les Américains ont attendu trente ans avant d'autoriser les habitants de Bikini à regagner leur île du Pacifique, d'où ils avaient été déplacés en 1953 pour laisser le champ libre aux grands artificiers de l'atome.

Les Australiens qui, avec les Néo-Zélandais, ne cessent de pourfendre les essais nucléaires français du Pacifique, aujourd'hui souterrains, ont découvert tardivement – lors de la parution, en 1985, du rapport de la commission d'enquête australienne – que leurs amis anglais leur avaient légué une véritable poubelle nucléaire, sur leur propre territoire. De 1953 à 1957, en effet, l'armée britannique a profité de l'hospitalité australienne pour s'exercer au tir de bombes atomiques dans le désert de Nullarbor, dans le sud-ouest du pays. Ces exercices, bien sûr, n'ont eu pour témoins que les aborigènes du lieu, qui nomadisaient dans le *bush* armés de leur seul boomerang. Les Australiens blancs, eux, cantonnés dans le croissant fertile du Sud-Est, se désintéressaient complètement de ce qui pouvait se passer dans l'*outback* (l'arrière-pays), à des milliers de kilomètres des pelouses frais tondues de Sydney ou Melbourne. Auraient-ils voulu visiter les lieux, d'ailleurs, qu'ils n'auraient pas pu le faire. Le champ de tir n'était accessible qu'aux militaires et chercheurs britanniques. Trente ans après, la réserve aborigène de Maralinga, ainsi que le désert qui l'entoure, est toujours interdite au public.

Pendant une dizaine d'années après l'arrêt des tirs britanniques, qui sont aujourd'hui hébergés dans le désert américain du Nevada, les autorités australiennes n'ont pu obtenir le moindre renseignement sur les activités militaires passées de leurs hôtes. Secret défense, même entre alliés. Et pourtant, l'armée britannique avait pratiquement tout laissé sur place en 1957, comme si le matériel des tirs lui brûlait les doigts. Ce n'est que vingt-deux ans après, en 1979, que les sujets de sa gracieuse majesté la Reine d'Angleterre ont accepté de venir récupérer leur bien : onze tonnes de matériel... dont 500 grammes de plutonium qui ont encore vingt-quatre millénaires à vivre! Mais les poussières radioactives, éparses dans le *bush,* ont évidemment été laissées en souvenir aux kangourous... et aux aborigènes.

Au moment même où les artificiers britanniques quittaient l'Australie, une explosion – involontaire celle-là – se produisait chez eux, au nord-ouest de l'Angleterre, à Windscale. A la suite d'une fausse manœuvre, l'un des deux petits réacteurs militaires du complexe s'emballe, s'échauffe et brûle, laissant échapper une bonne part de ses éléments radioactifs. L'incendie de 1957, on le sait aujourd'hui, a notamment produit de l'iode 131 et du polonium 210 – un radioélément plus virulent que le radium –, qui se sont promenés au-dessus de la Grande-Bretagne et d'une partie de l'Europe. Mais chut... Les isotopes militaires, par définition, demeurent clandestins, même lorsqu'ils ont le champ libre chez les civils...

Cette même année 1957, décidément symbolique, les Soviétiques connaissent eux aussi leur première explosion involontaire dans une usine militaire de l'Oural, à Kychtym. Bien entendu, nul n'en entendra parler à l'époque, sauf les milliers de citoyens du lieu qui devront être évacués sur les villes voisines de Sverdlovsk et Tchéliabinsk. La première catastrophe de l'histoire nucléaire, hors temps de guerre, est escamotée par les *bip bip* du tout nouveau *spoutnik,* qui vient opportunément d'être mis en orbite. Les Américains, en cette époque de préhistoire spatiale, n'ont pas le moindre satellite pour détecter ce genre d'événement. *Black-out* total. Le pot aux roses ne sera découvert par la communauté internationale qu'en 1976, lorsqu'un biologiste déchu de sa nationalité soviétique, Jaurès Medvedev, livre à la revue *New Scientist,* pour son vingtième anniversaire, un article sur la catastrophe de Kychtym. Stupeur dans le petit monde des chercheurs : nul n'a jamais entendu parler de cette catastrophe que Jaurès Medvedev croyait connue en Occident. Seule la CIA, peut-être...

Devant l'étonnement de ses collègues, le biologiste soviétique livre l'année suivante un deuxième article au *New Scientist,* où il donne des détails sur les conséquences d'un accident survenu vingt ans plus tôt, et dont il n'a appris l'existence que par le professeur Klechkovsky, son ancien patron lorsqu'il était maître de recherche à l'académie d'agriculture de Moscou. Grand spécialiste de l'utilisation des isotopes radioactifs pour les recherches sur les plantes et les sols, Klechkovsky lui avait proposé, en 1958, de venir avec lui dans l'Oural mettre sur pied une base expérimentale pour étudier la contamination radioactive des plantes et animaux. Medvedev avait refusé parce que ces recherches, menées dans une région truffée de réacteurs nucléaires produisant du plutonium pour la bombe atomique, seraient fatalement très contrôlées, sinon confisquées par les militaires.

De son nouveau laboratoire d'Obninsk, à une centaine de

kilomètres de Moscou, Medvedev suit à distance les travaux de ses collègues. Il épluche consciencieusement tous leurs comptes rendus, recoupe toutes leurs analyses et, au bout du compte, acquiert la conviction que la région de Tcheliabinsk a connu une contamination radioactive de première grandeur. L'ensemble des travaux indique en effet, malgré le flou géographique entretenu pour d'évidentes raisons de sécurité militaire, que le strontium 90 et le césium 137 se sont accumulés sur des milliers d'hectares de lacs et de forêt. Témoins les poissons et mammifères étudiés à l'occasion. Témoins aussi les chiffres de la population des villes avoisinantes, qui ont alors fluctué dans des proportions saisissantes, certaines perdant des milliers d'habitants au profit d'autres, plus éloignées du sinistre. C'est seulement dix ans après la parution de son livre à Londres, en 1979 *(Disaster in the Urals),* que le gouvernement soviétique, *glasnost* oblige, a reconnu les faits... sans pour autant donner beaucoup de détails.

Les Nouvelles de Moscou ont en revanche été beaucoup plus prolixes sur la production de déchets des installations militaires américaines. Sous la plume d'un certain Bernard Lown, « coprésident de l'Association internationale des médecins pour la prévention de la guerre nucléaire », l'hebdomadaire moscovite explique dans un numéro de février 1989 que « la colossale production militaire des Etats-Unis » entraîne deux fois plus de déchets nucléaires que la production civile, et que ces déchets sont trois fois plus dangereux. A titre d'exemple, on apprend que la ville de Cincinnati, dans l'Ohio, subit depuis trente-quatre ans les retombées d'une usine qui pollue son eau potable et inonde l'air de ses rejets radioactifs. Cette usine, appelée Fernald Feed Material Production Center, à 32 kilomètres de Cincinnati, transforme des composés d'uranium en uranium métallique, pour les besoins de la Défense. En trente-quatre ans de fonctionnement, cette usine aurait reconnu avoir lâché 172 tonnes de poussières d'uranium, compte non tenu des 272 tonnes qui lui sont attribuées par ailleurs...

Une autre usine, située à Hanford, dans l'Etat de Washington, transforme depuis quarante-cinq ans l'uranium en plutonium. Elle aurait, pendant tout ce temps, libéré 530 000 curies (valant chacune 37 milliards de becquerels, rappelons-le!) dans la nature de cette région de la côte pacifique. « Une dose dix fois supérieure à celle reçue par la population de Tchernobyl », précise le médecin – mais en l'espace de quarante-cinq ans... Plus grave encore : l'usine de Rocky Flats, qui se trouve à 26 kilomètres de Denver, dans le Colorado, fabrique des détonateurs à plutonium pour charges nucléaires. « Depuis sa construction, en 1952, elle a connu plus de deux cents incendies » dont l'un, en 1969, a produit des concentrations de plutonium « de 400 à 1 500 fois supérieures à la norme de tolérance ». Au total, conclut l'article des *Nouvelles de Moscou*, ce serait 1,4 milliard de curies qu'aurait rejetés dans la nature l'industrie militaire américaine depuis le lancement de son programme nucléaire! Et il en coûterait la bagatelle de 200 milliards de dollars pour fermer les sites et les décontaminer.

Les Américains, pour leur part, admettent ces défaillances, qui ont fini par être révélées dans la grande presse, tout récemment. Un programme « d'assainissement » a bel et bien été préparé pour toutes ces unités, déjà anciennes, qui travaillent pour l'arsenal nucléaire américain. Le 1er août 1989, le secrétaire à l'énergie, James Watkins, a annoncé la première phase du programme. Il en coûtera 20 milliards de dollars jusqu'en 1995. Pour assainir et décontaminer les dix-sept unités qui travaillent pour la défense nationale, il faudra au moins trente ans et... 90 milliards de dollars. On n'en est pas encore aux 200 milliards des *Nouvelles de Moscou*, mais on s'en rapproche...

Pour départager les combattants, par radionucléides interposés, Greenpeace a publié un rapport hautement instructif sur les missiles et engins nucléaires qui tapissent le fond des océans à la suite d'accidents navals survenus depuis 1945. Selon ce rapport, baptisé Neptune III, fondé essentiellement sur les archives navales américaines, cinquante têtes nucléaires – dont quarante-trois soviétiques – seraient en train de rouiller au fond de l'eau après quelque infortune de mer. Neuf sous-marins atomiques – cinq soviétiques, quatre américains – n'auraient jamais refait surface, perdus corps et biens. Les biens étant, en l'occurrence, des moteurs à propulsion nucléaire et quelques missiles balistiques intercontinentaux...

Tous ces déchets abandonnés dans les coins, cela fait passablement désordre. Et, surtout, cela contribue à l'élévation du « bruit de fond » radioactif dans lequel nous baignons tous. Même le très prudent SCPRI français (Service central de protection contre les rayonnements ionisants) fait observer que « la quasi-totalité des activités mesurées jusqu'à l'accident de Tchernobyl provenait des essais nucléaires soviétiques et américains effectués en 1961-1962 ». Négligeables donc les essais français au Sahara et en Polynésie, négligeables aussi les essais britanniques en Australie, au moins sur les compteurs Geiger situés dans l'Hexagone. La pointe de la pollution neutronique aurait été enregistrée en 1963 avec 40 000 becquerels par mètre carré, valeur infime si l'on songe que, naturellement, par absorption de l'isotope 40 du potassium des aliments, notre corps contient déjà 5 000 becquerels garantis naturels. Le SCPRI note avec satisfaction « une décroissance très nette » de la radioactivité entre 1965 et 1985, « les six essais nucléaires ayant eu lieu en Extrême-Orient de 1976 à 1980 n'ayant entraîné qu'une augmentation transitoire et peu importante de la radioactivité ambiante, dans l'hémisphère Nord ». Même la Chine est absoute!

Si la bombe atomique a suscité une activité fébrile dans les années 1950-1960, le relais a été pris dans les années 1970 par l'électricité nucléaire. Une industrie parfaitement civile, au moins en Occident, mais qui n'en multiplie pas moins les rejets, « normaux » ou accidentels, et dont les déchets s'accumulent.

A tout seigneur tout honneur : le complexe nucléaire britannique de Windscale, aujourd'hui rebaptisé Sellafield, qui s'est lancé dès 1952 dans le retraitement des combustibles irradiés, ce que les méchantes langues et les ignares s'obstinent à appeler déchets nucléaires. Sellafield regroupe à la fois deux centrales nucléaires pour la production d'électricité, des laboratoires de recherche (civile et militaire) et une usine de retraitement équivalant à La Hague en France. Cette immense plate-forme d'activités, qui emploie près de dix mille personnes, ne cesse d'agrandir et de modifier ses ateliers de production, au gré de la conjoncture et des innovations techniques. Il ne se passe pas d'année sans que, fatalement, un accident survienne dans l'une ou l'autre unité, de sorte que Windscale, pour beaucoup d'Anglais, est devenu synonyme de pannes, danger et pollution.

Mais Windscale-Sellafield est loin de Londres et même de Manchester. Perdu au fin bout de l'Angleterre, à la frontière de l'Ecosse, le complexe nucléaire britannique se cache encore mieux que La Hague à la pointe du Cotentin. Il faut pour s'y rendre traverser le district des Lacs, un massif montagneux sauvage érigé en parc national – le plus beau d'Angleterre, avec des sommets qui dépassent 1 000 m. Avant d'atteindre la marmite infernale, on traverse donc un décor de carte postale, d'abord propice à la randonnée alpestre, puis rural et bucolique, avec ses vaches au pré à l'ombre des manoirs de granit. Un bol d'air pur – semble-t-il – avant les effluents radioactifs...

Le littoral, en fait, sent plutôt le charbon. Car la ville du lieu, Whitehaven, a une tradition minière et sidérurgique. Même la charmante station balnéaire de Seascale, à un jet de pierre de Sellafield, se chauffe encore avec ce désuet combustible. On est tenté de faire la comparaison avec Gravelines, la plus grosse centrale nucléaire de France. Vus à côté des cheminées de la pétrochimie dunkerquoise, les dômes de béton blanc de la centrale font propre. Même contraste à Sellafield, où les tours de refroidissement et leur vapeur éclatante de blancheur font paraître sales les cheminées vétustes de Whitehaven.

Ainsi isolés du monde, ni les fermiers du district des Lacs, ni les pêcheurs de Seascale, ni même les ouvriers de Whitehaven ne songeaient un instant à faire le moindre reproche aux blouses blanches de Windscale. Jusqu'au jour de novembre 1983 où la chaîne de télévision indépendante Yorkshire TV diffuse un reportage-enquête qui dénonce « la lessiveuse nucléaire » et affirme que les cas de leucémie se multiplient chez les enfants de moins de dix ans. Emotion considérable dans tout le Royaume-Uni, où les soupçons accumulés à la suite des incendies, pannes et fuites signalés au fil des ans, trouvent enfin un point d'ancrage concret : Windscale-Sellafield a tué des enfants!

Emotion aussi dans le Landerneau de West-Cumbria, le comté local, où l'on s'indigne des « fariboles » *(rubbish)* étourdiment lancées à la télé par des « journalistes irresponsables » intoxiqués par des « écolos farfelus ». Neuf cas de leucémie dans trois villages, en trente ans, est-ce une preuve de la malfaisance de l'usine, où six familles seulement ont été indemnisées pour la mort d'un employé par cancer, sur un total de 12 000 salariés mis en fiches ?

En fait, hormis l'incendie d'un réacteur, en 1977, qui a provoqué le lâcher de 20 000 curies dans l'atmosphère et imposé le contrôle du lait dans un rayon de 50 kilomètres, le complexe de Sellafield n'a pas de grosses erreurs à se reprocher. Mais les ingénieurs anglais manifestent à l'égard des déchets une désinvolture aussi habituelle que coupable. Sans parler des effluents gazeux qui sont lâchés en cours de process, et sur lesquels on dispose de très peu de données, la plate-forme de Sellafield a deux émissaires en mer pour ses rejets liquides. Or ces émissaires, simples conduites de béton découvertes à marée basse, rejettent leurs eaux usées à quelques brasses de la plage où se baignent les estivants! Même si le danger est nul, comme l'affirment les responsables de la sécurité, le lieu est mal choisi. Et le procédé, surtout, indigne d'une grande usine moderne. En outre, si l'on en croit le rapport du professeur Castaing, expert français incontesté en matière nucléaire, les rejets de Windscale ne sont pas si anodins que le prétendent les Anglais. Selon cet universitaire impartial, puisque non inféodé au monopole du CEA (Commissariat à l'énergie atomique), les rejets de Windscale ont une radioactivité bêta huit fois plus élevée qu'à La Hague (200 000 curies par an contre 25 000) et une radioactivité alpha – la plus dangereuse – 130 fois supérieure (2 000 curies par an contre 15). On estime d'autre part qu'en un quart de siècle, quelque 1 600 curies imputables au plutonium ont été déversés en mer, ce qui correspond à 250 kilos de ce redoutable radionucléide. Même brassés par les tempêtes de la mer d'Irlande, même dispersés sur des milliers de kilomètres carrés au fil des décennies, ces rejets peuvent légitimement inquiéter.

L'Office central d'information du gouvernement britannique, quant à lui, se veut tout à fait rassurant. Selon lui, les lâchers de rejets radioactifs de Sellafield ne représentent plus aujourd'hui que le dixième du niveau atteint en 1978. Cette réduction serait due à la construction, en 1985, d'une unité de traitement des rejets liquides. Un nouveau centre de traitement « renforcé » est actuellement en cours de montage, afin de faire baisser encore le niveau de radioactivité des rejets liquides, vers 1991.

Quant aux déchets solides, c'est carrément cocasse. Il ne s'agit évidemment pas des combustibles irradiés qui passent par l'usine de retraitement et sont ensuite réexpédiés aux centrales qui les ont produits. Ces déchets-là constituent le matériau noble de l'usine et ne sont pas abandonnés au petit bonheur la chance. Il s'agit tout bêtement des déchets en quelque sorte ménagers du complexe : gravats, emballages, matériaux de construction, blouses et gants usagés, bref tout ce qui sort des ateliers et des chantiers du complexe nucléaire, qui a pu être contaminé et qui n'est ni liquide ni gazeux. Ces déchets, placés dans des fûts métalliques, sont simplement entreposés dans un enclos grillagé, à côté d'une ferme, à deux pas de la route empruntée par les touristes! Même si, encore une fois, ces déchets ne représentent aucun danger pour la population ni les vaches de l'étable voisine, leur entreposage de cette façon, à la diable, tient de la provocation! La décharge de Drigg – c'est le nom du village – ne fait pas sérieux pour un complexe aussi sophistiqué que Sellafield. C'est peut-être une forme de l'humour anglais mais, s'agissant de radioactivité, il apparaît parfaitement déplacé.

CHAPITRE 18

Le trou noir de Tchernobyl

Tchernobyl, en russe, signifie les herbes noires. En langage post-1986, Tchernobyl signifie beaucoup plus : un réacteur fou enfermé dans une camisole de plomb; deux villes fantômes; trente-deux morts; des dizaines de villages abandonnés dans un *no man's land* de 30 kilomètres de rayon; des dizaines de milliers de réfugiés; des centaines de milliers de gens sous contrôle médical strict en Ukraine et en Biélorussie; 300 millions d'Européens qui scrutent le nuage radioactif; enfin, des milliards de roubles dépensés pour « liquider les séquelles de la catastrophe », comme on dit à Moscou. Tchernobyl, en un mot, c'est Hiroshima, mais en temps de paix. Comme Hiroshima a tétanisé les brandisseurs de bombes atomiques, Tchernobyl paralyse aujourd'hui les électriciens nucléaires. L'atome militaire avait du sang, beaucoup de sang, sur les mains. L'atome civil, à son tour, en a. Une tache indélébile, honteuse pour les ingénieurs et traumatisante pour tous les promoteurs de l'atome, énergie propre. Par la faute de techniciens trop sûrs d'eux, là-bas en Ukraine, à la veille des fêtes du 1er mai, l'industrie nucléaire est passée de l'ère du soupçon, déjà lourde à porter, à l'ère des accusations, sévères.

Une fois la frayeur passée et les morts enterrés, pourtant, les autorités soviétiques pavoisaient presque. A voir les films réalisés pendant les opérations d'extinction du feu nucléaire, à les entendre six mois plus tard décrire la gestion de la catastrophe, le monde devait s'incliner devant l'héroïsme des sauveteurs et la parfaite maîtrise des responsables de l'évacuation. Chapeaux bas, messieurs! L'art de transformer une déroute en victoire!

Oyez, bonnes gens, la geste de nos héros. Aussitôt connue à Moscou la nouvelle de la catastrophe, au petit matin du 26 avril 1986, on appelle d'urgence le grand manitou de la sécurité nucléaire, Boris Chtcherbina, qui se trouvait alors à Orenbourg, dans le sud de l'Oural. Il se rend le jour même sur les lieux pour diriger la manœuvre, confiée dans son exécution à l'armée. Car même si la centrale de Tchernobyl est une usine parfaitement civile, la gestion des catastrophes, en URSS, est du ressort de l'armée, dont les pompiers professionnels constituent l'avant-garde, voire les francs-tireurs. A ce titre, les pompiers affectés à la centrale, aidés de leurs collègues de Kiev, vont se sacrifier pour tâcher d'éteindre un incendie qui, on le verra dans les jours qui suivent, ne peut être maîtrisé que par voie aérienne. Mais on ne peut pas l'éteindre à proprement parler, puisque le combustible du réacteur fonctionne comme une braise inextinguible. Même arrivé en fin de course, en effet, le combustible irradié reste chaud pendant des années, nécessitant des séjours prolongés en piscine et des emballages permettant à la chaleur de diffuser.

Sous les ordres du général commandant la place, de braves soldats vont aussi tenter d'attaquer à revers, c'est-à-dire par en dessous, à la base du foyer. Ils vont découper au chalumeau l'énorme tôle du réacteur pour ménager un trou d'homme, afin d'y faire passer le matériel d'extinction, en particulier l'azote liquide. Le malheureux volontaire, évidemment, n'en reviendra pas, mais son sacrifice restera dans les annales de l'héroïsme. Quant aux petits soldats qui s'activent sur le toit des bâtiments encore intacts pour dégager tous les débris, ils ne portent pas la moindre protection, sinon un dérisoire masque de coton pour éviter l'ingestion de poussières radioactives. Mais le plus redoutable, dans leur situation, ce sont les matériaux irradiés qui rayonnent à bout portant. Pour se protéger efficacement, il leur faudrait des combinaisons de plomb qui les immobiliseraient sur place! Contempler ou agir, il faut choisir. L'état-major a choisi d'agir, vite, quitte à ce que les braves petits gars reçoivent plus que leur dose annuelle en quelques minutes. Mais quel soldat pourrait refuser d'obéir, alors que pas un seul d'entre eux ne connaît le risque qu'il encourt? Ni les officiers ni même les ingénieurs ne savent vraiment ce qu'il en coûte de se promener ainsi au milieu des rems ou des becquerels déchaînés. Personne au monde, d'ailleurs, ne peut prétendre le savoir. Jamais un réacteur nucléaire civil n'avait ainsi fait exploser sa boîte et brûlé à ciel ouvert, jamais le cœur d'un réacteur n'avait encore fondu à découvert, libérant d'un seul coup dans l'atmosphère toutes les cendres du feu nucléaire. La catastrophe de Kychtym, survenue trente ans plus tôt dans l'Oural, a été étouffée sous le poids du secret militaire. Personne n'en a jamais entendu parler en Ukraine et beaucoup des protagonistes sont morts aujourd'hui. Tchernobyl, c'est donc du jamais vu pour tout le monde. Le saut dans l'inconnu. Le trou noir.

Tout le monde sait, en revanche, qu'il ne faut pas s'attarder autour du chaudron infernal. Ni les sauveteurs qui luttent pied à pied dans la centrale, ni la population qui vit alentour, à commencer par les 49 000 habitants de Pripiat, la ville nouvelle construite pour le personnel à quatre kilomètres de là. Le président du comité exécutif du soviet de la région de Kiev, Ivan Pliouchtch, qui a en charge les deux millions d'habitants qui n'habitent pas l'agglomération de Kiev, réquisitionne donc 1 200 autobus pour évacuer son secteur. « En trois heures, le 27 avril, on a évacué tous les personnels de Pripiat », affirme-t-il, tout fier de sa prouesse. Puis, du 28 avril au 4 mai, on embarquera les 12 000 habitants de Tchernobyl, la vieille ville, et enfin le reste, dispersé dans une soixantaine de villages et hameaux, dix kolkhozes et deux sovkhozes. Soit au total 92 000 personnes. On embarque aussi les vaches laitières, bien que leur lait soit inutilisable, mais il faut préserver l'avenir et, en attendant, les traire ponctuellement deux fois par jour. Cela occupe les kolkhoziens soudainement déracinés et désœuvrés. Ils ne comprendraient pas qu'on abandonne ainsi leur bien le plus précieux. On en sauvera donc 42 000. Mais 12 000 autres bovins ont été abattus sur place pour la boucherie, avant d'avoir eu le temps de brouter l'herbe assaisonnée d'iode et de césium.

Que faire de tout ce monde brusquement arraché à l'usine et à la terre? Pour les habitants de Pripiat, habitués à la mobilité des chantiers, cela ne fait qu'un déménagement de plus. On les répartit donc à travers les autres villes de l'Union, jusque dans les pays baltes. Les centrales nucléaires d'URSS ont toujours besoin de bras, et même encore davantage qu'avant puisqu'on s'efforce maintenant de renforcer la sécurité... Les habitants de Tchernobyl et des bourgs de la région sont eux aussi ventilés à travers l'URSS lorsqu'ils ont de la famille quelque part ou peuvent être repris ailleurs par leur administration de tutelle. Mais il reste un groupe incompressible de 25 000 âmes qu'il faut recaser d'autorité à Kiev, dans ces horribles barres et tours de banlieue que l'on construit à cadence redoublée pour tâcher de caser les Kiéviens sur liste d'attente, entassés à trois familles par appartement.

Mais les plus difficiles à recaser, sans doute, bien qu'ils soient peu enclins à la rébellion, ce sont les kolkhoziens, tous ces braves paysans ukrainiens privés du jour au lendemain de leur toit et de leur instrument de travail. Un véritable exode, qui rappelle aux plus anciens « la grande guerre patriotique », lorsque les troupes de la Wehrmacht ont envahi l'Ukraine, pendu les responsables du parti et brûlé les villages. L'ennemi, cette fois, est intérieur, et même un peu mystérieux. On ne comprend rien à ces histoires de rayons atomiques, mais qu'importe, ce qu'on sait, c'est qu'il a fallu dégager vite fait, sans même avoir le droit d'emporter le moindre baluchon. Il paraît que tout est contaminé, comme par une espèce de peste bovine invisible. Interdit donc d'emporter quoi que ce soit, même bibelots ou vêtements de rechange. « Vous reviendrez prendre tout ça plus tard! » leur a-t-on dit. Vite, vite, il faut partir!

Où mettre ces paysans sans terre? Avec ceux qui en ont, pardi! Les kolkhoziens qui ont la chance de pouvoir rester chez eux vont devoir se pousser un peu et partager leur lopin. L'ennui, c'est que cette région d'Ukraine est déjà pauvre, à la différence des riches terres noires du sud, « le grenier à blé » de la Russie. Tchernobyl, « les herbes noires », ressemble davantage aux landes de Gascogne qu'à la Beauce : forêts de pin à l'infini dans la plaine sableuse, souvent marécageuse, piquée de bouleaux. Maigres pâturages et champs de pommes de terre, comme dans la Biélorussie voisine. On peut facilement partager le travail sur des terres de grande culture, mais on peut difficilement partager les pâtures en y mettant deux fois plus de vaches!

A la guerre comme à la guerre, on va régler ça en construisant de nouveaux villages pour les paysans déplacés, et les kolkhozes d'accueil devront céder une partie de leurs terres. Pendant l'été, les volontaires de toute l'URSS vont se succéder dans cette morne plaine d'Ukraine pour y édifier les nouveaux kolkhozes. On fait assaut de bonne volonté, de dévouement pour « les victimes du progrès ». On retrouve l'esprit des pionniers de la Révolution qui bâtissaient la patrie du socialisme à marches forcées, pour forger l'homme nouveau. Cette fois, pourtant, l'ambition se limite à un objectif : achever les pavillons d'habitation avant l'arrivée du général hiver, qui survient dès le mois d'octobre dans le nord de l'Ukraine.

Objectif atteint, semble-t-il. Lorsque je visite pour la première fois le site en octobre 1986, six mois après l'explosion, les nouveaux villages – cinquante-deux en tout – sont en place. De coquets petits pavillons en briques, avec toit de fibrociment, chacun entouré d'un lopin de terre enclos par une palissade de bois. Dans l'étable, une vache pour le lait quotidien, et un cochon pour l'hiver. Au fond du « jardin » – un labour de sable sans végétation, car la saison est trop avancée pour planter des choux! – une cabine en planches pour les WC et la réserve de bois de chauffage. Pauvre mais digne. Dans les pavillons, en revanche, c'est presque le luxe pour de simples paysans. Les autorités ont essayé de compenser le déracinement par le confort ménager (frigo, télé, lave-linge et mobilier neuf). Ces kolkhoziens-là sont certainement mieux lotis que les évacués entassés en ville...

Est-ce que tous les kolkhoziens déplacés ont eu droit à ce traitement de faveur? Difficile à dire, car les autorités soviétiques ont toujours amené leurs visiteurs au même village, Nebrat! Chaque délégation, d'année en année, a droit à la visite du hameau neuf de Bereztianka, « construit en trois mois par les travailleurs de Crimée », qui ont laissé leur plaque sur la maison commune et édifié un mémorial de marbre à l'entrée du lotissement... Quand je suis revenu à Tchernobyl dix-huit mois plus tard, direction Nebrat! Les lopins, cette fois, produisaient quelques légumes, et une école flambant neuve accueillait les enfants en uniforme. Mais le moral était plus bas qu'en 1986. « Ils veulent tous rentrer au village d'origine », constate la directrice d'école. Même les enfants qui s'habituent pourtant à tout. En 1986, les évacués pouvaient encore croire au provisoire. En 1988, ils ont compris que leur installation à Nebrat est définitive, puisque la peste radioactive empoisonne leurs terres « pour au moins trente ans ». Ils souffrent d'autant plus qu'ils n'ont plus le droit, aujourd'hui, de garder une vache personnelle à l'étable, et qu'il leur est toujours interdit de se rendre *ad libitum* dans leur ancien kolkhoze, ne serait-ce que pour cueillir des fruits ou rapporter un objet personnel. Des convois ont été organisés, sous stricte surveillance, mais « au *puso* – le poste de contrôle des radiations

– ils ont pris tout ce qui faisait sonner leur appareil, même les fleurs! », s'indigne une babouchka aux dents bardées d'or.

C'est aujourd'hui que les autorités ukrainiennes comprennent qu'il ne suffit pas de donner une maison avec frigo et télé pour qu'une famille soit heureuse et produise des hommes nouveaux. « La maison est bien, reconnaît une kolkhozienne entre deux âges, mais pour le reste, il n'y a rien. Des terrains vagues sans arbres fruitiers, pas d'étang, pas de rivière... » Le sentiment de ne plus vivre à la campagne, mais dans quelque banlieue avec jardins ouvriers, sans même les avantages de la ville, ce que voulait faire Ceauşescu avec ses projets fous d'agrovilles...

A parcourir la campagne ukrainienne, on comprend ce qu'ont perdu ces paysans. Tout kolkhoziens qu'ils fussent, officiellement, ils continuaient à habiter ces vieux villages aux maisons basses, parfois couvertes de chaume. Chaque maison, aux volets de bois peint, disposait d'un jardin-verger avec basse-cour, enclos de palissades de planches bariolées. Dans ces villages sans église, les cigognes n'ont plus de clocher où bâtir leur nid. Aussi se rabattent-elles sur un faîte de toit ou quelque poteau électrique, puisque les Soviets ont apporté l'électricité – y compris nucléaire! Dans l'ensemble, une campagne pauvre, certes, mais autrement plus chaleureuse et humaine que ces lotissements neufs sans âme où l'on installe maintenant les nouveaux venus, réfugiés ou non.

Mais aujourd'hui, ces villages sont morts. Les volets pendent, battus et rebattus par le vent. Les peintures vives passent, les herbes folles envahissent les basses-cours désertées, les arbres perdent leurs branches, cassées sous le poids des fruits qu'on ne cueille plus. Alentour, champs et prairies retournent à la steppe. Parfois, le cœur d'une maison bat encore. Il peut s'agir d'un « autoretourné », c'est-à-dire d'un vieux paysan qui, n'y tenant plus, a bravé les interdictions et s'en est retourné chez lui, se souciant des curies et des becquerels comme d'une guigne. Ou alors c'est une vieille *babouchka* qui s'est cachée pour échapper aux cars de ramassage et ne pas abandonner ses oies ou ses lapins. S'agissant de gens du troisième âge, les autorités ont fermé les yeux. Elles poussent même la conscience jusqu'à leur apporter des vivres et de l'eau minérale, puisqu'elles interdisent absolument la consommation d'eau, de fruits et de légumes aux obstinés qui vivent aux abords du « troisième cercle » – le fameux rayon de trente kilomètres autour de la centrale nucléaire.

La campagne désertée, c'est une belle au bois dormant. Mais la ville, c'est une vision de cauchemar, un avant-goût de fin du monde, un aperçu de cet « hiver nucléaire » que nous promettent les experts au cas où les hommes seraient assez fous pour se balancer des bombes atomiques sur la figure. A Pripiat, cette « cité radieuse » où grouillait la population laborieuse du complexe nucléaire – quatre réacteurs en activité et deux en construction —, on découvre Sarcelles après l'exode. Des HLM fantômes où plus personne n'apparaît aux fenêtres encore ouvertes, où les rideaux et les cordes à linge pendent lamentablement, esseulés, où les antennes de télé sur les toits, chancelantes, ne servent plus que de perchoirs à corbeaux. Jardins et terrains de jeux, entre les immeubles, ont été défoncés, retournés et enfouis sous une couche de sable « propre », c'est-à-dire extrait après décapage des surfaces, donc en principe non contaminé par les retombées radioactives. De ces mornes labours émergent encore des buttes témoins de la vie révolue : bancs publics, balançoires, toboggans et, au loin, cette immense roue de Luna-park qui semble marquer le temps arrêté, le temps mort de la fête, figée dans l'éternité du rayonnement nucléaire.

Deux ans après l'explosion, des soldats viennent encore rechercher des meubles récupérables dans les appartements, pour les décontaminer. Car on n'a plus l'espoir de réoccuper un jour les bâtiments, même radiologiquement habitables : on ne peut décemment vivre reclus dans un appartement déclaré

« sain » et se voir interdire de marcher en dehors des chemins, de cueillir la moindre fleurette ou de s'étendre dans l'herbe verte. Car les poussières radioactives sont partout. A peine a-t-on arrosé la route pour les neutraliser que le vent de la plaine en ramène des nuages. On ne peut vivre dehors à Tchernobyl qu'avec son masque de coton...

En dehors des camions-citernes qui passent leur temps à arroser les routes, la seule activité du « premier cercle », la zone rouge, reste la centrale nucléaire. Le réacteur numéro 4, à l'origine de tous les maux, a été bombardé les premiers jours de sacs de sable et de lingots de plomb, pour tâcher d'étouffer le feu et d'arrêter les rayonnements. Au total, 13 500 tonnes de plomb ont été larguées d'hélicoptère sur le bâtiment réacteur béant! On a ensuite coulé 300 000 mètres cube de béton en guise d'enceinte de confinement – ce qui aurait dû être fait dès la construction du réacteur. Enfin, pour sceller ce que les Soviétiques appellent le « sarcophage », on a bouclé le tout sous un blindage d'épaisses tôles d'acier qui font du bâtiment un véritable bunker. Mais le cadavre du « sarcophage » bouge encore. Le combustible nucléaire, en effet, continue à cuire à feu doux, dégageant une chaleur « résiduelle » qui atteint tout de même 35° à deux mètres du réacteur. Une circulation d'air a été ménagée pour le refroidissement de l'ensemble, ce qui signifie que des effluents radiodactifs, continuent à s'échapper librement dans l'atmosphère. « Les fuites du sarcophage sont bien inférieures à celle d'une centrale en activité », affirme l'ingénieur en chef, Guennadi Yaroslavtsev. Les capteurs disposés autour du bâtiment indiquent une dose de 2 millirems / heure à 120 mètres du réacteur, ce qui correspond à 17 rems par an. C'est à la fois peu et beaucoup. Peu, si l'on songe que le combustible est là, à quelques mètres, comme une braise sous la cendre, continuant à émettre sa chaleur rayonnante. Beaucoup si l'on se réfère aux normes admissibles par l'homme. « Au lendemain de l'accident, on tolérait des doses de 25 rems, explique

Alexandre Kovalenko, le bouillant directeur des relations internationales du *kombinat,* l'établissement chargé d'exploiter la centrale nucléaire et de décontaminer le site. Depuis le 1er janvier 1987, on s'en tient à la norme internationale de 5 rems par an. Mais la dose moyenne enregistrée en 1987 a été de 1,5 rem et 1988 sera encore meilleur. »

Le camarade Kovalenko, lui, n'a peur de rien. Dès qu'il a appris l'accident, il est accouru sur le site et a décidé de rester sur place. Il habite avec sa femme en ville, à Tchernobyl. « Vous savez, dit-il, la décontamination marche très bien. Le « bruit de fond » radioactif, ici, est seulement le double de celui enregistré à Kiev, qui est lui-même double de la normale. C'est très peu de chose par rapport à ce qu'on a connu au début. Et je peux même vous dire que l'air de la place Rouge de Moscou, avec son granit, est plus radioactif qu'à Kiev ! » Kovalenko semble si sûr de lui qu'il rejette d'un revers de main les critiques contre la gestion de la catastrophe, qui ont surgi jusque dans la *Pravda.* « La *Pravda,* la *Pravda,* fait-il d'un air agacé, vous savez ce que ça veut dire ? Oui, la vérité. Eh bien, dans les années 1920, la vérité, c'était ce qu'écrivait Trotsky ; dans les années 1930, c'était ce que disait Boukharine ; dans les années 1940, c'était ce qu'édictait Jdanov... Vous connaissez la suite. Que sera la vérité demain ? Je n'en sais rien. Notre directeur général a été critiqué par la *Pravda* mais, finalement, il a été muté à Moscou et promu directeur du service qui supervise toutes les centrales nucléaires. C'est un grand savant. Les responsables de Moscou ont eu du mal à admettre que l'accident de Tchernobyl était une catastrophe. Ils ont collé dix ans de prison au directeur de la centrale et croyaient en être quittes avec une sanction, comme toutes les administrations. Mais une catastrophe ne se gère pas avec des sanctions ! Il faut être présent sur le terrain. »

Sur le terrain, précisément, le chantier de construction des réacteurs 5 et 6, après bien des hésitations, a été définitivement arrêté. Le camarade ingénieur en chef, Yaroslavtsev, l'œil rivé sur ses courbes de production et les impératifs du plan, était pourtant partisan de remettre le chantier en route. Mais les techniciens du génie civil ont inspecté le site : tout était rouillé, grues, échafaudages et fers à béton. Et comme en plus les plans de départ devaient être modifiés pour se conformer aux nouvelles normes de sécurité, il aurait fallu pratiquement tout démolir et repartir de zéro. Un coût prohibitif, surtout que le « bruit de fond » radioactif contraint les équipes à tourner... et à se faire payer double salaire!

C'est le régime appliqué aux trois réacteurs intacts, remis en route immédiatement après l'accident. Ils ont pour mission de produire coûte que coûte, car l'Ukraine a terriblement besoin d'électricité. Il y a beau temps que le barrage sur le Dniepr, champion 1932 du gigantisme, ne suffit plus à alimenter toutes les usines qui sont sorties de terre depuis. C'est précisément ce manque d'électricité qui a indirectement provoqué l'accident : alors que les techniciens de Tchernobyl se livraient à un exercice « à vue », toute commande automatique suspendue, on leur a demandé de relancer les turbines à fond pour envoyer des kilowatts/heure. Ils l'ont fait sans rebrancher les automatismes, tant ils étaient sûrs de leur affaire...

Les turbines de Tchernobyl doivent donc absolument tourner, dût-on faire d'incessantes – et coûteuses! – rotations d'équipes. Le *kombinat* emploie à cet effet dix mille personnes, sans compter les quatre mille hommes chargés du génie civil et les milliers de militaires qui campent dans les abords, au milieu de leurs immenses parcs de camions et d'engins de chantier divers. Les dix mille employés du *kombinat* se répartissent à tour de rôle entre la centrale (quatre mille personnes) et la nouvelle cité ouvrière de Zeleny Mis (le cap vert!), située à 36 kilomètres, qui abrite dans ses bâtiments préfabriqués quelque six mille ouvriers, employés et cadres. Ces personnels, aujourd'hui privés de leur famille, font chaque jour la navette pour rejoindre leur poste de travail et effectuer leur journée de douze heures. Matin et soir, ils subissent les contrôles de radioactivité aux portiques des vestiaires. Si leurs vêtements ou leurs chaussures déclenchent la sonnerie de l'appareil dosimètre, on les détruit. Au bout de quinze jours de ce régime de travail renforcé, ils ont droit à quinze jours de repos avec leur famille. On imagine le coût du kilowatt-heure dans ces conditions, non compris les huit milliards de roubles qu'a coûtés la catastrophe elle-même!

Et ce n'est pas fini. Les autorités de Biélorussie, plus lentes à s'ébranler que les Ukrainiens directement touchés par la catastrophe, ont réalisé en 1989 que le cinquième de leur territoire a été contaminé par le panache radioactif, et qu'il leur faudra donc évacuer à leur tour plus de 100 000 personnes! Encore dix milliards de roubles à prévoir... C'est que les poussières radioactives, ces volages, ont la vie dure! On s'aperçoit maintenant que la contamination rend toute agriculture impossible sur des centaines de milliers d'hectares, mais pas en continu, ni dans l'espace, ni dans le temps. Selon les caprices de la météorologie, en effet, un coup de vent ici, une pluie là, les poussières radioactives se déposent ici ou là, en « peau de léopard », comme disent les spécialistes. Mais comme, en matière d'agriculture, on ne peut nomadiser selon la radioactivité du moment, cette situation gèle des surfaces bien plus grandes que les sols effectivement impropres à la culture. La facture de Tchernobyl s'allonge chaque jour. Le trou noir se creuse, sans fond.

CHAPITRE 19

Des braises mal éteintes

Même parfaitement étanches et sans le moindre accident, les réacteurs nucléaires produisent des déchets, comme n'importe quelle industrie. Mais ce sont des déchets très spéciaux, que l'on ne peut mettre en décharge ni retraiter comme les autres résidus industriels. Les « combustibles irradiés » que l'on extrait après usage du cœur d'un réacteur, généralement au bout de trois ans, ont la redoutable particularité de continuer à dégager chaleur et rayonnements ionisants. Pendant des années, voire des siècles ou des millénaires pour les déchets « à vie longue ». Que faire donc de ces braises mal éteintes?

La première idée qui vient à l'esprit, s'agissant de résidus chauds, c'est naturellement de les plonger dans l'eau. Et si possible dans une eau qu'on ne boit pas, c'est-à-dire dans la mer. Pour les Anglais ou les Américains, habitués à considérer l'océan comme une poubelle naturelle, l'immersion semble le procédé le plus simple pour se débarrasser d'importants tonnages. Pour les Japonais aussi. Les Russes, cernés par les glaces ou les frontières terrestres, préfèrent le plancher des vaches, dont la dimension, il est vrai, est chez eux océanique!

Nul ne sait combien de tonnes ont été déversées dans l'océan par les Américains, puisque les premiers déchets étaient d'origine militaire. Mais on estime que, entre 1945 et 1983, année où l'immersion en mer a été abandonnée au plan mondial, 112 000 fûts de déchets radioactifs ont été déversés en mer par les Américains, dans une trentaine de sites de l'Atlantique et du Pacifique. Les Anglais n'ont commencé à envoyer des fûts radioactifs par le fond que vers 1949. Entre cette date et 1966, dernière année d'immersion non contrôlée, les Anglais auraient évacué l'équivalent de 45 000 curies en mer, que ce soit dans l'Atlantique ou même en Manche, au large de Guernesey.

D'autres pays, comme l'Allemagne fédérale et les Pays-Bas, ont utilisé les paquebots transatlantiques pour l'immersion de leurs fûts, discrètement balancés par-dessus bord dans les parages des Açores... La France, elle, songe à la Méditerranée, à une époque – 1960 – où ses activités nucléaires sont concentrées en basse vallée du Rhône (Marcoule, Pierrelatte, Cadarache) et dans le Sahara algérien pour les tirs de bombes. Il est alors question de se débarrasser de 6 500 fûts. Le gouvernement français ne renoncera à la Méditerranée que sous la pression conjuguée du conseil municipal de Nice, du prince Rainier de Monaco et du commandant Cousteau, alors directeur du musée océanographique de la principauté. Cette campagne contre l'immersion des déchets nucléaires en mer Méditerranée va déclencher un réflexe « écologique » chez l'auteur du *Monde du silence,* à une époque où ni le mot ni la chose n'existent encore. Et les relations entre de Gaulle et Cousteau, jusque-là cordiales, seront définitivement brouillées...

C'est alors que l'OCDE (Organisation de coopération et de développement économique), qui regroupe les principaux pays industrialisés, se décide à mettre un peu d'ordre dans des opérations menées à la sauvette ou dans la plus complète anarchie. En accord avec l'agence internationale de Vienne, l'OCDE crée une agence de l'énergie nucléaire (AEN) pour contrôler les opérations. Cette agence choisit un site d'immersion unique : une fosse de l'océan Atlantique d'une profondeur moyenne de 4 400 mètres, située à égale distance (700 kilomètres) de la pointe sud de l'Irlande et du Finisterre espagnol. On n'y mettra en principe que des déchets solides « faiblement radioactifs », dûment coulés dans le béton ou le bitume et emballés dans des fûts métalliques étanches.

Lors de la première campagne, en 1967, huit pays de l'OCDE (Belgique, France, Italie, Pays-Bas, RFA, Royaume-Uni, Suède et Suisse) ont ainsi immergé plus de 10 000 tonnes de déchets radioactifs accumulés dans les entrepôts des centrales nucléaires. Ils en ont immergé presque autant lors de la deuxième campagne, en 1969, mais le tonnage a considérablement diminué ensuite avec le retrait de la France, de l'Italie, de la RFA et de la Suède, qui optent alors pour le stockage à terre, moins coûteux à l'époque. Toutefois, à partir de 1981, le tonnage immergé retrouve le niveau des débuts.

L'Espagne et le Portugal, débarrassés de leurs dictatures, se mettent alors à protester contre ces immersions. Ces deux pays de grande pêche n'admettent plus que leurs « partenaires » européens viennent déposer leurs déchets dans un océan où eux-mêmes puisent une de leurs ressources essentielles, le poisson. La presse espagnole révèle que, en 1963 et 1964, plus de 10 000 tonnes de déchets radioactifs ont été immergés à seulement 185 kilomètres des côtes asturiennes, à une profondeur de 1 500 à 2 000 mètres, dans une zone stratégique pour la pêche au thon. A Vigo, en Galice, les manifestations se multiplient contre les déchets radioactifs. Ces manifestations seront pour Greenpeace l'occasion de s'implanter en Espagne. Le gouvernement de Madrid finit par s'émouvoir à son tour et demande l'arrêt des opérations d'immersion, ce qu'il obtient à la réunion 1983 de la Convention de Londres qui, depuis 1972, réglemente tous les rejets en mer. Le Portugal, enchanté de cette décision, ne se doute pas que, quatre ans plus tard, il devra protester contre le projet d'installation d'un centre de stockage souterrain en Espagne, à sept kilomètres de sa frontière, en amont des meilleurs crus de porto!

De leur côté, bien que la position officielle des Etats-Unis soit toujours en faveur de l'immersion en mer, les sénateurs américains votent en faveur d'un moratoire. De sorte que, après la campagne 1982, plus aucun fût de déchet radioactif ne sera jeté à l'eau. Au total, entre 1967 et 1982, 95 000 tonnes de « déchets de procédés » (de la mine d'uranium à la centrale nucléaire) et de « déchets technologiques » (blouses, gants, outillage, pièces démontées, etc.) ont ainsi été envoyés par le fond de l'Atlantique, le plus officiellement du monde.

L'arrêt des opérations d'immersion, cependant, n'est pas définitif. Les parties contractantes de la Convention de Londres ont seulement décidé la « suspension de toutes les opérations d'évacuation en mer de déchets radioactifs sous emballage », en attendant le résultat d'études techniques et scientifiques avant une éventuelle reprise. En outre, plusieurs pays (Afrique du Sud, Canada, Etats-Unis, France, Japon, Pays-Bas, Royaume-Uni, Suisse) ont voté contre cette suspension et ont même manifesté leur intention – notamment la Suisse – de renouer avec cette méthode pour se débarrasser « proprement » de leurs déchets radioactifs. Et l'Agence de l'énergie nucléaire de l'OCDE ne cache pas que, selon elle, l'immersion en mer reste un excellent moyen d'entreposer les déchets en lieu sûr. « La décision de 1983 a été prise selon des critères politiques, fait-on observer à l'AEN. C'est une dérive dangereuse si l'on se place du strict point de vue de la protection radiologique. »

L'agence nucléaire de l'OCDE reste persuadée que la mer représente une bonne solution. C'est si vrai que, depuis 1983, elle étudie une autre forme de décharge marine : l'enfouissement sous les sédiments du fond de la mer. De même que l'on « ensouille » les câbles téléphoniques ou électriques dans des tranchées sous-marines, pour qu'ils ne soient pas accrochés par les chaluts des pêcheurs ou les ancres des plaisanciers, de même devrait-on pouvoir « ensouiller » les fûts de déchets radioactifs. La difficulté, c'est qu'il faut opérer cette fois entre

4 000 et 6 000 mètres de profondeur, et avec des conteneurs moins commodes à manier que des câbles électriques!

Pour enfoncer les fûts à plus de 50 mètres de profondeur sous la surface des fonds marins, on envisage actuellement deux formules. D'abord, la torpille, c'est-à-dire un conteneur assez hydrodynamique pour traverser la colonne d'eau en chute libre, avec une vitesse suffisante pour s'enfoncer profondément à l'intérieur des sédiments. Ces sédiments, forcément très meubles à l'endroit choisi, se refermeraient immédiatement sur le trou par un processus dynamique naturel... Les variantes de la formule « torpille » ne manquent pas : chute libre commandée par un treuil ou guidée; conteneur propulsé ou enfoncé par un bras actionné du bateau largueur, etc. L'autre formule consiste à forer auparavant un puits profond dans le sédiment marin, puis d'y empiler les fûts.

Naturellement, les sites d'enfouissement doivent être à l'écart des zones « sensibles ». Pas question d'entreposer les conteneurs sur les bords des plaques tectoniques, où les mouvements telluriques provoquent séismes et volcans. Eviter si possible aussi les zones reconnues riches en ressources minérales ou biologiques, au cas où l'on s'aviserait un beau matin de les exploiter... A ce jour, cinq emplacements possibles ont été repérés dans le Pacifique nord et dix dans l'Atlantique nord, notamment à l'ouest de Madère, au nord des Açores, à l'est de Haïti et au nord-ouest du Cap-Vert. Plusieurs pays participent activement aux recherches sur l'enfouissement sous-marin : Allemagne, Belgique, Canada, Etats-Unis, France, Italie, Japon, Pays-Bas, Royaume-Uni et Suisse.

Sur les conséquences radiologiques de telles pratiques, on en est évidemment réduit aux hypothèses et aux extrapolations de situations dites de référence. Selon l'AEN, les doses radioactives émises par de tels dépôts seraient dans tous les cas bien inférieures aux niveaux admis par la Commission internationale de protection radiologique (CIPR). « Pourvu que les colis soient mis en place correctement, explique suavement un document AEN, il n'y aura pas de fuite radioactive pendant environ 10 000 ans. » Et ce n'est qu'au bout de 100 000 ans, « approximativement », que des doses « inférieures au rayonnement naturel » pourraient atteindre le public! Selon le schéma extrapolé à partir des essais de laboratoire, l'AEN affirme que l'on peut fabriquer des « colis de déchets capables de survivre pendant quelques centaines à quelques milliers d'années après l'enfouissement ». Lorsque l'érosion aura enfin eu raison de leur emballage, les déchets libéreront lentement leur radioactivité pendant quelques millénaires encore, « mais la barrière sédimentaire retiendra la plupart des radionucléides jusqu'à ce qu'ils soient, pour l'essentiel, complètement désintégrés ».

L'enfouissement sous les fonds marins apparaît donc aux yeux des experts de l'OCDE comme « une méthode d'évacuation techniquement réalisable et économiquement viable pour le combustible irradié et les déchets de haute activité ». Par « économiquement viable », l'AEN entend que le coût de l'enfouissement représenterait moins de 1 % du coût de production du kilowatt / heure nucléaire. Mais comme le prix de revient du kilowatt / heure varie en fonction des paramètres du calcul, selon que l'on y intègre ou non la recherche et l'exploitation de l'uranium, les primes d'assurance des centrales nucléaires, le coût de leur démantèlement final et la gestion à long terme de leurs déchets, cette assertion n'engage à rien! On nage dans la prospective, chère aux économistes distingués, sans avoir la moindre certitude.

Ce dont on est sûr, en revanche, c'est qu'il va falloir trouver une solution pour l'entreposage de tous les déchets radioactifs qui s'accumulent à travers le monde. Car, malgré le ralentissement des programmes nucléaires dans la plupart des pays, après l'accident de Tchernobyl, l'ensemble du monde produit toujours plus de kilowatts / heure à partir de l'uranium enrichi.

Selon les dernières projections de l'OCDE, publiées en 1989, le parc nucléaire actuel va produire plus de 400 000 tonnes de combustible irradié, c'est-à-dire 4 300 000 mètres cubes de déchets radioactifs. Encore ces chiffres ne comptent-ils pas les autres résidus, provenant de l'extraction et de la concentration de l'uranium, de la préparation du combustible nucléaire, de la décontamination des centrales « déclassées » et enfin des autres utilisations de l'atome (laboratoires universitaires, hôpitaux, industrie, etc.). Les plus gros producteurs « occidentaux », au cours des trente prochaines années (durée de vie moyenne d'une centrale nucléaire) seront, dans l'ordre : les Etats-Unis (78 000 tonnes), le Canada (72 000 tonnes), la France (43 000 tonnes), le Royaume-Uni (40 000 tonnes), le Japon (22 000 tonnes) et l'Allemagne (17 000 tonnes). On connaît moins bien les chiffres pour les pays de l'Est, mais ils s'efforcent de rattraper l'Ouest malgré les déboires du modèle soviétique.

Voilà donc un fameux stock à écouler, d'une manière ou d'une autre. Chaque pays nucléarisé, aujourd'hui, se rend compte – mais un peu tard – que les stocks accumulés « provisoirement » depuis l'arrêt de l'immersion en mer vont être très difficiles à caser. On a bien songé, un temps, à enfouir ces stocks sous la calotte glaciaire ou à les expédier dans les espaces intersidéraux. Mais on a calé sur le coût, qui aurait atteint des sommes... astronomiques! Donc, en dehors de l'enfouissement dans les sédiments marins, toujours officiellement en course, tout le monde s'est rallié à l'entreposage terrestre. Celui-ci offre en effet l'énorme avantage que chaque pays producteur conserve les déchets chez lui, au lieu de les abandonner dans un terrain vague n'appartenant à personne. Mais ce principe de l'entreposage à terre a mis du temps à pénétrer les esprits.

Seule la Suède, toujours pionnière en matière de protection de l'environnement, semble avoir pris le taureau par les cornes assez tôt. Jusqu'en 1983, grâce à son navire spécialisé *Sigyn*, elle a livré à l'usine française de La Hague, via Cherbourg, son combustible irradié à retraiter. Mais, entre-temps, elle avait pris la décision de ne plus retraiter et de stocker à terre, en lieu sûr. Dès 1980, elle mettait à la disposition des pays de l'OCDE un laboratoire de recherche pour étudier notamment la propagation des matières radioactives dans le granit. Ce laboratoire, installé dans la mine de fer désaffectée de Stripa, à 220 kilomètres à l'ouest de Stockholm, doit publier vers 1992 les résultats de ses recherches, permettant ainsi à tous les pays qui ont du granit d'envisager là un site de stockage pour les déchets à vie longue.

Pour les déchets à vie courte ou moyenne, la Suède a ouvert en 1988 un centre de stockage souterrain, baptisé SFR-1, qui est aujourd'hui le plus grand entrepôt du monde, et le premier à entrer en service. Une véritable cathédrale : quatre nefs de 160 mètres de long taillées dans le granit, un silo de 50 mètres de haut, le tout creusé à 60 mètres de profondeur sous le fond de la mer Baltique. Souterrain et sous-marin : deux précautions valent mieux qu'une ! Même pour des déchets peu radioactifs, les Suédois ont préféré se préserver avec 60 mètres de granit et 5 mètres d'eau. Le stockage définitif, chez eux, n'est pas un vain mot !

Pour construire cet entrepôt, situé devant la centrale nucléaire de Forsmark, à 140 kilomètres au nord de Stockholm, il a fallu dynamiter 430 000 mètres cubes du granit le plus dur, pendant quatre ans et demi. Il en a déjà coûté 740 millions de couronnes (presque autant de francs) pour une capacité de 60 000 mètres cubes. Mais une deuxième tranche de travaux est prévue pour porter la capacité à 90 000 mètres cubes. Ces deux tranches, plus le coût de fonctionnement avant fermeture définitive du site, devraient revenir à près d'un milliard et demi de couronnes ! Et il est possible qu'il faille encore agrandir l'installation pour le jour, relativement proche, où il faudra entreposer les réacteurs désaffectés en pièces détachées...

Les Suédois ont en effet déjà programmé leur « sortie » du

nucléaire. Leurs quatre centrales en production, soit au total douze réacteurs (dont le dernier a été mis en service en 1985), doivent en principe être déclassées d'ici à 2010, terme au-delà duquel plus aucun kilowatt / heure ne sera produit à partir de l'atome. La décision, latente avant l'accident de Tchernobyl, a été confirmée par l'engagement de ne plus construire de nouveau réacteur.

Bien qu'il s'agisse d'une industrie considérée chez eux comme moribonde, les Suédois ont décidé d'enterrer dignement ses déchets. Très dignement même. D'abord, un camion géant à vingt-huit roues, doté d'un système de freinage automatique avec détecteurs à infra-rouge, vient chercher les conteneurs débarqués du *Sigyn* à Oskarshamn, où se trouve le centre de stockage intermédiaire, et où sont conservés en piscine les déchets hautement radioactifs. Une fois parvenus à Forsmark, les conteneurs sont acheminés jusqu'au « sanctuaire » par un tunnel long d'un kilomètre. Ceux qui contiennent des déchets de faible activité sont empilés dans les deux premières salles, avec leur emballage d'origine. Les autres, de moyenne activité, sont répartis entre les deux dernières salles et le silo. Vont en salle le matériel utilisé pour purifier l'eau condensée des turbines, les fûts de résine échangeuse d'ions, les pièces métalliques, etc. Le tout est aussitôt noyé dans le béton, définitivement. Pour les matières les plus radioactives, une grue télécommandée les empile dans les compartiments du silo, large de 26 mètres. Elles aussi sont noyées dans le béton. Pour plus de sûreté, 10 000 mètres cubes de bentonite – une sorte d'argile imperméable – ont été coulés entre la paroi extérieure du silo et la roche, afin de garantir son étanchéité. Les rayons, s'il en reste, n'ont qu'à bien se tenir. Les voilà bouclés dans le granit pour l'éternité !

Bien qu'ils soient partis plus tôt, les Suisses ne sont toujours pas parvenus à choisir un site de stockage. Et pourtant, Dieu sait qu'ils ont cartographié, sondé, creusé, analysé, modélisé, afin de retenir le site irréprochable, garanti 10 000 ans! Depuis sa création, en 1972, la CEDRA (Société coopérative nationale pour l'entreposage de déchets radioactifs) a dépensé plus de 500 millions de francs suisses (4 milliards de francs français!) pour ces recherches et l'entretien de ses laboratoires de terrain.

Quatre sites ont finalement été retenus pour le stockage éventuel de déchets faiblement et moyennement radioactifs, situés dans quatre cantons différents. Mais le site du canton de Vaud, dit du Bois de la Glaive, a suscité une telle opposition, tant des propriétaires de terrain que de la municipalité voisine d'Ollon, que les forages n'ont toujours pas eu lieu.

Pour les déchets fortement radioactifs, ceux qui reviendront vitrifiés après retraitement à la Hague ou à Sellafield, la CEDRA a déjà procédé depuis 1982 à sept forages profonds (entre 1 300 et 2 500 mètres) dans le sous-sol cristallin du nord de la Suisse. En coopération avec la Suède et le Japon, depuis 1982, elle étudie le comportement de ces matières hautement radioactives une fois qu'elles sont solidifiées dans du verre de borosilicate. Avec la Suède et la Grande-Bretagne, la CEDRA étudie aussi le comportement des dépôts naturels de substances radioactives pour la gestion à long terme des déchets. Les trois partenaires ont pour cela installé un laboratoire dans le granit d'une mine d'uranium brésilienne, à Poços de Caldas. Toutes les précautions sont donc prises pour que les décisions finales ne puissent être soupçonnées de hâte ou de précipitation.

En attendant, les centrales nucléaires stockent en piscine leurs déchets « thermogènes » – ceux qui dégagent de la chaleur. Les autorités helvétiques envisagent pour eux plusieurs dépôts intermédiaires et un dépôt central, avant l'expédition vers les usines étrangères de retraitement. Les seuls déchets radioactifs déjà traités en Suisse proviennent des laboratoires, hôpitaux et ateliers industriels qui n'ont rien à voir avec la production d'électricité. En une seule année (1986), 3 000 fûts de 200 litres ont été reconditionnés ou incinérés par l'IFR, l'Institut fédéral de recherches en matière de réacteurs.

En 1987, dix experts chinois ont été envoyés par Pékin pour une tournée de trois semaines en Allemagne et en Suisse, afin de préciser les conditions d'un marché fabuleux : quatre milliards de dollars pour enfouir 4 000 tonnes de déchets radioactifs dans le désert de Gobi! Selon le courtier bâlois Arnold Künzler (voir chapitre 9), la transaction portait en réalité sur quatre mille conteneurs pesant chacun 24 tonnes. Ces conteneurs, ou plutôt ces blocs de béton, ne renfermaient chacun que 62 kilos de matière irradiée, c'est-à-dire à peine 250 tonnes au total. Quatre milliards de dollars pour 250 tonnes, cela fait cher du kilo! Au cours d'une entrevue à Zoug, en Suisse, les milliards auraient été versés aux intermédiaires chinois, mais les conteneurs n'ont jamais quitté l'Europe. Des contacts auraient également été pris avec l'URSS...

Quoi qu'il en soit, les premiers déchets à vie longue vont bientôt revenir des usines de retraitement. Les Suisses, alors, ne pourront éternellement différer le creusement de leur centre de stockage souterrain... à moins de livrer le plutonium au surgénérateur français de Creys-Malville, qui nargue les Genevois à une cinquantaine de kilomètres de distance! Hypothèse hautement invraisemblable, si l'on en juge par l'opposition farouche des Suisses à la mise en route de Superphénix...

Les Anglais, partis très tôt dans la production d'électricité nucléaire et même dans le retraitement, ont pris beaucoup de retard pour l'entreposage des déchets chez eux. Persuadés que l'immersion en mer était la bonne formule, ils jetaient presque tout dans la fosse atlantique, où 80 % des fûts étaient d'origine britannique. Ils ont donc attendu la décision internationale, en 1983, de suspendre *sine dire* l'immersion des déchets radioactifs pour se mettre à la recherche d'un site terrestre. L'organisme chargé de la chose, la NIREX (*Nuclear Industry*

Radioactive Waste Executive), a d'abord songé à entreposer les matériaux faiblement radioactifs en surface, ou près de la surface. Quatre sites possibles étaient finalement retenus en 1986 et un budget de 10 millions de livres prévu pour la recherche géomorphologique. Mais le syndrome NIMBY faisait de tels ravages que la NIREX, finalement, renonça aux sites en surface. Elle prévoit aujourd'hui de tout entreposer dans un seul site souterrain, qu'il s'agisse de produits faiblement ou moyennement radioactifs. En attendant qu'il soit trouvé, les fûts s'empilent à Drigg dans la décharge à ciel ouvert qui reçoit les déchets de Windscale-Sellafield...

Mais cette décharge ne pourra pas longtemps encore recevoir les rebuts de toutes les centrales nucléaires du royaume. Faute d'un centre de relais, le site de Drigg, qui a déjà fonctionné pendant plus de vingt ans, sera saturé en 2010. Tout au plus pourrait-il, avec des aménagements appropriés, recevoir des colis jusque vers 2040. Le livre blanc publié à ce sujet en 1986 prévoit une masse grandissante de déchets jusqu'en... 2030, étant donné le parc nucléaire britannique existant et projeté. Les Anglais devront donc se colleter avec, « approximativement », 460 000 mètres cubes de matières faiblement radioactives, 140 000 mètres cubes de matières moyennement radioactives et 4 300 mètres cubes de résidus thermogènes. Le livre blanc précise que si quinze nouvelles centrales sont commandées entre 1990 et 2010, le volume de déchets faiblement radioactifs à entreposer en 2030 passerait à 1 200 000 mètres cubes!

Quant aux braises encore chaudes, il est prévu de leur faire prendre le frais pendant « au moins cinquante ans », avant de songer à les entreposer quelque part définitivement. Après un passage de plusieurs années en piscine, les combustibles irradiés sont placés dans des conteneurs en acier inoxydable. Les plus anciens, à Sellafield, ont ainsi mijoté pendant trente ans sans bouillir ni fuser à l'extérieur de leur emballage. Les Anglais terminent actuellement leur unité de vitrification pour conserver les matières irradiées sous forme solide. Les blocs vitrifiés, emballés dans des conteneurs métalliques, seront entreposés dans des locaux climatisés pendant un minimum de cinquante ans. Après quoi, radioactivité et chaleur dégagée ayant diminué, il sera plus facile de les « ranger » définitivement.

Le coût de toute cette manipulation reste imputable en Grande-Bretagne aux producteurs d'électricité, en l'occurrence une compagnie qui n'a pas encore été privatisée, *British Nuclear Fuel Limited.* C'est donc indirectement le gouvernement de sa Gracieuse Majesté qui finance la gestion des déchets nucléaires. Voilà pourquoi le gouvernement britannique, encore aujourd'hui, estime que l'immersion en mer constitue une formule d'élimination excellente, c'est-à-dire moins coûteuse. Hélas, les Anglais creusent actuellement le tunnel sous la Manche pour s'amarrer définitivement à l'Europe. Ils doivent donc aussi creuser pour enfouir leurs braises encore chaudes, comme leurs partenaires européens. Même à contrecœur. Et même si certains, toujours farouchement anti-européens, doivent rêver de combler le maudit tunnel avec les maudits déchets!

Comme alternative à l'immersion en mer, les Américains ont l'embarras du choix avec leurs déserts de l'Ouest. Dès 1983, ils choisissent une couche de sel dans le sous-sol du Nouveau-Mexique, où le Département de l'énergie fait creuser des salles d'entreposage à 650 mètres de profondeur. On doit en principe y stocker d'abord des matériaux provenant de la fabrication des bombes atomiques et contenant donc du plutonium. Manque de chance, on s'aperçoit que les salles supposées étanches ne le sont pas, malgré la réputation du sel de ne pas supporter la moindre humidité. A l'été 1987, une équipe de chercheurs indépendants venus de l'université d'Albuquerque découvre le pot aux roses : l'un des puits d'aération traverse une nappe aquifère et draine vers le fond plus de cinq litres d'eau à la minute. De quoi inonder l'entrepôt en moins de trente ans! Le centre de stockage, qui devait entrer en service en octobre 1987, est gelé. Les 700 millions de dollars dépensés pour construire le site ne représentent qu'un prélude au coût final de la cave à plutonium!

Comme un malheur n'arrive jamais seul, on découvre en 1989 des fissures dans le plancher et le plafond de deux des salles de stockage. On s'attendait bien à en provoquer en creusant ainsi le sel vierge, puisqu'il était même prévu que, après cinq ans d'exploitation, le centre serait définitivement abandonné pour laisser la géologie refermer naturellement le site par le jeu spontané des forces telluriques. Mais la géologie peut aussi jouer des tours et ces fissures sont trop précoces pour être honnêtes. On anticipait un foudroyage naturel des galeries, comme dans toute mine de sel, mais on ne l'attendait pas si tôt, avant même que le moindre fût ait été descendu au fond du puits! Voilà donc de nouveau bloqué l'entreposage des déchets au plutonium. Ni les autorités du Nouveau-Mexique ni même le Congrès ne sont très chauds pour l'ouverture du centre...

Avec leurs déchets hautement radioactifs, les Américains ont davantage pris le temps de la réflexion. En 1982, le Congrès s'est prononcé pour la répartition de la charge entre l'Est et l'Ouest (des Etats-Unis), c'est-à-dire qu'ils demandaient aux Etats de la côte Est de prévoir un site qui fasse pendant aux déserts de l'Ouest déjà saturés d'installations atomiques. Changement de décor quatre ans plus tard. Le Département de l'énergie ne veut plus de site de stockage dans l'Est des Etats-Unis, qui se prête moins bien à l'enfouissement en lieu sûr. « Pas question de creuser pour des raisons d'équilibre politique, dit-il. On se déterminera seulement en fonction de critères techniques. » L'administration ramène donc le choix à trois sites de l'Ouest : Nevada, Texas et Washington, Etat de la côte pacifique.

Lors du débat budgétaire, en 1987, les parlementaires

américains sont confrontés à une dure réalité : ils doivent réduire le déficit fédéral de 30 milliards de dollars. Parmi les mesures d'économie, ils trouvent judicieux de tailler dans les recherches menées pour trouver la poubelle nucléaire souterraine garantie 10 000 ans. On abandonne donc le Texas et Washington pour ne conserver que ce bon vieux Nevada, déjà spécialisé dans l'accueil des explosions souterraines de bombes thermonucléaires. Les déchets militaires iront ainsi directement du producteur à l'éliminateur, sans sillonner inutilement les routes américaines... Le site retenu se trouve à 135 kilomètres au nord-ouest de Las Vegas, l'enfer du jeu. On peut espérer que les joueurs attelés à leurs machines à sous ne penseront pas à l'enfer des neutrons installé sous leurs pieds. Ils ne se sont d'ailleurs jamais émus des tirs de bombe. Le désert est si vaste...

Restent les déchets civils à faible radioactivité, qui ne méritent pas l'enfouissement profond, ni même l'immersion en mer. Ils ont d'abord été empilés dans des décharges plus ou moins bien contrôlées, à travers tous les Etats-Unis. On n'allait tout de même pas faire faire des centaines, voire des milliers de kilomètres à des chiffons ou des pansements contaminés par une bombe au cobalt! En 1978, cependant, trois décharges « nucléaires » sont fermées, et l'on s'aperçoit alors qu'elles diffusent généreusement leur radioactivité. Déjà travaillée par le syndrome NIMBY, l'opinion publique s'en émeut et fait le siège de ses élus pour qu'ils interdisent ce genre d'installation. En 1980, les gouverneurs de Caroline du Sud, du Nevada et de l'Etat de Washington déclarent même tout net qu'ils vont fermer les dépôts qui se trouvent sur leur territoire – trois entreprises privées à but lucratif. Ils ne veulent pas « servir de poubelle nucléaire au reste de l'Amérique ».

Leurs menaces font leur effet au Congrès, qui décide alors que, à compter du 1er janvier 1993, chaque Etat de l'Union sera exclusivement responsable des déchets produits sur son sol. Un centre de stockage, qu'il soit public ou privé, pourra refuser les colis venant d'un autre Etat. Plus facile à dire qu'à faire! Cette année-là, l'industrie américaine a produit plus de 100 000 mètres cubes de résidus faiblement radioactifs – un record. Où diable les entreposer, si l'on n'a plus le droit de les expédier dans un autre Etat et si l'on doit attendre l'aménagement d'un site chez soi?

Neuf ans après le vote du Congrès, rien n'a bougé. Plus de 600 000 mètres cubes de déchets radioactifs attendent sur leur lieu de production qu'on veuille bien les éliminer. L'équivalent d'un terrain de football où on aurait empilé les fûts sur 150 mètres d'épaisseur! Selon les experts du Département de l'énergie, il faudrait au moins quatorze sites de stockage pour répondre à la demande. La note à payer, pour la construction et la gestion pendant trente ans de ces installations, varierait entre 2,2 et 5,4 milliards de dollars! Actuellement, les Etats paient environ 1 800 dollars pour chaque mètre cube à entreposer, sans compter les frais de transport. Mais la nouvelle réglementation va renchérir considérablement ces coûts. Selon l'*Edison Electric Institute,* ils pourraient se situer entre 3 500 et 10 000 dollars le mètre cube! La note risque d'être si salée que les petits producteurs, comme par exemple les hôpitaux, préféreront s'entendre avec d'aimables courtiers pour se débarrasser à moindres frais de leurs résidus radioactifs...

L'allergie de l'opinion publique à l'égard de toute décharge nucléaire sur le territoire américain a naturellement suscité des propositions... et des rumeurs. La Chine, bien sûr, avec son fameux désert de Gobi... et sa fringale de billets verts. L'Afrique, ensuite, où les Américains cherchent à se substituer partout aux anciens colonisateurs. En 1985, des opposants somaliens réfugiés en Ethiopie ont affirmé que les Etats-Unis avaient loué, pour 600 millions de dollars, un terrain de... 800 kilomètres carrés perdu dans le désert de Somalie. On n'a évidemment jamais su s'il s'agissait d'un coup de propagande ou d'un projet réel...

Aux îles Marshall, en revanche, on ne s'est jamais caché pour offrir officiellement l'hospitalité aux déchets nucléaires, qu'ils soient américains ou japonais. L'argument, convaincant il faut l'avouer, repose sur la constatation suivante : de 1946 à 1958, l'armée américaine a procédé à soixante-six tirs de bombes atomiques dans les atolls de Bikini et Enewetak, alors que les îles Marshall constituaient un territoire administré par les Etats-Unis. Aujourd'hui encore, plusieurs des atolls contaminés restent *off limits.* Comme le dit le représentant marshallais à Washington, Wilfred Kendall, « le poison est là : pourquoi ne pas convertir ce handicap en ressource économique ? »

Décidé à décrocher le marché, le président des Marshall, Amata Kabua, a envoyé un télex au Département d'Etat américain, fin 1988, lui demandant de lancer une étude de faisabilité pour l'entreposage dans son pays de matériaux radioactifs. « Les deux nations pourraient en tirer des avantages substantiels », conclut finement le président Kabua. Le *lobby* marshallais exerce une telle pression au Congrès que, lors du débat sur le choix du Nevada comme site unique d'entreposage, le sénateur John Breaux, de Louisiane, introduit un amendement pour laisser ouverte l'option des Marshall.

Cette option, cependant, semble difficile à mettre en œuvre. Les Etats du Pacifique sud ont signé en 1986 un traité qui déclare la région « zone dénucléarisée ». Mêmc le Japon, qui avait annoncé en 1979 son intention d'immerger dans le Pacifique des fûts radioactifs, a dû y renoncer pour ne pas compromettre sa situation de « grand frère » du secteur. Certes, l'administration Reagan avait refusé de ratifier ce traité, mais moins à cause des déchets que pour la libre circulation des navires à propulsion nucléaire, ceux-là mêmes que le premier ministre néo-zélandais, un allié pourtant, interdisait de séjour chez lui.

Les habitants de Bikini, d'autre part, réclament toujours un chèque de 100 millions de dollars pour la décontamination de certains atolls restés interdits à l'habitation. Ils ne veulent pas accepter la situation de leurs voisins d'Enewetak qui, après des travaux de décontamination qui ont coûté 200 millions de dollars, n'ont toujours pas le droit de réoccuper certains atolls du nord de l'archipel!

Le gouvernement des îles Marshall, pourtant, ne désespère pas d'accueillir des déchets américains contre monnaie sonnante et trébuchante. En 1989, un protocole d'accord a été conclu avec la compagnie américaine *Admiralty Pacific* pour la livraison de déchets « non toxiques » qui pourraient atteindre 25 millions de tonnes par an et rapporter jusqu'à 50 millions de dollars de rente annuelle! Un pactole pour un micro-Etat de 37 000 habitants vivant de la pêche et des cocotiers (l'huile de coprah)! Et les autorités de Suva discutent toujours avec Washington de la possibilité d'accueillir aussi des matières radioactives...

L'entassement des déchets nucléaires tracasse aussi les Soviétiques bien que, officiellement, tout aille très bien à l'ombre des centrales. Selon le professeur américain Gabriel Schoenfeld, chercheur atomiste de Harvard, l'URSS en est arrivée à un tel point de contamination nucléaire qu'il faudrait « un dosimètre par *datcha* ». D'après ses informations, recueillies aux meilleures sources, des décharges de sous-produits de centrales nucléaires existent dans tout le pays, y compris dans la région de Moscou où surgissent chaque jour de nouveaux logements. Quant aux mines d'uranium d'Asie centrale et aux usines de traitement du minerai, elles entreposeraient leurs résidus dans des conditions déplorables. Près de chaque zone industrielle importante, les matières radioactives s'accumulent en provenance des laboratoires, hôpitaux et ateliers divers. Non seulement l'URSS stocke ses propres déchets, mais elle accueille ceux de ses alliés européens, ce qui choque les Soviétiques eux-mêmes en ces temps de NIMBY planétaire.

A ces accusations, forcément perfides, les autorités soviétiques répondent que l'URSS dispose au total, en 1989, de trente-cinq dépôts régionaux de matières radioactives, « qui ne présentent aucun danger pour la population », précise Boris Semenov, vice-président du Comité d'Etat soviétique pour l'utilisation de l'énergie atomique. Chaque centrale nucléaire traite et conserve ses propres déchets. Seul le combustible irradié et les restes de son exploitation, qui contiennent entre autres du plutonium, « peuvent poser un problème sérieux ». On ignore donc si les Soviétiques ont trouvé un système pour entreposer leurs déchets à vie longue.

Ce que les autorités soviétiques nient farouchement, c'est qu'un accord quelconque ait pu être passé avec Bonn pour l'importation de déchets nucléaires ouest-allemands, comme le bruit en a couru avec insistance. Mais les frontières entre les deux Allemagnes, s'agissant de déchets, ne sont plus étanches depuis longtemps. Or l'URSS prend sans barguigner livraison des colis est-allemands...

En Allemagne fédérale, précisément, les déchets nucléaires ont fait l'objet de belles empoignades. Plus que partout ailleurs, dans ce pays interdit d'arme nucléaire, débordant de charbon, et travaillé par les *Grünen*, ils représentent un tabou. Aussi, lorsque, en 1977, le gouvernement fédéral annonce son choix pour l'enfouissement définitif des déchets hautement radioactifs, c'est l'effroi. Bonn a retenu Gorleden, un village de Basse-Saxe, situé à... cinq kilomètres de la frontière est-allemande. Mais c'est un choix technique, bien sûr : on trouve là des dômes de sel vieux de deux cents millions d'années, qui garantissent l'étanchéité à l'humidité pour d'autres millions d'années.

Le ministre-président de Basse-Saxe, Ernst Albrecht, les élus locaux, tout le monde s'affole. Lorsque les premiers sondeurs arrivent sur le terrain en 1979, les opposants livrent de véritables batailles rangées. Mais, au fil des ans, la crise économique fait de tels ravages en Basse-Saxe que l'on commence localement à envisager le nucléaire comme un excellent domaine de reconversion. A tel point que le même ministre-président qui, en 1977, s'opposait à l'enfouissement des déchets en Basse-Saxe, accepte en 1983 le principe de la construction dans son *land* d'une usine de retraitement du combustible irradié à Dragahn! Cette unité, faisant la pige à Sellafield et La Hague, pourrait retraiter 350 tonnes par an de combustible irradié, aux environs de 1992. Une excellente affaire que ce bon M. Albrecht, le ministre-président, ne veut pas laisser passer...

Il laisse donc donner le premier coup de pioche de la poubelle de Gorleben, en 1984, avec l'espoir que la première pierre de l'usine de Dragahn suivra de près. Las! En 1985, la DWK *(Deutsche Gesellschaft für Wiederaufarbeitung von Kernbrennstoffen),* la société chargée par Bonn de choisir le site, abandonne la Basse-Saxe au profit de la Bavière pour le retraitement. La Hague allemande se fera à Wackersdorf... non loin de la frontière tchécoslovaque! Coup de poignard dans le dos! La Basse-Saxe voit passer sous son nez un chantier qui, jusqu'en 1993, doit employer des milliers d'ouvriers, coûter 10 milliards de marks et embaucher ensuite 2 500 personnes pour tourner! Et le pire, c'est que, comme chez lui naguère, l'opposition se déchaîne contre le projet, autorités et *Grünen* confondus! Les écologistes demandent le classement immédiat du site en parc national...

Cette même année 1985, le tribunal administratif de Münster ordonne l'arrêt des travaux de construction de l'autre poubelle nucléaire allemande, à Ahaus... près de la frontière néerlandaise, dont le permis avait été accordé deux ans avant. Une poubelle de luxe aussi, dont le budget prévisionnel se monte à 24 millions de marks. Mais un luxe rendu indispensable par la production des quatorze centrales nucléaires de RFA, que Tchernobyl n'a tout de même pas arrêtées.

Le seul réacteur qui a cessé de tourner se trouve en Bavière, à Niederaichbach. Mis en service en 1972, il a été déclassé en... 1974, après dix-huit mois de fonctionnement cahin-caha, qui a tout de même englouti 230 millions de marks! Mis sous cocon jusqu'en 1983, c'est-à-dire pratiquement placé sous scellés et surveillé de très près (coût : 500 000 marks par an!) il a été démonté peu à peu ensuite, avec un luxe de précautions. C'était la première fois que les Allemands se livraient au démantèlement d'une centrale nucléaire. Il ne fallait pas gâcher étourdiment l'occasion d'une démonstration de savoir-faire! Il en aura coûté 20 millions de marks à Siemens, l'opérateur de la centrale, et 70 millions à l'Etat fédéral. La plupart des fûts de déchets de Niederaichbach ont été stockés dans une ancienne mine de fer qui descend jusqu'à 1 200 mètres de profondeur, et qui sert d'entrepôt pour les déchets faiblement radioactifs.

Pour le combustible irradié, l'Allemagne devait donc avoir son usine de retraitement. Voilà longtemps que la DWK se préparait à l'événement. Dès 1983, deux ans avant la décision de choix du site, son dossier était fin prêt, précisant dans le moindre détail les aménagements à prévoir. L'Etat libre de Bavière, sous la férule de Strauss, avait donné son accord. Ne restait plus qu'à construire, malgré l'opposition inévitable des écolos, des universitaires et de quelques édiles locaux mal embouchés.

L'emplacement avait été bien choisi : un immense trou où, jusqu'en 1982, on avait exploité le lignite à ciel ouvert (8 millions de tonnes par an). Fin 1987, quand j'y suis allé voir, les 110 hectares, entourés d'une infranchissable clôture, grouillaient d'engins de chantier achevant le terrassement de la plate-forme. Des travaux irréversibles, apparemment, menés par des ingénieurs sûrs d'eux, avec des moyens considérables : 120 millions de marks avaient alors été dépensés, sur une enveloppe prévisionnelle de 6,7 milliards de marks! « Les deux tiers des dépenses sont consacrés à la sécurité, expliquait alors l'ingénieur Reinhard Proske. Nous aurons des normes à respecter beaucoup plus sévères qu'à Sellafield et La Hague! » Les déchets du retraitement seraient vitrifiés, conservés à refroidir pendant vingt ans sur le site, et enfin expédiés dans le sel de Gorleben *ad vitam aeternam.* Tout serait pour le mieux dans le meilleur des mondes nucléaires...

Mais Wackersdorf va focaliser l'opposition des antinucléaires allemands. Tout ce que Munich compte d'alternatifs, pacifistes et écologistes se donnent régulièrement rendez-vous sur le site pour manifester sa détestation profonde du plutonium. Les scientifiques s'efforcent de prouver par A + B que l'usine présente des dangers. Même le président de la DWK fournit involontairement des arguments aux adversaires de l'usine. Dans un document publié en 1984 pour tâcher d'emporter la décision de Bonn, il reproche au gouvernement de limiter la capacité des deux usines projetées à Dragahn et Wackersdorf à 350 tonnes. « Pour être rentable, écrit-il, une usine de ce type doit traiter au moins 7 à 800 tonnes. » Comme, entre-temps, Bonn a renoncé à l'usine de Dragahn, les antinucléaires ont beau jeu de clamer que Wackersdorf est non seulement un projet inutile et dangereux, mais aussi pas rentable!

Et l'incroyable se produit. Un beau jour de juin 1989, on apprend que l'Allemagne renonce à retraiter son combustible irradié, qu'elle confiera à la France à partir de 1999! *Exit* l'usine modèle de Wackersdorf, abandonné le grand chantier qui devait animer la Bavière, adieu emplois et *royalties!* Le gouvernement fédéral fait même le deuil de plus de deux milliards de marks investis dans l'opération (sur un budget total révisé de 7,7 milliards de marks)! Avant même d'avoir été retraités, les déchets nucléaires ont coûté cher à l'Allemagne!

CHAPITRE 20

La Hague, une gagneuse?

Les déboires des Allemands avec le retraitement des déchets nucléaires tombent à pic pour la France. Pour un peu, on pourrait penser qu'elle a agi en sous-main afin de faire capoter Wackersdorf! Mais non. Wackersdorf est une querelle d'Allemands. A cent pour cent. L'ultime coup de pouce pour l'abandon de l'usine bavaroise a été donné par VEBA, une compagnie allemande d'électricité très engagée dans le projet de Wackersdorf. Selon VEBA, en effet, le coût du retraitement en Allemagne aurait atteint des sommes faramineuses (4 500 marks le kilo), alors que l'usine française de La Hague, déjà construite, peut l'offrir à 6 000 francs le kilo. L'abandon de Wackersdorf, selon VEBA, devrait permettre aux compagnies allemandes d'électricité d'économiser environ un milliard et demi de marks par an...

On comprend, dans ces conditions, que les producteurs allemands d'électricité (privés) n'aient pas hésité à sacrifier Wackersdorf sur l'autel des écologistes. D'une pierre deux coups : on fait l'économie d'un retraitement de luxe et l'on donne une satisfaction aux *Grünen,* qui avaient fait de ce chantier un terrain de lutte symbolique. Comme lorsque le gouvernement français de gauche, en 1981, a fait une croix sur la centrale nucléaire de Plogoff et l'extension du camp militaire du Larzac. Quant aux 2,6 milliards de marks dépensés en pure perte à Wackersdorf, tant pis. L'Allemagne (fédérale) paiera!

Reste tout de même un problème : que faire du plutonium qui reviendra de l'usine française avec les autres déchets du retraitement ? Ce combustible, normalement, devait alimenter le surgénérateur de Kalkar (lui aussi à la frontière néerlandaise...). Or Kalkar, enjeu de luttes aussi résolues et obstinées que Wackersdorf, pour les mêmes raisons (plutonium = bombe), risque de ne jamais être mis en service. Les Allemands vont-ils alors vendre leur plutonium à la France pour alimenter le surgénérateur de Creys-Malville – mis en route, lui, malgré toutes sortes d'incidents techniques ? Non, parce que la France, avec ses 54 réacteurs en service, produit plus de plutonium que Superphénix ne peut en consommer.

La solution, c'est donc le MOX (Mixt Oxyd), ce combustible mixte à base de plutonium et d'uranium que l'on brûle aujourd'hui dans certains réacteurs ordinaires. Mais ce combustible coûte quatre fois plus cher que le classique uranium enrichi et complique le travail des électriciens. Il oblige en effet à effectuer la vidange du réacteur en une fois, donc à tout arrêter pendant plusieurs semaines, au lieu du traditionnel renouvellement par quart des crayons combustibles, qui ralentit à peine la production.

Mais comme le stockage du plutonium coûte encore plus cher que son brûlage en réacteur, on n'a guère le choix. Seuls les Etats-Unis et la Suède, qui ont renoncé au retraitement, n'ont pas ce problème sur les bras. Tous les autres, à commencer par la France, doivent s'y résoudre, ne serait-ce que pour justifier leur coûteux retraitement, mis au point à une époque où l'on pouvait craindre, sinon une pénurie, du moins un renchérissement de l'uranium naturel.

Deux usines, actuellement, fabriquent ce MOX. L'une à Hanau, en Allemagne fédérale, opérée par Siemens, et l'autre à Dessel, en Belgique, opérée par une société franco-belge. Une petite unité fonctionne aussi à Sellafield, en Angleterre, mais seulement pour les réacteurs à neutrons rapides. Le Japon, qui ne sait plus quoi faire du plutonium rapatrié de La Hague, pourrait s'y mettre à son tour. Et la France, dont le surgénérateur de Creys-Malville ne peut absorber qu'une faible part des stocks, va construire à son tour une usine de MOX à Marcoule.

Quel est donc le plus avantageux? Stocker le combustible irradié, comme envisagent de le faire Américains et Suédois, ou retraiter, comme font déjà les autres? Embarrassante question! Entreposer le combustible irradié en décharge, comme un déchet, fait l'économie d'une usine de retraitement – très coûteuse – et aussi de toute la filière de production par surgénérateur, elle aussi ruineuse dans les conditions actuelles de l'uranium bon marché. Mais cela a deux inconvénients. C'est d'abord un gaspillage de ressource énergétique, puisque le retraitement permet de récupérer 97 % du combustible irradié (96 % d'uranium et 1 % de plutonium). Qui sait de quoi l'avenir sera fait? Qui nous dit que l'uranium naturel restera une matière abondante, lorsque les énergies fossiles (pétrole, charbon) commenceront à s'épuiser?

Ensuite, nul ne sait trop comment stocker ce combustible irradié. On peut le conserver en piscine à eau refroidie, mais cela exige une surveillance de tous les instants, pour éviter l'ébullition. Et l'entreposage ne peut dépasser une cinquantaine d'années, sous peine de voir la cuve s'encrasser et se corroder dangereusement. On peut aussi, après deux ou trois ans de piscine pour laisser filer le plus gros de la chaleur, conserver le combustible au sec, dans un local à la fois étanche et ventilé. Mais il faudra bien un jour se décider à enfouir le combustible refroidi – et toujours actif – quelque part. Personne ne l'a encore fait, bien que, nous l'avons vu au chapitre précédent, tout le monde recherche fébrilement des sites profonds idoines. A grands frais. Que l'on songe à « l'ensouillage » des fûts dans les sédiments marins, bien hasardeux, ou à l'entreposage dans une usine souterraine, difficile à trouver techniquement et politiquement, le stockage définitif coûtera forcément cher, très cher, car il devra rester sous haute surveillance pendant des siècles! Or, la production de combustible irradié ne cesse d'augmenter. Pour les seuls pays « capitalistes », on prévoit 55 000 tonnes en 1995 et 125 000 tonnes en l'an 2000. Une spirale infernale, si l'on songe que ces déchets hautement radioactifs, qui contiennent le redoutable plutonium et tous les autres radioéléments à vie longue, très longue, doivent impérativement être déposés en lieu sûr, loin de toute humidité, de tout mouvement géologique, de toute secousse... et de toute vie humaine.

Le retraitement, donc. Cinq pays, aujourd'hui, le pratiquent. Mais la Belgique, avec son atelier de Mol, largement expérimental, ne compte guère. Quelques dizaines de tonnes par an, et pas de surgénérateur en bout de chaîne. Reste donc la bande des quatre : Grande-Bretagne, France, RFA et Japon. Les Anglais, qui ont tiré les premiers, ont une capacité annuelle d'environ 1 500 tonnes, comparable à celle de la France, mais pour un combustible en voie d'extinction, la filière AGR (avancé refroidi au gaz). C'est pourquoi ils procèdent aujourd'hui à l'extension de leur usine de Sellafield, afin de porter la capacité de l'atelier de retraitement de combustible à eau légère à 800 tonnes par an à partir de 1992.

L'Allemagne et le Japon, pour lors, ne retraitent à eux deux que 20 % du combustible brûlé dans les réacteurs à eau légère. La capacité de l'Allemagne n'augmentera pas à l'avenir, puisqu'elle a renoncé à Wackersdorf, mais celle du Japon devrait acquérir la taille industrielle en 1995 avec la mise en service d'une unité de 800 tonnes par an. C'est donc la France, avec son usine géante de La Hague, qui s'est taillé la part du lion : 80 % du combustible irradié des réacteurs à eau légère, filière aujourd'hui la plus répandue.

Le géant mondial du retraitement, pourtant, avait commencé modestement. Après la petite unité construite en 1958 à

Marcoule pour traiter les combustibles militaires, on cherchait à construire une unité pour s'occuper des déchets de la centrale civile de Chinon, alors unique en son genre dans le parc d'EDF. La décision est prise en 1959 et, l'année suivante, Robert Galley, alors ministre de la Recherche et donc tuteur du Commissariat à l'énergie atomique (CEA), choisit le site de La Hague. Lorsqu'il a acquis ces hectares de landes incultes et battus par les vents, perdus au fin fond du Cotentin de Jean-François Millet (le peintre de *l'Angélus*), le CEA ne se doutait pas qu'il jetait alors les bases du plus gros chantier jamais ouvert en France. Enfoncés la ligne Maginot et le Mur de l'Atlantique ! Au début des travaux, en 1962, il faut d'ailleurs faire sauter quarante blockhaus laissés en souvenir par les Allemands sur les falaises qui dominent la Manche.

La première usine de retraitement (UP1), confiée à la COGEMA (Compagnie générale des matières nucléaires, filiale à 100 % du CEA) démarre en 1966 avec le combustible de Chinon, de Saint-Laurent-des-Eaux et du Bugey, qui ont adopté la filière graphite-gaz. En 1976, La Hague s'attaque au combustible des réacteurs à eau légère. Dès lors, il faut complètement reprendre les installations et donc ouvrir un nouveau chantier. Au pic des travaux, vers 1985, 7 500 ingénieurs, ouvriers et techniciens s'affairent sur le site, où l'on construit simultanément la centrale nucléaire de Flamanville et, à deux pas, la nouvelle usine de retraitement (UP2). Aujourd'hui, ce sont plus de dix mille « étrangers » qui se sont implantés à la pointe du Cotentin pour faire tourner et agrandir les installations. Car, naturellement, il faut sans cesse étendre et moderniser ces ateliers. UP2, qui peut traiter 600 tonnes de combustible irradié avec UP1, va être agrandi pour étendre sa capacité à 800 tonnes en 1992. Et l'on vient d'achever UP3 qui, à elle seule, retraitera aussi 800 tonnes par an.

Un usinage de 1 600 tonnes par an, cela fait pauvre. Comment un si vaste établissement – plusieurs centaines d'hectares –

employant plusieurs milliers de personnes, peut-il accoucher d'une telle souris? C'est que la souris en question n'a pas de prix. Tout au long de sa chaîne de production, le combustible nucléaire nécessite des investissements tels que les prix pratiqués n'ont plus rien à voir avec le tonnage. Même lorsqu'il a déjà servi, le crayon d'uranium dans sa gaine de zirconium vaut encore une fortune, ne serait-ce que parce qu'on ne peut le laisser traîner.

Le combustible irradié, braise mal éteinte, doit être soigneusement emballé dès sa sortie du réacteur. On le place à cet effet dans un conteneur métallique appelé « château », sans doute à cause de son prix – un milliard de centimes le grand modèle, qui pèse 120 tonnes mais ne renferme que 6 tonnes de marchandise! Le petit modèle, lui, ne pèse que 35 tonnes et transporte seulement une tonne utile. Si ces « châteaux » coûtent si cher, c'est qu'on exige d'eux des fonctions redoutablement contradictoires : laisser passer la chaleur sans émettre le moindre rayonnement. Le combustible est donc placé dans une chemise de plomb qui arrête les rayonnements mais ne fond pas, et le tout est emballé dans un complexe assortiment de métaux qui forment une enveloppe rigoureusement étanche. Ce blindage, doté d'ailettes de refroidissement très élaborées, peut résister à une température de 400°. De solides pare-chocs garantissent le château contre tout accident de train (de la centrale nucléaire à la gare de Valognes) ou de camion (ces semi-remorques à quarante-huit roues qui assurent les vingt derniers kilomètres, de Valognes à La Hague).

Arrivé à l'usine, le combustible est soigneusement déballé de son cocon étanche et placé dans une sorte de casier à bouteilles appelé « panier ». Ce panier qui peut contenir quatre tonnes de combustible dans ses neuf cases, est fait d'acier inoxydable chemisé au bore. Chaque panier bien rempli, toujours par manipulation télécommandée, est ensuite plongé dans une piscine, à cinq mètres sous l'eau. Mais pas n'importe quelle piscine. Le bassin de béton, qui fait plus de 100 mètres de long, repose sur un radier en caoutchouc pour amortir les chocs en cas de secousse tellurique. L'eau, intégralement déminéralisée, est maintenue à 30° pour éviter les condensations, ce qui représente une prouesse étant donné la chaleur dégagée par les barres de combustible, tout cela en circuit fermé (l'eau irradiée ne doit pas sortir du bassin). Lorsque la piscine est pleine, elle dégage une chaleur correspondant à 20 mégawatts. De quoi éclairer une ville! Au-dessus du bassin, un pont roulant, commandé par une « crinoline » de câbles électriques et, surveillant le tout, les caméras de l'agence internationale de Vienne, qui espionnent chaque mouvement. Les barres irradiées bénéficient en effet d'une protection rapprochée. Certains jours, même, des inspecteurs d'Euratom viennent assister à leur bain!

Après avoir été ainsi choyé et dorloté, le combustible irradié va passer un sale quart d'heure. Une véritable séance de torture : d'abord, le crayon de combustible passe au cisaillage, pour être débarrassé de sa gaine de zirconium. Le barreau d'uranium passe ensuite à la « friteuse », c'est-à-dire qu'il est plongé dans un bain d'acide nitrique en ébullition chargé de dissoudre le matériau et, par adjonction de solvants organiques, de séparer les deux produits à récupérer. Nitrate d'uranyle, d'une part, recueilli sous forme liquide, qui sera expédié dans une usine de Narbonne pour être reconverti en combustible. Oxyde de plutonium d'autre part, obtenu en poudre, que l'on va prudemment emballer dans une série d'enveloppes étanches à la manière des poupées russes. Avec le plutonium, pas question de tolérer la moindre fuite. Trop dangereux en liberté. Le maniement de toutes ces substances, dans l'atelier « à sec », se fait par télémanipulateur, que l'on actionne en enfilant ses bras dans des manchons de plastique souple. La lucarne qui permet à l'opérateur de voir comporte un verre au plomb de... 1 m 70 d'épaisseur!

Cette cuisine, naturellement, produit aussi des déchets. Les effluents gazeux recueillis dans la hotte de l'immense paillasse ne s'échappent qu'après le « piégeage » de l'iode radioactif, qui est ensuite liquéfié. Les déchets solides de moyenne ou faible activité sont coulés dans le béton. Restent les concentrats de produits de fission, qui contiennent 99 % de la radioactivité du combustible irradié (bien qu'ils ne représentent que 3 % de sa masse). Ces produits de fission comprennent d'une part des traces de plutonium et d'autre part une quarantaine de radioéléments dont la durée de vie varie de 8 jours pour l'iode 131 à 16 millions d'années pour l'iode 129!

Les produits de fission parviennent en fin de retraitement sous forme liquide. Cette soupe aux herbes sauvages, qui dégage une très forte chaleur et connaît une grande activité, est traditionnellement stockée dans des cuves d'acier inoxydables. Mais pas question de laisser le produit sans surveillance. Cet infernal bouillon de culture, livré à lui-même, s'agite, s'échauffe et a vite fait de faire sauter le couvercle. Il faut donc prévoir un système de refroidissement, et aussi des « agitateurs » pour éviter la formation de dépôts dans le fond des cuves. Mais, au bout d'une cinquantaine d'années de ce régime, les cuves inoxydables risquent à la longue de s'oxyder quand même et donc de perdre leur étanchéité. Il faut trouver autre chose.

Les ingénieurs du CEA travaillant pour le réacteur militaire de Marcoule ont songé dès 1957 à solidifier les produits de fission du retraitement. Après bien des tâtonnements, ils ont mis au point une technique apparemment simple pour conserver indéfiniment les éléments les plus radioactifs du combustible irradié : le verre. Ce verre, constitué de silice et d'oxyde de bore, est dit « borosilicaté ». De couleur noire, il ressemble à s'y méprendre à de l'obsidienne. Il est fabriqué industriellement à Marcoule depuis 1978, et deux ateliers entreront bientôt en service à La Hague pour vitrifier l'énorme stock constitué depuis quinze ans.

Mais déjà, un local a été aménagé à La Hague pour recevoir les déchets vitrifiés. La salle, immense, se présente comme un iceberg : l'essentiel de l'entrepôt est en effet souterrain. Les verres borosilicatés, contenant les redoutables produits de fission, sont empilés dans des puits d'acier de vingt mètres de profondeur, en sous-sol. Une ventilation permanente assure le refroidissement des puits, car le cœur d'un bloc de verre ne doit jamais dépasser 450°. Le centre de stockage des déchets vitrifiés de La Hague peut contenir l'équivalent du fonctionnement pendant 200 ans d'un réacteur de 1 000 mégawatts, c'est-à-dire environ la production de tout le parc nucléaire français pendant quatre ans. En principe, la ruineuse obsidienne sera conservée une dizaine d'années avant d'être livrée à l'ANDRA, l'agence nationale pour la gestion des déchets radioactifs. Et après... les produits de fission, même inclus sous verre borosilicaté, resteront chauds pendant 300 ans. Et les « traces » de plutonium demeureront actives... pendant 24 000 ans!

Le marché du combustible irradié, dont le retraitement représente aujourd'hui 4 à 5 milliards de francs, devrait atteindre quelque 25 milliards de francs en 1995. Avec sa seule usine de La Hague, la COGEMA va s'octroyer 40 % du retraitement (1 600 tonnes sur un total « mondial » – pays socialistes exclus – de 4 000 tonnes), soit le double de la Grande-Bretagne et du Japon (20 % chacun) et le triple de la RFA (12,5 %). Encore ces 4 000 tonnes du marché ne représentent-elles qu'une partie des besoins réels de retraitement, que les professionnels évaluent à 7 000 tonnes en 1995.

La Hague, pour autant, va-t-elle gagner de l'argent ? Bien malin qui pourrait dire à partir de quand les énormes investissements du CEA et de la COGEMA, sans oublier le coût de Superphénix, construit pour brûler le combustible retraité, commenceront à ne plus manger d'argent. Les experts de la COGEMA affirment que les coûts de retraitement, du fait de l'amortissement des installations, baisseront « de 30 % à 40 % » dans les années à venir. Ce qui pourrait, à la longue, rendre la tonne retraitée bénéficiaire. Mais les calculs, comme pour le prix de revient du kilowatt / heure nucléaire, donnent des résultats diamétralement opposés selon les critères retenus. Les ingénieurs du CEA affirment par exemple que le procédé de vitrification des produits de fission « ne majore que de 2 % le coût du kilowatt / heure ». Chaque opération dans la grande chaîne du combustible, ajoute son 1 % ou 2 %, si bien qu'au bout du compte, la facture s'allonge sans cesse.

Et nul ne sait comment va évoluer le parc de centrales nucléaires, qui fournit la matière première. Le « à la longue » peut n'être qu'un leurre, si les grands pays industrialisés mettent peu à peu leurs unités sous cocon et abandonnent finalement l'énergie atomique. Même EDF, aujourd'hui, après un gel des commandes qui a duré deux ans, envisage d'abandonner son programme pour arrêter l'hémorragie de son endettement (230 milliards de francs!). Si les « nucléocrates » français eux-mêmes commencent à chanceler...

Nul n'est à l'abri, non plus, d'un accident sérieux dans une usine de retraitement... Une telle éventualité, toujours possible, renchérirait terriblement le kilo vitrifié. En outre, si la France a récupéré l'Allemagne comme client étranger, elle a déjà perdu la Suède et va perdre encore le Japon, un très bon client, tant au plan de la quantité que de la qualité (le très courtisé *yen*). Ces défections, fatalement, apparaissent au bout du compte sur la facture.

En matière de déchets nucléaires, il n'y a pas de vérité des prix. Pour des raisons stratégiques ou de simple sécurité publique, même les États les plus libéraux subventionnent à tout va. Aux Etats-Unis, la loi de 1982 instituant un fonds fédéral pour la gestion des déchets *(Superfund)* aboutit au prélèvement d'un millième de dollar par kilowatt / heure – c'est-à-dire 0,6 centime français. Les autorités américaines n'ont pas confiance dans les exploitants pour assurer le financement d'une activité non lucrative. En Suède, une taxe de deux centimes par kilowatt / heure est prélevée au profit de la SKB, la société chargée des déchets. En France, on a parlé de 1,5 centime par kilowatt / heure pour la mise en décharge et 3,5 centimes pour le retraitement. Lorsque ces chiffres ont été avancés, en 1985, l'uranium valait 600 francs le kilo et l'on reconnaissait que le retraitement du combustible irradié ne devenait rentable qu'avec un uranium à 2 000 francs le kilo! Avant même les ruineux déboires de Superphénix, on avouait donc que le retraitement n'était pas rentable. Que sera-ce demain, lorsqu'il faudra payer la note des réparations, puis du fonctionnement sous haute surveillance du surgénérateur de Creys-Malville ?

En 1988, l'ANDRA évaluait le coût du mètre cube stocké en grande profondeur à 27 000 francs, soit « 0,5 % du coût d'une centrale nucléaire ». Toujours ces micro-pourcentages qui ne signifient rien! En 1989, le directeur-adjoint de l'ANDRA, Armand Faussat, donne des chiffres plus infimes encore. Selon lui, les déchets à vie courte qui seront entreposés à Soulaines reviendront à 0,1 centime par kilowatt / heure, et ceux qui finiront dans le site profond ne coûteront qu'un malheureux centime du kilowatt/heure. Une misère! Car, il faut le savoir, nos centrales nucléaires produisent toujours plus d'électricité et toujours moins de déchets, au fur et à mesure que les techniques s'affinent. Les coûts se réduisent donc, au moins sur le papier, lorsqu'on tire des plans sur la comète. Lorsqu'on paie la facture, comme par hasard, les prix ont toujours monté, car la conjoncture est défavorable, la météo a été mauvaise, les grèves ont paralysé le service, etc.

Afin de ramener les choses à des proportions accessibles au grand public, on avance aussi une formule simple pour quantifier les résidus radioactifs : un kilo par habitant et par an. Comparé aux trois cents et quelques kilos d'ordures ménagères produits en moyenne dans l'hexagone, effectivement, cela paraît peu. Mais si l'on connaissait le prix effectif de ce malheureux kilo, on déchanterait! Eh bien, non : nous ne saurons jamais combien nous coûtent réellement les déchets de notre industrie nucléaire.

Nous savons en revanche ce qu'il en coûte de sueur, de salive et d'encre pour trouver des poubelles appropriées. La France, pays le plus nucléarisé du monde (avec la Belgique), est donc en première ligne pour l'introuvable politique de gestion et d'élimination des déchets radioactifs.

Pour les résidus à durée de vie moyenne ou courte, c'était simple : on stockait sur place à La Hague, en plein air comme à Drigg, en Angleterre. Le « Centre de la Manche », qui arrive aujourd'hui à saturation, stocke ainsi sur douze hectares tout ce qui, au cours de la production d'électricité ou des manipulations en usine du combustible irradié, a été en contact avec des éléments radioactifs : gants (1 400 000 paires par an!), blouses, « surbottes » en papier, mais aussi emballages divers, outils, ferrailles et gravats. Les employés du centre répartissent les déchets en deux catégories : les « compactables » (papiers, plastiques, chiffons, etc.), que l'on réduit en « galettes » et que l'on empile dans des fûts métalliques enrobés de béton. Ces conteneurs, empilés sur plusieurs couches, sont recouverts de gravier qui bouche les interstices, puis d'un revêtement d'argile imperméable, et enfin de terre, qui ne tarde pas à s'enherber. On obtient ainsi un moutonnement de « tumulus » où viennent gambader les lapins – et parfois y creuser des garennes!

Les « incompactables » (ferrailles, gravats, etc.) sont entassés dans des caissons métalliques où on les noie dans le ciment, le bitume ou la résine. Les caissons, placés côte à côte sur un radier de béton, finissent eux aussi noyés dans le ciment. Au centre de la Manche, on accumule ainsi les « monolithes » de douze mètres sur douze, comme autant de sarcophages. La comparaison, à La Hague, apparaît plus exacte qu'à Tchernobyl, avec ses alignements de tumulus rappelant une nécropole mérovingienne... En fin d'exploitation, dit-on à l'ANDRA, « le centre de la Manche aura l'aspect de vallons verdoyants ».

Ces verts pâturages, toutefois, resteront sous le contrôle de l'Etat pendant trois cents ans, après quoi « le risque sera négligeable ».

Dès la fin des années 1970, cependant, on s'est préoccupé de trouver un site pour succéder à La Hague, où l'on a assez à faire avec les déchets hautement radioactifs pour ne pas s'encombrer du reste. Les ingénieurs de la COGEMA ont d'abord jeté leur dévolu sur une mine d'uranium en fin d'exploitation au fond du Massif central, à Saint-Priest-la-Prugne, à la limite des départements de la Loire et de l'Allier. Le choix semblait judicieux : un site industriel déjà occupé par la COGEMA, qu'il faut reconvertir ou abandonner; un lieu reculé, dans une montagne pauvre et sans autre ressource que le bois; qui plus est, une circonscription tenue par l'opposition, en l'occurrence Jean Auroux, député-maire socialiste de Roanne...

Las! Ce site présenté un peu vite comme « acceptable » va se révéler impraticable. Dès qu'il prend connaissance du projet de conversion de la mine en poubelle nucléaire, en 1980, Jean Auroux fait feu des quatre fers. Localement, un « collectif » d'opposants se constitue et multiplie manifestations, communiqués, courriers et inscriptions injurieuses sur toutes les routes menant au site. En 1981, François Mitterrand, candidat à la présidence de la République, écrit au comité de sauvegarde que « ce projet, unanimement condamné par les élus et les populations, sera abandonné ».

Plus facile à écrire qu'à faire! Devenu président de la République, François Mitterrand a d'autres chats à fouetter que la mine de Saint-Priest-la-Prugne. Le nouveau gouvernement se rend vite compte que le choix d'un site pour une poubelle nucléaire, même de surface, sera difficile à trancher. On écoute d'une oreille attentive les arguments techniques de la COGEMA. Mais, pour calmer le jeu, on affirme que le projet de Saint-Priest est « inacceptable » tel qu'il a été présenté en 1979 par la toute nouvelle ANDRA. Début 1983, le Conseil supérieur de sûreté nucléaire examine le rapport du professeur Raymond Castaing, de l'Académie des sciences, qui recommande une véritable politique de gestion des déchets radioactifs, très négligée jusque là (il en a pourtant coûté 250 millions de francs cette année-là).

Mais voici que Jean Auroux devient ministre de l'Energie et, à ce titre, chargé de la chose nucléaire! Les adversaires de Saint-Priest reprennent espoir : leur député ne va tout de même pas accepter comme ministre ce qu'il a toujours refusé dans l'opposition! Le nouveau ministre, prudent, se borne à annoncer une nouvelle campagne de prospection pour la recherche de deux sites. Mais il se garde bien de dire lesquels. Il faudra attendre juin 1984 pour que l'abandon de Saint-Priest-la-Prugne soit annoncé officiellement et que Jean Auroux demande à ces messieurs du CEA de se mettre en quête de nouveaux sites.

Quelques mois plus tard, le ministre de l'Energie, qui n'est plus Jean Auroux, annonce la nouvelle donne. Le gouvernement a choisi trois départements susceptibles d'accueillir les déchets nucléaires à vie courte : l'Indre, où la commune de Neuvy-Saint-Sépulcre (la bien nommée!) semble toute désignée pour l'enfouissement des sarcophages; la Vienne, où l'on attend toujours la construction d'une centrale nucléaire à Civaux et où René Monory, ancien ministre de Giscard, s'indigne qu'on veuille lui « refiler des déchets à la place d'une centrale »; l'Aube, enfin, où l'implantation de la centrale de Nogent-sur-Seine n'a pas fait trop de vagues. Les hommes de l'ANDRA vont faire d'emblée le *forcing* dans ce département bonne poire : soixante-dix réunions en deux mois « pour faire passer le message »!

Fin 1986, la droite revenue au pouvoir lance l'enquête publique pour la construction d'un centre de stockage dans l'Aube, sur la commune de Soulaines-Dhuys. Officiellement, les deux autres départements ne sont pas abandonnés, mais on sait que l'Aube a toute chance de l'emporter. L'homme qui avait choisi La Hague en 1960 est en effet député-maire de Troyes. C'est lui qui a poussé pour que la centrale nucléaire à implanter en région parisienne soit finalement installée à Nogent-sur-Seine. En 1987, donc, au cœur de l'été afin d'éviter trop de remous, on annonce officiellement que Soulaines prendra le relais du centre de la Manche. Pour faire passer la pilule, on explique que le chantier coûtera 700 millions de francs et que le centre en fonctionnement emploiera 140 « surveillants », moyennant un coût annuel de 55 millions de francs.

Avec le démarrage du chantier, en 1988, pleuvent les « dotations spéciales » sur les communes environnantes, jusqu'à une quinzaine de kilomètres du site. Les trois communes du « premier cercle », celles qui cèdent une partie de leur territoire pour la construction du centre de stockage (113 hectares), sont évidemment les mieux dotées. Mais les autres ne sont pas oubliées. Les villages situés dans un rayon de cinq kilomètres reçoivent des enveloppes qui dépassent le million lourd pour moins de deux cents habitants! Seuls ceux du « troisième cercle » (au-delà de cinq kilomètres) s'estiment lésés parce qu'ils perçoivent des indemnités dix fois inférieures.

Pour amadouer les maires, on leur fait faire du tourisme nucléaire tous azimuts : Nogent-sur-Seine, bien sûr, la centrale nucléaire du département; La Hague ensuite, dont Soulaines va prendre la relève, mais aussi Saint-Laurent-des-Eaux, Dampierre, Saclay et même Cadarache en avion, avec déjeuner au château. De braves cultivateurs sont ainsi transformés en experts nucléaires, du moins l'espère-t-on. Toujours est-il que la contestation disparaît. Les travaux sur le site peuvent être menés à grand train. Les premiers colis devraient arriver au centre de Soulaines vers la fin 1990, début 1991.

Ouf! Après dix ans de tergiversations, atermoiements et reculades, la France va donc disposer d'un site où entreposer son million de mètres cubes de déchets radioactifs à vie courte ou moyenne, ceux qui sont le plus faciles à « gérer », comme dit l'ANDRA. On les entasse, on attend tranquillement qu'ils se désactivent dans leur monolithe de béton et on laisse verdir les tumulus où ils sont ensevelis. Dans trois cents ans, cela fera un magnifique terrain de jeu pour les enfants de nos descendants!

Mais *quid* de ceux qui ont la vie dure et que l'on est obligé de vitrifier à grands frais? Un groupe de travail est mis sur pied en 1985 pour définir les critères techniques de l'enfouissement profond. On sait déjà qu'il faudra chercher dans quatre formations géologiques privilégiées : sel, argile, schiste ou granit. On avance une date pour l'installation d'un laboratoire souterrain destiné à étudier le comportement de la roche: 1987. Le centre de stockage proprement dit, lui, pourrait alors démarrer vers 1995...

En fait, c'est seulement en 1987 qu'un premier site est choisi par l'ANDRA pour étudier l'enfouissement dans le granit : Neuvy-Bouin, dans les Deux-Sèvres. Dans cette région d'élevage, on n'apprécie pas du tout l'honneur qui est fait à la Gâtine d'être ainsi érigée en site de premier choix pour le stockage définitif du plutonium. Le syndrome NIMBY s'empare aussitôt de la population, qui n'a absolument pas été préparée à la chose. Pour amortir le choc, l'ANDRA précise que trois autres sites vont être désignés et que, finalement, un seul aura l'honneur insigne d'être déclaré apte à recevoir les déchets vitrifiés pour l'éternité.

Les noms des trois autres sites, en effet, sortent du chapeau dans les semaines qui suivent: Montcornet, dans l'Aisne, au cœur de la Thiérache glaiseuse, pour l'argile; Montrevel, dans l'Ain, pour les fameux dômes de sel; la région de Segré, enfin, dans le Maine-et-Loire, pour les schistes. Psychologiquement, c'est sans doute la Thiérache qui se résigne le mieux aux prospections de l'ANDRA. Les grands céréaliers n'ont cure des radioéléments enfouis à plusieurs centaines de mètres en sous-sol. Certains se voient même déjà rentiers à vie grâce aux indemnités!

Car des indemnités et des rentes, il va en pleuvoir sur le canton qui, bon gré mal gré, devra cohabiter avec les déchets à vie longue. Le laboratoire souterrain installé pour la recherche préalable coûtera au bas mot 400 millions. Et l'ensemble de la prospection, des études et des analyses peut être chiffré en très gros à un milliard de francs. Pour la construction et le fonctionnement du centre de stockage, il faut prévoir un autre milliard de francs. Et pourtant, l'entrepôt souterrain n'emploiera pas plus d'une centaine de personnes, et pour soixante-dix ans au grand maximum...

Encore ces chiffres doivent-ils être pris avec des pincettes, puisque le calendrier prend constamment du retard. A Soulaines, on disait en 1986 que l'aménagement du terrain coûterait 500 millions, auxquels il faudrait ajouter 20 millions pour la construction d'un terminal ferroviaire spécial à Brienne-le-Château. En 1989, l'ANDRA arrondit la somme à un milliard de francs, qui devient l'unité commode en matière de nucléaire. C'est que Soulaines va disposer d'un hangar mobile perfectionné, qui permettra de toujours conserver au sec les nouveaux arrivages, en attendant que le casier se remplisse et qu'on procède au recouvrement sous tumulus. Un milliard de francs pour entreposer des gants et des bonnets de papier!

Pour le site profond, le calendrier est tel que les estimations de coût restent bien aléatoires : choix du site en 1990 (ou peut-être 1991...), qualification en 1995 (ou 1996), construction ensuite et mise en service vers... 2010. Qui peut dire aujourd'hui combien coûtera un kilo de déchet de la centrale de Cruas, en Ardèche, expédié à La Hague pour retraitement et, disons, transporté finalement à Montcornet pour y être enfoui définitivement en 2010 ? Aucun industriel sensé n'accepterait de s'engager dans une activité aussi contraignante techniquement, et aussi floue financièrement. « Les déchets sont le talon d'Achille de l'énergie nucléaire », reconnaît-on à l'OCDE où, pourtant, on milite à fond pour elle. Difficile donc de pavoiser avec eux, même si l'on possède la plus belle usine de retraitement du monde.

L'industrie nucléaire produit aussi des déchets en cours de fabrication du combustible. Pour faire de l'uranium enrichi, en effet, il faut en appauvrir une grande quantité. C'est ainsi que l'usine de Pierrelatte, dans la Drôme, se retrouve avec un stock considérable de conteneurs d'hexafluorure d'uranium (UF6) dont la teneur est très variable. L'UF6 enrichi est expédié dans le monde entier où, après nouvel enrichissement, il va servir de combustible aux centrales nucléaires. L'UF6 appauvri, lui, n'est pas utilisable dans les conditions actuelles du marché de l'uranium. On doit donc l'entreposer quelque part.

Le stockage de ces grands fûts d'acier peints en gris, toutefois, pose problème. Etant donné le risque chimique en cas de fuite (l'UF6, au contact de l'air, produirait de l'acide fluorhydrique), on ne peut empiler les cylindres les uns sur les autres. Leur entreposage à ciel ouvert consomme des hectares et des hectares. La COGEMA a donc décidé de convertir l'UF6 appauvri en un produit plus stable et donc plus facile à stocker : l'U3 08 ou sesquioxyde d'uranium. Cette fabrication a l'avantage de ramener l'uranium à l'état de cendre, parfaitement inoffensive, et d'en extraire le fluor et l'acide chlorhydrique que l'on peut commercialiser.

Mais cette cendre d'uranium, qui demeure radioactive, ne peut être jetée n'importe où. A Pierrelatte, la COGEMA enfourne l'U3 08 dans des conteneurs cubiques en acier peint en vert, qui sont empilés sur trois hauteurs, dans un hangar provisoire. Pour le stockage définitif de ces gros cubes verts (qui pèsent chacun neuf tonnes), la COGEMA a eu l'idée de les descendre par le train jusqu'à Istres, dans les Bouches-du-Rhône, où elle possède une usine de lithium installée dans une ancienne poudrerie. Bien entendu, la population d'Istres s'est aussitôt insurgée contre ce projet de stockage en déclarant

« non aux déchets nucléaires » – et en donnant 18 % de ses voix aux Verts en 1989. La COGEMA, affirmant qu'il ne s'agit pas de déchets mais d'une réserve de combustible susceptible d'être réactivée en cas de besoin, a obtenu l'autorisation préfectorale et lancé les travaux en 1989. Seul un premier contingent de soixante-douze conteneurs a pu être acheminé sur le site, où il est stocké dans un hangar flambant neuf. Les autres convois ont été arrêtés par les écologistes, couchés sur la voie ferrée. Fin 1989, le tribunal, saisi par les Verts, a cassé l'autorisation pour vice de forme et la COGEMA a fait appel. Le phénomène NIMBY dans toute sa splendeur.

Certes, le sesquioxyde d'uranium est un sous-produit de la fabrication du combustible qui peut être considéré comme une matière réutilisable. Mais, dans l'état actuel du marché de l'uranium (cours très bas) et de l'industrie nucléaire (piétinement des réacteurs à neutrons rapides comme Superphénix), il ne sert à rien et ne fait donc qu'encombrer. C'est à peu près la définition d'un déchet. Même la COGEMA, d'ailleurs, en a bien conscience : l'unité de fabrication de l'U3 08, à Pierrelatte, s'appelle « W ». Le W de *waste,* qui signifie bien déchet en anglais...

Dernier élément, enfin, qui s'ajoute aux déchets de la production : le démantèlement des centrales nucléaires « déclassées », c'est-à-dire mises à la réforme après une trentaine d'années de bons et loyaux services. A la différence des autres usines, qui peuvent être abandonnées en l'état et devenir ce qu'on appelle une friche industrielle, les usines atomiques doivent rester sous surveillance après usage, aussi longtemps que leurs déchets. Dès lors, trois solutions se présentent : démonter tout de suite, mettre la centrale « sous cocon » avant de la démanteler, ou ensevelir définitivement les réacteurs dans des sarcophages de béton. Le démantèlement sur-le-champ a l'avantage d'éliminer sans attendre tout risque radioactif, et aussi d'utiliser la mémoire et les compétences des personnels qui ont travaillé dans la centrale. C'est, semble-t-il, aussi la moins coûteuse des éliminations. Mais l'intervention expose les personnels chargés du démantèlement à de plus grands risques et induit fatalement un volume de déchets radioactifs plus important.

La mise sous cocon pendant plusieurs décennies a l'avantage d'obtenir une importante diminution de la radioactivité, ce qui réduit les risques de l'intervention et le volume des déchets à traiter. Mais la surveillance du bâtiment pendant sa quarantaine revient cher, et l'intervention finale sera plus délicate lorsque la mémoire des lieux aura disparu.

Quant au « sarcophage », on n'en parle plus guère aujourd'hui. Une pierre tombale de cette taille, d'abord, cela fait vilain dans le paysage. On supporte un édifice disgracieux ou encombrant s'il a son utilité. On l'admet beaucoup moins s'il s'agit d'une usine désaffectée, et qui plus est bouclée par mesure de sécurité. Surtout, on se rend compte que le béton du sarcophage n'aura pas la vie aussi dure que les isotopes enfouis dedans. Figer dans le marbre un cadavre qui bouge encore ne semble plus une bonne idée.

Qu'il soit instantané ou différé, le démantèlement, en principe, a l'avantage de faire place nette. Mais il demandera des moyens techniques et financiers considérables. Engins télécommandés, robots, rien ne sera trop beau ni trop cher pour démonter pièce par pièce l'énorme assemblage que constitue une centrale nucléaire.

Or, selon l'agence internationale de Vienne, quelque soixante-dix centrales devraient être déclassées d'ici à l'an 2000 dans le monde. Déjà, la Suède et la Belgique ont adopté des mesures qui enjoignent aux exploitants de démanteler leurs installations « dès que c'est techniquement possible », c'est-à-dire au bout de cinq ou six ans. Les Anglais préfèrent attendre au moins un siècle avant de toucher à quoi que ce soit. Quant aux Etats-Unis, où les compagnies d'électricité ont la bride sur le cou, ils exigent seulement un démantèlement dans les cent ans qui suivent l'arrêt de l'exploitation.

On estime qu'un réacteur moyen de 1 000 mégawatts comporte environ 8 000 tonnes de ferraille et 3 millions de mètres cubes de béton. Beaucoup de déchets « incompactables » en perspective ! Mais il faudra d'abord décontaminer tous les organes intérieurs, tuyaux, pompes, murs, planchers, etc., partout où la radioactivité se sera glissée. Ce lessivage des surfaces, qui ne supprimera qu'une très faible part de la radioactivité résiduelle, devra être mené avec une grande économie de moyens sous peine d'accumuler les déchets. Il faudra ensuite s'attaquer aux structures, où se dissimule l'essentiel des radioéléments : cuve du réacteur et son contenu, béton de l'enceinte. Pas question, là, de lessiver quoi que ce soit. La radioactivité fait partie intégrante du métal ou du béton contaminés.

Les éléments retirés du cœur du réacteur seront tellement actifs qu'il faudra les désarticuler sous plusieurs mètres d'eau. La cuve du réacteur, dont l'acier dépasse par endroit vingt centimètres d'épaisseur, devra être découpée au chalumeau, et à distance. Quant au béton, on le réduira en pièces par explosifs, en prenant bien garde de ne pas faire voler la poussière.

L'expérience, en la matière, reste pour l'instant très réduite. Un petit réacteur militaire de 22 mégawatts a été démantelé au début des années 1970 à Elk River, dans le Minnesota. Il a fallu trois ans au Département de l'énergie pour en venir à bout, alors que le réacteur n'avait fonctionné que quatre ans ! Le ministère américain s'attaque maintenant à son premier réacteur civil, Shippingport, près de Pittsburgh, qui a fourni de l'électricité entre 1957 et 1982. Le démantèlement complet devrait être achevé en 1990. Le réacteur, coffré dans le béton, a été descendu par barge le long de l'Ohio et du Mississippi et, par le canal de Panama, remonté le long de la côte Pacifique pour être enterré à Hanford, dans l'Etat de Washington, où le gouvernement fédéral stocke pour l'instant les déchets radioactifs. Une chance que la cuve du réacteur ait été assez petite, cette fois encore, pour être transportée d'un seul tenant!

Bien entendu, aucun des vingt-six pays disposant de réacteurs nucléaires n'a prévu de site particulier pour ces gros déchets. Pas même les Etats-Unis, qui conservent actuellement leurs quelque 15 000 tonnes de combustible irradié en piscine, avant de l'expédier dans le trou de Yucca Mountain si l'Etat du Nevada cède aux voix des sirènes : 10 millions de dollars par an pendant la phase d'étude et de construction, 20 millions ensuite... En 1978, une société américaine avait estimé le coût de démantèlement d'une centrale de 1 100 mégawatts à 34 millions de dollars. Dix ans après, le *US Council for Energy Awareness* refaisait l'addition : plus de 180 millions de dollars, non compris bien entendu le coût de stockage des déchets hautement radioactifs. Même approximation pour la mise sous cocon. De dix millions de dollars en 1978, on en est aujourd'hui à 225 millions!

Selon certains calculs rapportés par le *Worldwatch Institute* de Washington, l'entreposage des déchets faiblement radioactifs représenterait 38 % du coût du démantèlement d'une centrale nucléaire aux Etats-Unis, et même 45 % en Grande-Bretagne! Or, au total, ce sont 360 réacteurs qui devront être mis à la casse au cours du prochain quart de siècle. Les évaluations globales, sur ce point, varient entre 63 milliards de dollars (hypothèse basse) et 270 milliards de dollars (hypothèse haute, mais pas invraisemblable). Le déclassement des centrales nucléaires actuellement en service dans le monde produira près de 50 millions de mètres cubes de débris peu ou prou radioactifs, c'est-à-dire soixante-dix fois plus qu'elles n'en produisent aujourd'hui pour fabriquer leur électricité. Quant aux déchets à vie longue, on se retrouvera avec quelque 100 000 tonnes sur les bras...

Cette fois, personne ne prétend qu'il s'agit d'une bonne

affaire, comme pour le combustible irradié. Même en France, EDF ne roule plus les mécaniques comme elle avait tendance à le faire après le déclassement de Brennilis et de Chinon. Brennilis, petite centrale du Finistère et unique installation nucléaire de Bretagne (adieu Plogoff!), a pu être arrêtée sans difficulté majeure et même partiellement réoccupée par une entreprise de salaison! Mais le réacteur n'a pas quitté le site. Quant à Chinon, la centrale pionnière, EDF en a fait un musée de l'électricité nucléaire. Mais on ne peut hélas convertir toutes les ex-centrales en musées! L'inévitable démantèlement préoccupe tellement EDF, aujourd'hui, que la compagnie nationale fait des prodiges pour rallonger la durée de vie de ses installations. Certains n'hésitent pas à tabler sur un fonctionnement pendant quarante, voire cinquante ans, au risque de pousser le matériel jusqu'à sa limite de résistance, ce qu'on évite d'habitude en matière nucléaire. Hélas pour ces valeureux ingénieurs, les isotopes radioactifs auront toujours la vie plus dure que les réacteurs où on les fait cuire.

Peut-on échapper aux déchets nucléaires? Non. En tous cas pas dans les pays où l'on a construit des centrales électriques brûlant de l'uranium, c'est-à-dire dans tous les pays développés. A moins d'expédier ces déchets dans l'espace, dans la mer ou dans le tiers-monde, ce qui a été formellement abandonné (mais qui peut resurgir un jour), il faut bien stocker chez soi les résidus de son industrie nucléaire. Inutile d'ergoter ou de se lamenter. Le choix a été fait. Les centrales existent. Nous devons en assumer la responsabilité.

S'agissant de la France, où 54 réacteurs fournissent plus de 70 % de l'électricité, le choix nucléaire nous a largement surdoté. Au point que nous sommes obligés de vendre le courant en excédent à nos voisins européens. Or la France n'a pas vocation à devenir la centrale nucléaire de l'Europe. La production d'énergie atomique est une entreprise bien trop risquée pour qu'un seul pays, le nôtre, se lance ainsi en pointe et assume une part des risques que les autres ne veulent pas prendre.

Arrêtons donc de construire de nouvelles centrales nucléaires, dont nous sommes abondamment pourvus. Cessons surtout de construire des prototypes ruineux pour le seul plaisir de nos ingénieurs (Superphénix) ou l'amour-propre de nos politiques (Civaux). Et injectons l'argent dans la recherche d'énergies nouvelles comme le vent, le soleil ou l'hydrogène, ressources inépuisables de l'avenir. Depuis la guerre, tous les efforts financiers de la puissance publique ont été absorbés par l'arme atomique et l'énergie nucléaire, au détriment des autres activités industrielles. Cette monomanie a assez duré. Chacun sait qu'il est dangereux de mettre tous ses œufs dans le même panier. Surtout lorsque ces œufs sont radioactifs.

EPILOGUE

Nous croulons donc sous les déchets. Il suffit de laisser vingt-quatre heures une benne de chantier vide pour qu'elle se remplisse quasi instantanément de matelas éventrés, de chaises à trois pieds, de vieux pneus et de gazinières hors d'âge. Même à la campagne, les paniers-poubelles d'aires de pique-nique débordent en quelques heures et finissent par disparaître sous un amoncellement de détritus. Le moindre frigo abandonné au coin d'un bois en attire d'autres. Une grève des éboueurs et c'est le drame : il faut faire appel à l'armée pour enlever les tonnes d'immondices où prolifèrent rats et mouches. La pression ordurière est irrépressible.

La société de consommation pousse sans cesse au crime. On ne répare plus, on jette. On ne cuisine plus, on achète des plats préparés. Nous passons notre temps à ouvrir des emballages, et des emballages d'emballages. Tous ces rebuts, naturellement, s'ajoutent à ceux produits au moment de la fabrication. Car on a beau nous bassiner avec les merveilleuses « technologies propres » d'aujourd'hui, chaque atelier, chaque usine, chaque entreprise de service continue à rejeter quantité de « refus ».

Prenons par exemple le poisson dans notre assiette. Avant d'arriver sur notre table, dûment congelé et emballé, il a été pêché – excluons pour l'instant l'aquaculture. Le pêcheur a dû acheter du gazole pour ses machines (moteur, groupe électrogène, chalut, congélateur, etc.). C'est bien le diable s'il n'en perd pas un peu ici ou là, à l'occasion d'un transvasement ou d'une fuite. Il a emporté des canettes de bière ou des bouteilles d'eau minérale pour se désaltérer pendant sa marée. Une fois vides, toutes iront à la mer. Par le fond pour les bouteilles de verre et les boîtes de conserve. Jusqu'à la côte pour les emballages plastiques.

Arrivé au port, notre pêcheur vend son poisson à la criée, dans des caisses de polystyrène expansé qui ne serviront qu'une fois, jusqu'à l'usine de conditionnement. Là, la cuisine commence, industrielle. Comme pour toute cuisine, il faut de l'eau, beaucoup d'eau, qui finira à l'égout, chargée de graisse et de sang. Pour la préparation des plats, l'usine achète tous ses condiments emballés et suremballés afin de faciliter la conservation et la manipulation. Elle consomme aussi beaucoup de gazole pour ses fourneaux et ses installations de froid, qui vont recongeler le poisson prêt-à-manger. Nouveaux emballages, pour le poisson d'abord, puis pour les paquets préparés mis en caisse. Le transport, par wagon ou camion isotherme, consomme de l'électricité ou du gazole. Nouveau séjour en congélateur dans le magasin, et entreposage chez soi dans le congélateur familial. On ouvre enfin, on jette l'emballage dans le sac-poubelle et on passe au four (électrique ou à gaz, peu importe) et on sert. Très commode. Pas d'arêtes ni d'abats sanguinolents dans de vieux journaux mouillés. A peine d'odeur. Et c'est souvent délicieux.

Mais ce plaisir culinaire d'un instant se paie. Oh, le poisson n'est pas cher, même tout préparé! Mais pour cet humble filet de cabillaud en sauce, combien de déchets accumulés! Si l'on fait la somme du pétrole ou de l'uranium brûlés pour la pêche, la congélation, la cuisine et le transport, et que l'on ajoute le traitement de l'eau, la fabrication des emballages et leur élimination, on obtient un volume naturellement impossible à quantifier avec précision, mais conséquent. Surtout si on le compare avec le poisson pêché et consommé dans un village du Sénégal ou des Philippines.

Notre société de consommation est donc aussi une société de production de déchets. Plus le niveau de vie est élevé, plus la quantité de matière au rebut augmente. Allons-nous donc crever sous nos détritus ? Certainement pas. Mais nous atteignons un stade délicat du développement : nous produisons toujours plus de déchets et nous les tolérons de moins en moins. D'où la tentation de les expédier chez les autres et, pour les pays riches, de les « vendre » aux pays pauvres.

Cette intolérance au déchet, en fait, traduit un réflexe salutaire : ne pas se laisser envahir par la saleté, ni la sienne propre, ni celle des autres. Dans les sociétés développées, cette intolérance a conduit l'autorité publique à prévoir des parades : ramassage des ordures ménagères, traitement des eaux usées, contrôle des installations industrielles, etc. Jamais les usines n'ont été aussi propres qu'aujourd'hui dans les pays riches. Fini le temps des cheminées crachant directement leur soufre ; fini le temps des ateliers de campagne lâchant leurs eaux de rinçage à la rivière. On connaît mieux qu'autrefois les produits dangereux. On les surveille. On les suit à la trace. Même l'air que nous respirons, parfois saturé de gaz d'échappement, n'a plus cette épaisseur permanente des débuts de l'ère industrielle, lorsque l'on brûlait partout le charbon à ciel ouvert, dans les foyers, les usines et les locomotives.

Le relais de la saleté, dans les pays riches, a été pris par l'agriculture, qui pollue autant que l'industrie à ses débuts. Mais on peut penser que c'est la maladie infantile de l'agriculture moderne et que, elle aussi, se mettra à produire plus propre lorsqu'elle aura atteint sa maturité.

Dans les pays pauvres, malheureusement, la saleté n'est pas près de disparaître. Le tiers-monde cumule en effet les détritus de la société rurale traditionnelle, jetés au petit bonheur la chance, et les rebuts de la société industrielle moderne, qui résistent à l'usure du temps. Cela donne, dans le meilleur des cas, ces rues de village du Yémen ou du Mali débordantes d'immondices et, dans les pires, ces décharges-montagnes des mégapoles ingouvernables du tiers monde.

Ce téléscopage de deux cultures provoque des désastres. Installer l'eau courante dans une ville sans égouts ni station d'épuration conduit à transformer les rues en bourbiers immondes. Et cela encourage la consommation d'eau, de sorte que la ressource s'épuise sans se renouveler, tout en accumulant les zones putrides près des habitations. Et l'on arrive à ce paradoxe des villageois qui récupèrent la bouse de vache comme combustible, faute de bois, mais entassent dans leurs rues les boîtes de Coca, les vieilles batteries et les cuvettes en plastique. Chez les pauvres, on recycle astucieusement la bouse, produit naturel, mais on ne sait que faire du bric-à-brac acheté chez les riches!

Encore ce téléscopage reste-t-il véniel. Il devient redoutable lorsque l'on implante des greffes industrielles sur une culture traditionnelle. La tolérance au déchet, en milieu rural, est naturelle. On mange une pastèque en chemin, on en jette ensuite l'écorce n'importe où. C'est bien le diable si elle ne fait pas le bonheur d'une chèvre. Au pire, elle restera là, grignotée par les fourmis, pour se racornir ensuite ou pourrir. Recyclage naturel, spontané, où l'homme n'a pas à intervenir. Lorsque des paysans vont être embauchés sans transition dans une usine, ils garderont les mêmes réflexes. Ils jetteront n'importe où, même les produits toxiques ou dangereux. Un industriel en pays pauvre peut pratiquement tout se permettre sans que personne y trouve à redire. Pourquoi s'en faire, alors?

Le résultat, ce sont ces usines dépotoirs, où les abords font office de décharge. Pour peu que la fabrication entraîne la manipulation de produits dangereux ou toxiques et c'est la catastrophe. On aboutit aussi aux villes dépotoirs, où le moindre terrain vague disparaît sous les détritus, où les rues se transforment en égouts à ciel ouvert, où l'air saturé de fumées, de gaz d'échappement et d'odeurs putrides devient irrespirable. Les villages d'autrefois sentaient le bouc et le fumier. Les villes d'aujourd'hui sentent l'essence et le bitume chaud. Dans le tiers monde, pour leur malheur, les villes respirent tout à la fois.

Cette apparente indifférence à la saleté ambiante, associée à la pauvreté, a bien entendu suscité la curiosité des trafiquants. Puisque les gens d'ici sont si pauvres et si négligents, pourquoi ne pas leur fourguer ces déchets dont les gens de là-bas ne veulent plus, et qu'ils sont prêts à livrer tous frais compris, avec en prime un bon chèque en devises ? Même sans être un maquignon, la transaction paraît sensée : on fait le bonheur des riches en les débarrassant de leurs ordures, et on fait en même temps le bonheur des pauvres en leur procurant de l'argent facile.

Malheureusement, cette solution-miracle est un leurre, qui n'enrichit que les intermédiaires de l'opération. Ni la ménagère new-yorkaise ni le paysan guinéen ne peuvent profiter d'une transaction menée entre une société-écran et un ministre. Quant à l'argument de l'immensité des espaces du tiers monde, c'est une véritable escroquerie : la Guinée-Bissau (36 000 km^2) ou Haïti (28 000 km^2) n'ont pas vocation à recevoir les déchets des Etats-Unis (9 385 000 km^2) ou du Canada (9 960 000 km^2) ! Et la minuscule République de Djibouti, mêmc si elle possède des étendues désertiques, n'a tout de même pas autant de place que l'Italie pour stocker les fûts de l'industrie chimique italienne !

Il est parfaitement concevable, en revanche, d'envisager que des pays surpeuplés comme les Pays-Bas, la Belgique ou Hong Kong puissent trouver un exutoire à leurs déchets dans des pays disposant de l'espace qu'ils n'ont pas. A condition, cependant, que la transaction soit menée entre pays de niveau de développement comparable, de sorte que les déchets subissent le même traitement dans le pays d'accueil que celui auquel ils auraient eu droit dans leur pays d'origine. Et que les prix se maintiennent dans une fourchette qui ne permette pas à des intermédiaires d'empocher d'énormes différences. Pourquoi les déchets hollandais ne seraient-ils pas entreposés au Canada ou en URSS, voire aux Etats-Unis, qui disposent d'immenses étendues vides d'habitants et qui ont les moyens techniques de contrôler la bonne marche des opérations? Pourquoi les déchets de Hong Kong ou du Japon ne pourraient-ils être enfouis dans le désert australien?

Ces mouvements seraient d'autant plus logiques qu'ils feraient pendant à un commerce déjà installé. Les Hollandais achètent énormément de produits américains pour leur industrie agro-alimentaire. Les Japonais se fournissent en charbon et en minerais en Australie. Hong Kong importe des matières premières de la terre entière. Quoi de plus normal que des bateaux, arrivés chargés de denrées, en repartent avec d'autres?

Car les déchets, aujourd'hui, sont devenus une denrée comme une autre, qui se prépare, qui se conditionne, qui se vend et s'achète au même titre que n'importe quelle matière première. Un projet audacieux a défrayé un temps la chronique à Cherbourg, en 1988 : une société envisageait de fabriquer de la pâte à papier en important du bois de Scandinavie et... des vieux papiers de New York qui, mélangés aux ordures ménagères de la ville, auraient servi de combustible. But de la manœuvre : valoriser une friche industrielle du port autonome en réglant le problème des ordures ménagères de Cherbourg, jusque-là entassées dans une décharge de bord de mer, puis dans le lointain Calvados. L'opération se trouvait partiellement financée par l'importation, contre dollars bien craquants, d'ordures américaines triées et ficelées, riches en papiers, cartons et plastiques!

Naturellement, ce projet, préparé dans le secret des manœuvres électorales, a été éventé avant d'avoir pu être présenté au public par ses promoteurs. Il a donc capoté. Comment? Importer des ordures américaines? Mais pour qui nous prend-on? Pour le tiers monde? Nous avons déjà les déchets radioactifs à La Hague! Le réflexe des Cherbourgeois, bien compréhensible, repose cependant sur une erreur grossière : croire que les déchets des pays riches sont destinés aux pauvres. Comme les poubelles des beaux quartiers offraient leurs restes aux gueux. Finie, cette époque! Les déchets des pays riches ne peuvent être traités que par des pays riches. Nul ne s'offusque plus que les résidus « spéciaux » de notre industrie chimique partent pour être enfouis dans le sous-sol allemand. Et personne ne s'indigne que le combustible irradié allemand vienne se faire retraiter en France, quitte à retourner ensuite à l'expéditeur.

Non seulement les déchets doivent être considérés comme une marchandise normale, ayant sa valeur propre (positive ou négative), mais ils peuvent aussi devenir un produit « de luxe ». Des fûts de résidus chimiques contenant du mercure ou des PCB se traitent au prix d'une Rolls et le combustible irradié au prix du Mirage 2 000! Un luxe que, heureusement, ne peuvent se payer que les riches qui les produisent. Qu'on n'aille surtout pas livrer ces colis hors de prix à des gens démunis : ce serait un horrible gâchis.

Mais on ne doit pas s'obnubiler sur ces déchets haut de gamme, qui ne représentent après tout qu'une très faible part de la production et qui, étant donné leur dangerosité, « bénéficient » d'une sollicitude toute particulière. Le plus dangereux, en fait, c'est l'accumulation. Ce sont les volumes qui augmentent de manière exponentielle, les quantités qui s'ajoutent, subrepticement. Brûler du pétrole, du charbon ou du bois n'est pas dangereux en soi. Mais si tout le monde s'y met à toute occasion, la quantité de gaz carbonique libéré dans l'atmosphère peut créer un « effet de serre » et provoquer le réchauffement de la planète. Vaporiser de la laque sur ses cheveux avec une bombe aérosol est inoffensif, mais si tout le monde se met à en faire autant, les CFC du gaz propulseur, pratiquement indestructibles, finiront par attaquer la couche d'ozone qui, là-haut, dans la stratosphère, nous protège contre les rayonnements ultra-violets. Les toutes petites quantités, multipliées par des années et des milliards d'habitants, cela finit par compter pour une planète qui n'est pas extensible.

On peut accuser les industriels de polluer. Ils polluent en effet. Leurs déchets souillent l'eau potable, tuent les poissons et empestent parfois l'air ambiant. Mais nous ne devons pas oublier que c'est nous, consommateurs, qui poussons à la roue en achetant leur production. Si nous pouvons brancher notre prise de courant, c'est que, quelque part, des gens fabriquent de l'électricité, et donc brûlent pour nous du combustible en polluant pour notre confort. Nous voulons à la fois le beurre et l'argent du beurre, c'est-à-dire le produit sans les déchets de la production. Nous voulons une ville propre, mais nous sommes les premiers à laisser divaguer nos chiens et à jeter nos tickets de métro sur le trottoir. Un ticket de métro, ce n'est rien, mais des centaines de milliers de tickets de métro à balayer, mettre en sac, transporter et brûler, c'est déjà presque une activité industrielle. Et cela coûte fort cher au contribuable.

Nous récriminons contre les décharges et même les usines d'incinération, mais nous sommes les premiers à les approvisionner, sans daigner faire un minimum de tri parmi ce que nous jetons. Nous participons même au trafic des déchets en poussant des hauts cris chaque fois qu'il est question de les traiter près de chez nous. Est-ce logique de demander aux industriels de ne pas polluer et, nous-mêmes, de refuser d'aider les gestionnaires de nos poubelles? Il serait pourtant facile d'effectuer un premier tri, en portant le verre au conteneur *ad hoc* et en ficelant les vieux papiers! Mais non : on gagne du temps en achetant des plats tout préparés, on ne va pas le perdre à trier des ordures! A-t-on le droit de vitupérer contre les grands barrages ou l'énergie nucléaire lorsque, soi-même, on gaspille l'électricité à tout va?

Nos contemporains des pays riches s'imaginent toujours que nos déchets valent ceux d'autrefois. Des miettes et des épluchures qui nourriront les oiseaux, des nippes qui feront le bonheur d'un chiffonnier. Mais non! Les ordures ménagères constituent une matière complexe qu'il est tout aussi difficile de brûler que d'entasser dans un terrain vague. C'est pourquoi leur traitement est devenu une industrie à part entière, dont le chiffre d'affaires annuel, en France, atteint 9 milliards de francs. Combustible irradié, déchets chimiques, ordures ménagères, c'est tout un. Des matériaux nobles qui ne le sont plus, mais qui, du coup, s'avèrent très délicats à manier, et qu'il ne faut plus confier à des amateurs ni à des rusés.

Malgré la classification administrative habituelle, qui fait la distinction entre déchets normaux et spéciaux, il n'y a pas de déchets inoffensifs ou anodins. « C'est la dose qui fait le poison », selon la formule attribuée à Paracelse. C'est la masse des produits consommés qui crée le danger. Comme pour le poisson congelé, le cycle de toute production induit tellement d'interventions différentes, de matériaux consommés puis jetés, que l'on atteint aujourd'hui un niveau d'utilisation des ressources qui frise la folie. Car plus on consomme, plus on jette. On épuise donc la ressource, tout en saturant le milieu – d'où nous tirons cette ressource – de déchets qui la rendent ensuite inutilisable. Le meilleur exemple en est l'eau, dont nous faisons une consommation toujours plus grande, et qui devient donc de plus en plus rare, en quantité mais surtout en qualité.

Pour schématiser, la marche du monde moderne va vers de plus en plus de déchets et de moins en moins d'eau potable. Ce sera le défi du XXIe siècle.

SOURCES

En sept années de reportages tous azimuts, j'ai recueilli une foule d'informations de première main que j'ai conservées dans mes carnets. J'ai aussi amassé des documents qui sont restés entreposés au journal *Le Monde.* L'essentiel des données de cet ouvrage en provient.

Naturellement, j'ai puisé sans vergogne dans les colonnes mêmes du *Monde,* et parfois aussi chez les confrères. Ils me permettront de ne pas les citer nommément pour quelque chiffre isolé ou une simple anecdote.

J'ai naturellement interviewé les professionnels et consulté les documents de leurs sociétés, qu'il s'agisse par exemple de la Compagnie générale des Eaux ou de la Lyonnaise des Eaux, qui, comme leur nom ne l'indique pas, s'occupent beaucoup de déchets par filiales interposées. Parmi les meilleures sources, je dois citer l'Agence nationale pour la récupération et l'élimination des déchets (ANRED), son directeur, Christian Mettelet, et ses principaux collaborateurs. Le ministère de l'Environnement, et en particulier son Service des déchets industriels, m'a fourni beaucoup de données, comme aussi la Fédération nationale des activités de déchets (FNAD).

De l'étranger, d'où j'ai rapporté moi-même beaucoup de notes et documents, me sont parvenus aussi nombre de dossiers via les ambassades à Paris. Je tiens à les en remercier.

Je serais bien incapable de faire une bibliographie de mes sources, étant donné que très peu d'auteurs s'intéressent aux déchets et que je voulais des informations fraîches, voire prospectives. Citons cependant trois ouvrages de référence qui ont le mérite d'être entièrement consacrés au sujet : le premier, publié en 1983 par un éditeur berlinois (Erich Schmidt Verlag), est un tour d'horizon européen sur *La politique de gestion des déchets,* écrit par un spécialiste belge, Jean-Pierre Hannequart. Le deuxième, écrit aussi par un Belge, le député européen François Roelants du Vivier, décrit le circuit des déchets toxiques (*Les vaisseaux du poison,* 1988, éditions Sang de la Terre). Le troisième, écrit par Catherine de Silguy, raconte *La saga des ordures, du Moyen Age à nos jours* (Éditions l'Instant, 1989). Enfin, le Bureau de Reportage et de Recherche d'Information (BRRI), une agence de presse suisse née en 1986, a publié un intéressant dossier sur le trafic des déchets toxiques avec l'aide du Centre Europe-Tiers Monde (CETIM).

Parmi les organismes internationaux bien documentés, il faut citer l'OCDE (Organisation de coopération et de développement économique), qui dispose de nombreuses données sur les déchets nucléaires. Enfin, le Département industrie et environnement du PNUE (Programme des Nations unies pour l'environnement) recueille à Paris des informations du monde entier.

Cet ouvrage a été transcodé et achevé d'imprimer sur Roto-Page en avril 1990
par l'Imprimerie Floch 53100 – Mayenne pour First, Inc.
N° d'éd. : 113. N° d'impr. : 29242. D. L. : avril 1990.
Imprimé en France